Schriftenreihe

# Studien zum Planungs- und Verkehrsrecht

Band 1

ISSN 1860-8876

Verlag Dr. Kovač

Thorsten Alexander Lägeler

# Richtlinienkonforme Organisationsstruktur vertikal integrierter Eisenbahnunternehmen

*Ökonomische und konzernrechtliche Untersuchung der Umsetzung des ersten Eisenbahninfrastrukturpakets des Europäischen Parlaments und des Rates in nationales Recht unter besonderer Berücksichtigung der Konzernstruktur der Deutschen Bahn AG*

**Verlag Dr. Kovač**

**Hamburg**
**2006**

VERLAG DR. KOVAČ

Leverkusenstr. 13 · 22761 Hamburg · Tel. 040 - 39 88 80-0 · Fax 040 - 39 88 80-55

E-Mail info@verlagdrkovac.de · Internet www.verlagdrkovac.de

**D100**



**Bibliografische Information Der Deutschen Bibliothek**
Die Deutsche Bibliothek verzeichnet diese Publikation
in der Deutschen Nationalbibliographie;
detaillierte bibliografische Daten sind im Internet
über http://dnb.ddb.de abrufbar.

ISSN 1860-8876
ISBN 3-8300-2003-1

Zugl.: Dissertation, Universität Stuttgart-Hohenheim, 2005



Gedruckt auf holz-, chlor- und säurefreiem Papier Alster Digital. Alster Digital ist alterungsbeständig und erfüllt die Normen für Archivbeständigkeit ANSI 3948 und ISO 9706.

**Inhaltsverzeichnis**

**Abkürzungsverzeichnis**

| | |
|---|---|
| a.A. | andere Ansicht |
| Abs. | Absatz |
| AcP | Archiv für die civilistische Praxis (Zeitschrift) |
| a.D. | außer Dienst |
| AEG | Allgemeines Eisenbahngesetz |
| a.F. | alte Fassung |
| AG | Aktiengesellschaft |
| AktG | Aktiengesetz |
| Art. | Artikel |
| | |
| BBahnG | Bundesbahngesetz |
| BENeuglG | Gesetz zur Zusammenführung und Neugliederung der Bundeseisenbahnen |
| bez. | bezüglich |
| BGB | Bürgerliches Gesetzbuch |
| BGBl. | Bundesgesetzblatt |
| BGH | Bundesgerichtshof |
| BGHZ | Entscheidungen des BGH in Zivilsachen, Amtliche Sammlung |
| BMF | Bundesministerium der Finanzen |
| BMVBW | Bundesministerium für Verkehr, Bau- und Wohnungswesen |
| BMWi | Bundesministerium für Wirtschaft |
| BT-Drs. | Drucksachen des Deutschen Bundestages |
| bzw. | beziehungsweise |
| | |
| DB | Deutsche Bundesbahn; Deutsche Bahn |
| DBGrG | Gesetz über die Gründung einer Deutschen Bahn Aktiengesellschaft |
| ders. | derselbe |
| d.h. | das heißt |

| | |
|---|---|
| DM | Deutsche Mark |
| DÖV | Die öffentliche Verwaltung (Zeitschrift) |
| DR | Deutsche Reichsbahn |
| DStR | Deutsches Steuerrecht (Zeitschrift) |
| DVBl. | Deutsches Verwaltungsblatt |
| | |
| EBA | Eisenbahn-Bundesamt |
| EG-Abl. | Amtsblatt der Europäischen Gemeinschaften |
| EGV | Vertrag zur Gründung der Europäischen Gemeinschaft |
| EIBV | Eisenbahninfrastrukturbenutzungsverordnung |
| ENeuOG | Gesetz zur Neuordnung des Eisenbahnwesens |
| Engl. | Englisch, englische |
| EnWG | Energiewirtschaftsgesetz |
| etc. | et cetera |
| EU | Europäische Union |
| EuGH | Europäischer Gerichtshof |
| EuZW | Europäische Zeitschrift für Wirtschaftsrecht |
| EVerkVerwG | Gesetz über die Eisenbahnverkehrsverwaltung des Bundes |
| evt. | Eventuell/eventuelle |
| EWG | Europäische Wirtschaftsgemeinschaft |
| | |
| f. | folgende (Seite) |
| ff. | fortfolgende (Seiten) |
| FGG | Gesetz über die Angelegenheiten der freiwilligen Gerichtsbarkeit |
| Fn. | Fußnote |
| Frz. | Französisch, französische |
| FS | Festschrift |
| | |
| GbR | Gesellschaft bürgerlichen Rechts |
| gem. | gemäß |
| ggf. | gegebenenfalls |

| | |
|---|---|
| GG | Grundgesetz |
| GJ | Geschäftsjahr |
| GmbH | Gesellschaft mit beschränkter Haftung |
| GmbHG | Gesetz betreffend die Gesellschaften mit beschränkter Haftung |
| Großkom AktG | Großkommentar zum Aktiengesetz |
| GWB | Gesetz gegen Wettbewerbsbeschränkungen |
| | |
| Hrsg. | Herausgeber |
| HGB | Handelsgesetzbuch |
| h.M. | herrschende Meinung |
| HS | Halbsatz |
| | |
| i.d.F. | in der Fassung |
| i.d.R. | in der Regel |
| inkl. | inklusive |
| insbes. | insbesondere |
| i.V.m. | in Verbindung mit |
| | |
| JZ | Juristen Zeitung |
| | |
| KAGG | Gesetz über Kapitalanlagegesellschaften |
| KG | Kommanditgesellschaft |
| KK-AktG | Kölner Kommentar zum Aktiengesetz |
| | |
| LG | Landgericht |
| Lit. | litera |
| | |
| Mio. | Million/en |
| MitbestG | Gesetz über die Mitbestimmung der Arbeitnehmer |
| MMR | Multimedia und Recht (Zeitschrift) |
| Mrd. | Milliarde/n |
| Münch.Hdb.GesR | Münchener Handbuch Gesellschaftsrecht |

| | |
|---|---|
| MünchKommAktG | Münchener Kommentar zum Aktiengesetz |
| m.w.N. | mit weiteren Nachweisen |
| NJW | Neue Juristische Wochenschrift (Zeitschrift) |
| Nr. | Nummer |
| NVwZ | Neue Zeitschrift für Verwaltungsrecht |
| NZG | Neue Zeitschrift für Gesellschaftsrecht |
| OHG | Offene Handelsgesellschaft |
| OLG | Oberlandesgericht |
| PostG | Postgesetz |
| PublG | Publizitätsgesetz |
| RegE | Regierungsentwurf |
| RegG | Gesetz zur Regionalisierung des öffentlichen Personennahverkehrs |
| RegTP | Regulierungsbehörde für Post und Telekommunikation |
| RL | Richtlinie |
| Rn. | Randnummer |
| S. | Seite |
| SAG | Schweizerische Aktiengesellschaft (Zeitschrift) |
| SchWag | Schienenwegeausbaugesetz |
| sog. | so genannt, so genannte |
| TKG | Telekommunikationsgesetz |
| TPS | Trassenpreissystem |
| TranspR | Transportrecht (Zeitschrift) |
| u.a. | unter anderem |
| UBGG | Gesetz über Unternehmensbeteiligungsgesellschaften |
| usw. | und so weiter |

| | |
|---|---|
| u.U. | unter Umständen |
| | |
| VDV | Verband Deutscher Verkehrsunternehmen |
| vgl. | Vergleiche |
| VO | Verordnung |
| | |
| WuW | Wirtschaft und Wettbewerb (Zeitschrift) |
| | |
| z.B. | zum Beispiel |
| ZGR | Zeitschrift für Unternehmens- und Gesellschaftsrecht |
| ZHR | Zeitschrift für das gesamte Handelsrecht und Wirtschaftsrecht |
| Ziff. | Ziffer |
| ZWS | Zeitschrift für Wirtschafts- und Sozialwissenschaften |
| z.T. | zum Teil |

## Einleitung

In der zweiten Hälfte des 19. Jahrhunderts wurden die bis dahin in Deutschland entstandenen großen Privateisenbahnen nach und nach verstaatlicht und in Ländereisenbahnen zusammengefasst. Höhepunkt dieser Entwicklung war die Verstaatlichung der preußischen Eisenbahn im Jahre 1879.[1] Am 1. April 1920 wurde aus dem Zusammenschluss zahlreicher Eisenbahnen der Länder durch Staatsvertrag die Deutsche Reichsbahn gegründet.[2] Die Gründe, weshalb man sich für eine Verstaatlichung der aufgrund ihrer monopolartigen Stellung fast immer hochrentablen Einsenbahnunternehmen[3] entschied, waren weniger eisenbahnsektorspezifischer, sondern vielmehr fiskalpolitischer und militär-strategischer Natur.[4]

Nach dem Zweiten Weltkrieg setzte nach und nach die Krise des Bahnsektors ein. Lag der Marktanteil der Bahn am Güterverkehr in den 20er Jahren des letzten Jahrhunderts noch bei rund 70 %,[5] sank er, hauptsächlich zugunsten des Kraftverkehrs, auf ca. 37 % in den 60er Jahren und bis auf ca. 20 % Anfang der 90er Jahre.[6] Noch unerfreulicher ist die Marktentwicklung der Bahn im Personenverkehr. Lag der Marktanteil der Bahn in den 60er Jahren noch bei etwa 16 %, lag er Anfang der 90er nur noch bei etwa 6 %.[7] Auch die finanzielle Situation der Bahn wurde immer dramatischer. War die Bahn einstmals ein profitabler Verkehrsträger – noch 1951 konnte die Bundesbahn einen Gewinn von rund 70 Mio. DM ausweisen[8] – entwickelte sie sich zunehmend zu einem Zuschussgeschäft. Die Verschuldung (Gesamtvolumen der Verschuldung von

---

[1] *Knieps*, Wettbewerb in Netzen, S. 35.
[2] *Reinke*, Bahnstrukturreform, S. 15. Dazu auch *Dittmann*, Die Bundesverwaltung, S. 43.
[3] *Werner*, Nach der Regionalisierung, S. 2.
[4] *Knieps*, Wettbewerb in Netzen, S. 35.
[5] Nachzulesen auf den Internetseiten des BMVBW unter: http://www.bmvbw.de/Verkehr/Schiene-,1462/Bahnreform.htm#Vorgeschichte
[6] Ausführliche tabellarische Darstellung zur Entwicklung der Marktanteile der Bahn bei *Schneider,* Die Privatisierung der Deutschen Bundes- und Reichsbahn, S. 36 ff.; *Laaser*, Wettbewerb im Verkehrswesen, S. 8 ff.
[7] *Schneider,* Die Privatisierung der Deutschen Bundes- und Reichsbahn, S. 36 ff.; *Laaser*, Wettbewerb im Verkehrswesen, S. 8 ff.
[8] *Delbanco* in: *Foos*, Eisenbahnrecht und Bahnreform, S. 11 (13 f.).

Deutscher Bundesbahn und Reichsbahn) belief sich bis zum Jahr 1992 auf ca. 44,7 Mrd. DM,[9] Ende 1993 betrugen die Altschulden von DB und DR zusammen sogar schon 77 Mrd. DM.[10] Entscheidender Impuls für die Bahnreform dürfte denn auch – noch vor dem Handlungsdruck, der durch das Gemeinschaftsrecht entstand – diese finanzielle Entwicklung der Bahn gewesen sein.[11]

Als Grund für die dargelegte Entwicklung wird die Verschärfung der Rahmenbedingungen genannt, die sich namentlich in einer veränderten Nachfrage nach Verkehrsleistungen im Gütertransport niederschlug. Wurde früher der Massentransport von Rohstoffen stärker nachgefragt, ist seit einigen Jahren eine verstärkte Nachfrage nach ganzen logistischen Dienstleistungspaketen zu beobachten, die auf die veränderten Produktionsabläufe in den führenden Industriestaaten abgestimmt ist. Diese basieren auf einer stetig zunehmenden Arbeitsteilung, sowohl auf nationaler als auch auf internationaler Ebene, so dass mehr und mehr Transportleistungen für hochwertige Halb- und Fertigwaren erforderlich werden. Statt Massentransporte werden immer mehr Teilladungstransporte notwendig.[12] Hier ist das klassische Massentransportmittel Bahn insbesondere gegenüber dem Verkehrsträger Straße – systembedingt – im Nachteil.[13] Ähnlich verhält es sich mit dem Bereich Personenverkehr. In diesem Sektor ist mit wachsendem Wohlstand der Wunsch nach einem komfortablen, aber vor allem flexiblen Verkehrsträger entstanden. Auch hier befindet sich die Bahn gegenüber dem Verkehrsträger Straße im Nachteil.[14]

Weiterhin haben es die staatlichen Entscheidungsträger auch versäumt, diesem Wandel der Nachfrage nach Transportdienstleistungen, etwa durch kontinuierlichen Ausbau der Schieneninfrastruktur, gerecht zu werden. Das Schienennetz ist ganz im Gegenteil kaum an die seit den 50er Jahren stark

---

[9] *Kilian/Hesse*, Die Verwaltung 1994, S. 175 (188).
[10] *Delbanco* in: *Foos*, Eisenbahnrecht und Bahnreform, S. 11 (13 f.).
[11] *Delbanco* in: *Foos*, Eisenbahnrecht und Bahnreform, S. 11 (13).
[12] Vgl. *Burmeister*, Der Wettbewerb der Eisenbahnen im Europäischen Binnenmarkt, S. 25 f.
[13] *Brenck* in: *Ewers*, Die Privatisierung des Schienenverkehrs, S. 37 (49).
[14] *Brenck* in: *Ewers,* Die Privatisierung des Schienenverkehrs, S. 37 (49).

steigende Nachfrage nach Verkehrsleistungen angepasst worden, nicht zuletzt deshalb hat sich der Verkehr immer mehr auf andere Verkehrsträger, insbesondere auf die Straße, verlagert. Das Ergebnis war ein stetig wachsendes Straßennetz, wohingegen sich das Schienennetz zurückentwickelt hat.[15]

Schließlich wird die Schwerfälligkeit des staatlichen Unternehmens „Bahn", das insbesondere in der Vergangenheit mit der häufig zitierten „Doppelnatur der Eisenbahn",[16] also der Vermischung von administrativen und unternehmerischen Aufgaben, zu kämpfen hat, als Grund für den wirtschaftlichen Niedergang der Deutschen Bundesbahn respektive der Reichsbahn angeführt.[17] Bei Letzterer war die Situation durch die für sie bis 1990 geltenden Rahmenbedingungen als Staatsbahn der DDR noch desolater im Hinblick auf Produktivität, Infrastruktur oder Zustand des Rollmaterials.[18]

In ähnlicher Situation wie die deutsche(n) Eisenbahn(en) befanden sich allerdings auch die Eisenbahnen der meisten anderen europäischen Länder.[19] Seit Mitte der 80er Jahre wird deshalb in Europa eine vollständige Reorganisation des Eisenbahnsystems angestrebt.[20] Diese Reorganisation vollzieht sich im Bereich der Eisenbahn, aber auch in anderen (meist staatsnahen) netzgebundenen Wirtschaftssektoren, wie z.B. der Telekommunikations- und Energiewirtschaft, unter dem Oberbegriff der „Deregulierung". Allgemein ist darunter die Verringerung von – oftmals wettbewerbsbeschränkenden – Spezialvorschriften für einzelne Sektoren einer Volkswirtschaft zu verstehen. Spezialvorschriften bestehen dabei häufig in Form von Preis-, Mengen-, Rendite-, oder Marktzugangsbeschränkungen.[21] Ausgehend von diesem Verständnis von Deregulierung gibt es einen fließenden

---

[15] *Laaser*, Die Bahnstrukturreform, S. 3.
[16] *Schmidt-Aßmann/Röhl*, DÖV 1994, S. 577 (578).
[17] *Laaser*, Die Bahnstruktureform, S. 3.
[18] *Laaser*, Die Bahnstruktureform, S. 4.
[19] Vgl. *Delbanco* in: *Foos*, Eisenbahnrecht und Bahnreform, S. 11 (17).
[20] Vgl. *Kämmerer*, Gemeinschaftliche Vorgaben für das Eisenbahnwesen in den Mitgliedstaaten, in: *Ronellenfitsch/Schweinsberg*, Aktuelle Probleme des Eisenbahnrechts VI, S. 75 (76).
[21] *Brenck* in: *Ewers*, Die Privatisierung des Schienenverkehrs, S. 37 (78).

Übergang zur Privatisierung,[22] die ihrerseits notwendigerweise mit dem Abbau von Marktregulierungen, die dem Schutz von öffentlichen Unternehmen vor Wettbewerb dienen, einhergehen muss.[23] Die Reform der Eisenbahnen in Europa[24] und in Deutschland vollzog und vollzieht sich unter diesen Prämissen der Privatisierung und der Schaffung von Wettbewerb im Bahnsektor.[25]

Der Schwerpunkt der vorliegenden Untersuchung ist die Fortführung der Bahnreform durch gemeinschaftsrechtskonforme Umsetzung des sog. ersten Eisenbahninfrastrukturpakets des Europäischen Parlaments und des Rates vom 26.2.2001 in nationales Recht im Rahmen einer dritten Novelle des Allgemeinen Eisenbahngesetzes (AEG). In der wissenschaftlichen Diskussion wird die Ursache für den nach wie vor praktisch nicht existenten Wettbewerb im Netzsektor „Bahn" im enormen Diskriminierungspotential gesehen, das von den etablierten und in aller Regel vertikal integrierten (ehemaligen) Staatseisenbahnen ausgeht.[26] Vor allem von Seiten des Europäischen Gemeinschaftsrechts kommen in der letzten Zeit verstärkt Impulse, diesem Problem zu begegnen. Zunehmend steht dabei eine stärkere Trennung von Netz und Betriebssparten im Vordergrund. Allerdings ist auch durch die neuerlichen Initiativen der letzte Schritt der vollständigen eigentumsrechtlichen Trennung der Bereiche nicht verbindlich in den einschlägigen Richtlinien verankert worden. Kern des Richtlinienpakets im Hinblick auf die Trennung der Bereiche Netz und Betrieb ist lediglich die Maßgabe, dass der Betreiber der Infrastruktur in Fragen der Trassenvergabe und Trassenpreissetzung rechtlich, organisatorisch und in seinen Entscheidungen von Eisenbahnunternehmen unabhängig zu sein hat.

---

22 Sie wird gelegentlich als „Zwillingsschwester" der Deregulierung und Liberalisierung bezeichnet, vgl. *Helm*, Rechtspflicht zur Privatisierung, S. 33.

23 *Brenck* in: *Ewers*, Die Privatisierung des Schienenverkehrs, S. 37 (78).

24 Hier muss genau genommen differenziert werden: Das Element der Privatisierung spielt mangels Kompetenzzuweisung im europäischen Recht eine untergeordnete Rolle. Doch darauf wird in Abschnitt A des ersten Teils näher eingegangen.

25 Vgl. *Freise*, TranspR 2003, S. 265.

26 Vgl. *Hedderich*, Vertikale Desintegration im Schienenverkehr, S. 252 f.; *Burmeister*, Der Wettbewerb der Eisenbahnen im europäischen Binnenmarkt, S. 45; *Gersdorf*, ZHR 168 (2004), S. 576 (583 f.); *Laaser*, Wettbewerb im Verkehrswesen, S. 244 ff.

Vergleichsweise wenig Beachtung hat bislang der Umstand gefunden, dass die richtlinienkonforme Umsetzung des Eisenbahninfrastrukturpakets in unmittelbarem Zusammenhang zu der Konzernstruktur vertikal integrierter Eisenbahnen steht (in Deutschland betrifft das praktisch nur den Quasi-Monopolisten Deutsche Bahn AG). Denn die Richtlinien lösen das Spannungsverhältnis, das sich aus der zwingenden Unabhängigkeit des Betreibers der Infrastruktur bezüglich der genannten Bereiche einerseits, bei gleichzeitig nicht notwendiger eigentumsrechtlicher Trennung andererseits ergibt, nicht auf. Beides steht scheinbar zwanglos nebeneinander. Die zu bewältigende Aufgabe liegt letztlich in der „Übersetzung" der Maßgaben zur Unabhängigkeit des Netzbetreibers von den Verkehrsdienstleistern in ein geeignetes organisationsrechtliches Modell, das die gegenwärtige Eigentumsstruktur innerhalb des DB Konzerns unberührt lässt. Gleichzeitig sollte im Ergebnis ein Modell stehen, das möglichst mit den bekannten Kategorien des nationalen Gesellschafts- bzw. Konzernrechts auskommt. Der von der Bundesregierung eingebrachte Regierungsentwurf[27] zur Novelle des AEG geht von der Möglichkeit der Beibehaltung der Vertragskonzernstruktur der Deutschen Bahn AG aus und sieht die Lösung in erster Linie in einer Modifizierung dieser Struktur durch bloße Einschränkung des vertragskonzernrechtlichen Weisungsrechts für bestimmte Bereiche.[28] Dieser Ansatz wird im zweiten Teil der Arbeit einer umfangreichen und kritischen Würdigung unterzogen.

Zunächst aber sollen im ersten Teil der Arbeit die ökonomischen und rechtlichen Grundlagen der Regulierung des Netzsektors „Bahn" dargelegt werden. Die Bedeutung des Wettbewerbs wird erläutert werden, dessen Etablierung ein maßgeblicher Pfeiler sowohl der nationalen als auch der europäischen Restrukturierungsbemühungen ist (siehe oben). Zudem erfolgt eine Darstellung der Entwicklung der Bahnreform in Deutschland.

---

[27] BT-Drs. 15/3280, S. 5 ff.

[28] Anders *Gersdorf*, ZHR 168 (2004), S. 576 (594), der offenbar in der einschlägigen Formulierung bereits ein umfassendes Verbot von Beherrschungs- und Gewinnabführungsverträgen erblickt.

Im dritten Teil wird schließlich aus den bis dahin gewonnen Erkenntnissen ein alternatives Organisationsmodell für vertikal integrierte Eisenbahnunternehmen entwickelt werden.

# Teil 1
# Rechtliche und ökonomische Grundlagen der Restrukturierung der Bahnen in Europa und Deutschland

## A. Die Restrukturierung der Bahn in Deutschland, Entwicklung und Ziele

### I. Entwicklung in Deutschland bis zur Bahnreform zu Beginn der 90er Jahre des vergangenen Jahrhunderts

Wenngleich die Reform der Bahn in Deutschland schließlich erst in den 90er Jahren des letzten Jahrhunderts in Angriff genommen wurde, darf nicht vergessen werden, dass es bereits in den 50ern erste Bemühungen gab, das Aufdecken interner Modernisierungs- und Rationalisierungspotentiale mit dem Ziel, den Wettbewerb zwischen den Verkehrsträgern zu fördern, voranzutreiben. Zu diesem Zweck wurde 1957 die sog. Brand-Kommission (benannt nach ihrem Vorsitzenden Friedrich Brand) eingesetzt.[29] In diesem Gremium wurde bereits zu diesem frühen Zeitpunkt die Trennung des Infrastrukturbereichs vom Betriebsbereich erwogen, alsbald aber wieder verworfen, da die Bewältigung des damit verbundenen verwaltungstechnischen Aufwands als unmöglich eingeschätzt wurde.[30] Im Jahre 1967 war es hingegen das Ziel des sog. „Leber-Plans", den Schutz der Deutschen Bundesbahn vor intermodaler Konkurrenz zu fördern.[31] 1978 beschloss die Bundesregierung, sich von der Bundesbahn verschiedene Modelle zur Trennung von Fahrweg und Betrieb vorlegen zu lassen.[32] Überprüft werden sollten die Modelle auf die Zielsetzungen

- Verbesserung der Effektivität der Unternehmensführung der DB,
- Verringerung der Haushaltsbelastung des Bundes,

---

[29] *Knieps*, Wettbewerb in Netzen, S. 35.
[30] *Laaser*, Wettbewerb im Verkehrswesen, S. 248 f.
[31] *Knieps*, Wettbewerb in Netzen, S. 35.
[32] *Laaser*, Wettbewerb im Verkehrswesen, S. 254.

- Angleichung der Investitionen für die DB an die Investitionen in andere Verkehrsträger,
- Gleichstellung der DB mit ihren Konkurrenten hinsichtlich der Belastungen für die Nutzung der Verkehrswege.

Als das erfolgversprechendste Modell wurde im Ergebnis die reale Trennung von Infrastrukturbetreiber und Anbietern von Eisenbahnverkehrsdienstleistungen eingestuft.[33] Das Schienennetz der DB sollte demnach wie die übrigen Bundesverkehrswege vom Bund verwaltet werden, während der Eisenbahnverkehr von einer oder mehreren selbständigen Gesellschaften betrieben werden sollte. Eine Umsetzung dieses Reformansatzes wurde jedoch mit dem Hinweis auf mögliche politische und soziale Konflikte abgelehnt.[34]

## II. Europarechtliche Vorgaben

Neben den ökonomischen Bedingungen,[35] die wohl letztlich den entscheidenden Impuls für die Reform der Bahn in den 90ern gaben, waren es auch europarechtliche Vorgaben, die den Gesetzgeber zum Handeln zwangen. Die Europäische Kommission sieht den Beginn der Liberalisierung des Eisenbahnsektors in der Richtlinie zur Entwicklung der Eisenbahnunternehmen der Gemeinschaft vom 29. Juli 1991 (RL 91/440/EWG)[36] bzw. in der Einbeziehung der Eisenbahnverkehrsunternehmungen in den Geltungsbereich der sog. Transparenzrichtlinie[37] im Jahre 1985.[38] Es gibt allerdings eine Reihe älterer Vorschriften, in denen bereits die Basis für die Liberalisierung des

---

[33] *Knieps*, Wettbewerb in Netzen, S. 36.
[34] *Knieps*, Wettbewerb in Netzen, S. 36.
[35] Verursacht durch die stark defizitär wirtschaftende Bundesbahn und die daraus resultierende Belastung des Bundeshaushalts.
[36] EG-Abl. 1991 L 237, S. 25 ff.
[37] Richtlinie der Kommission vom 25.6.1980 über die Transparenz der finanziellen Beziehungen zwischen den Mitgliedstaaten und den öffentlichen Unternehmen, 80/723/EWG, EG-Abl. 1980, L 195 S. 35 ff.
[38] *Kämmerer*, Gemeinschaftliche Vorgaben für das Eisenbahnwesen in den Mitgliedstaaten, in: *Ronellenfitsch/Schweinsberg*, Aktuelle Probleme des Eisenbahnrechts VI, S. 75 (76).

Eisenbahnsektors in der Europäischen Gemeinschaft bereitet wird.[39] So hat sich die Europäische Gemeinschaft schon frühzeitig für die finanzielle Eigenständigkeit der Eisenbahnunternehmen ausgesprochen.[40] Darauf aufbauend erging die Entscheidung des Rates 75/327/EWG vom 20.5.1975 zur Sanierung der Eisenbahnunternehmen und zur Harmonisierung der Vorschriften über die finanziellen Beziehungen zwischen diesen Unternehmen und den Staaten.[41]

Bereits in den Jahren 1968 und 1970 erließ der Rat Verordnungen über die Anwendung der Wettbewerbsregeln und über Beihilfen auf dem Gebiet des Eisenbahn-, Straßen- und Binnenschiffverkehrs.[42] In enger Anlehnung an die Art. 81 und 82 (85 und 86 a.F.) EGV begründet die Verordnung Nr. 1017/68/EWG ein grundsätzliches Verbot wettbewerbsbeschränkender Vereinbarungen und Verhaltensweisen sowie der missbräuchlichen Ausnutzung einer marktbeherrschenden Stellung auf dem Verkehrsmarkt.[43] Wichtige Ausnahmen von diesem Kartellverbot sind allerdings Vereinbarungen und Verhaltensweisen, die ausschließlich die Anwendung technischer Verbesserungen oder die technische Zusammenarbeit bezwecken oder bewirken.[44] In der Verordnung über die Beihilfe (Nr. 1107/70/EWG) werden bestimmte Beihilfetatbestände zugelassen, insbesondere zur Abdeckung von Infrastrukturlasten und Betriebsdefiziten.[45]

---

[39] *Kämmerer*, Gemeinschaftliche Vorgaben für das Eisenbahnwesen in den Mitgliedstaaten, in: *Ronellenfitsch/Schweinsberg*, Aktuelle Probleme des Eisenbahnrechts VI, S. 75 (76).
[40] Entscheidung des Ministerrats vom 13. Mai 1965, 65/271/EWG, EG-Abl. L 1965, S. 1500.
[41] EG-Abl. 1975 L 152, S.3 ff.; vgl. *Fromm*, DVBl. 1994, S. 187 (189).
[42] Verordnung Nr. 1017/68/EWG über die Anwendung von Wettbewerbsregeln auf dem Gebiet des Eisenbahn-, Straßen-, und Binnenschiffverkehrs, EG-Abl. 1968 L 175, S. 1; Verordnung Nr. 1107/70/EWG über die Beihilfen im Eisenbahn-, Straßen-, und Binnenschiffsverkehr, EG-Abl. 1970 L 130, S. 1.
[43] Vgl. Art. 2 und Art 8 der genannten Verordnung; vgl. dazu *Epiney* in: *Dauses*, Handbuch des EU-Wirtschaftsrechts, L Rn. 275.
[44] Vgl. Art. 3 der Verordnung.
[45] *Epiney* in: *Dauses*, Handbuch des EU-Wirtschaftsrechts, L Rn. 285.

Im Jahre 1969 wurden die Mitgliedstaaten mit der VO Nr. 1191/69/EWG[46] grundsätzlich dazu verpflichtet, im Eisenbahn-, Straßen- und Binnenschifffahrtsverkehr die gemeinwirtschaftlichen Verpflichtungen aufzuheben. Jedenfalls müssen demnach gemeinwirtschaftliche Verpflichtungen finanziell ausgeglichen werden, entsprechende Verkehrsdienste müssen vom Staat also zu Marktbedingungen „eingekauft" werden.[47] Die schon erwähnte Entscheidung 75/327/EWG zur Sanierung der Eisenbahnen und Harmonisierung der Vorschriften über die finanziellen Beziehungen zwischen diesen Unternehmen und den Staaten vom 20.5.1975 verpflichtet die Mitgliedstaaten, dafür Sorge zu tragen, dass die Eisenbahnunternehmen nach wirtschaftlichen Grundsätzen geführt werden können.[48] Sie beschränkte sich jedoch im Wesentlichen auf die Anordnung einer Trennung von Haushalt, Vermögen und Rechnungswesen. Von einer Liberalisierung im Sinne der Trennung von Infrastruktur und Betrieb war man in diesem Stadium noch weit entfernt.[49]

Eine wichtige Zäsur in der Geschichte der Liberalisierung der europäischen Verkehrsmärkte bildet das berühmte Untätigkeitsurteil des EuGH vom 22.5.1985.[50] Dieses erging – gestützt auf Art. 232 EGV – auf Betreiben des Europäischen Parlaments gegen den Ministerrat. Es beinhaltet die Feststellung, dass der Rat den EWG-Vertrag verletzt, weil er es unterlassen hat, auf dem Gebiet des internationalen Verkehrs die Dienstleistungsfreiheit sicherzustellen und die Bedingungen für die Zulassung von Verkehrsunternehmen zum Verkehr innerhalb eines Mitgliedstaates, in dem sie nicht ansässig sind, festzulegen. Auf der Grundlage von Art. 233 EGV wurde der Rat verpflichtet, binnen eines angemessenen Zeitraums die Dienstleistungsfreiheit auf dem Verkehrssektor zu gewähren, was – allerdings wiederum mit einiger Verzögerung – u.a. zur

---

[46] Verordnung des Rates vom 26.6.1969 über das Vorgehen der Mitgliedstaaten bei mit dem Begriff des öffentlichen Dienstes verbundenen Verpflichtungen auf dem Gebiet des Eisenbahn-, Straßen-, und Binnenschiffverkehrs, EG-Abl. 1969 L 156 S. 1 ff.
[47] *Epiney* in: *Dauses*, Handbuch des EU-Wirtschaftsrechts, L Rn. 286.
[48] *Fromm*, DVBl. 1994, S. 187 (189).
[49] *Burmeister,* Der Wettbewerb der Eisenbahnen im Europäischen Binnenmarkt, S. 62.
[50] Ausführlich dazu *Epiney* in: *Dauses*, Handbuch des EU-Wirtschaftsrechts, L Rn. 242 ff.

Verabschiedung der eingangs erwähnten Richtlinie 91/440/EWG vom 29. Juli 1991 für den Verkehrssektor Bahn führte.[51]

Die Richtlinie bezweckt die Erleichterung der Anpassung der Eisenbahnunternehmen der Gemeinschaft an die Erfordernisse des Binnenmarktes und die Verbesserung ihrer Leistungsfähigkeit, vgl. Art. 1 dieser ursprünglichen Fassung[52] (mit Art. 13 der Richtlinie wurde übrigens die oben genannte Entscheidung des Rates 75/327/EWG aufgehoben und ersetzt). Die Richtlinie gilt gem. Art. 2 Abs. 1 für den Betrieb der Eisenbahninfrastruktur und das Erbringen von Eisenbahnverkehrsleistungen durch Eisenbahnunternehmen, die ihren Sitz in der Gemeinschaft haben oder haben werden. Eisenbahnen, deren Tätigkeit ausschließlich auf den Stadt- Vorort- und Regionalverkehr beschränkt ist, sind gem. Art. 2 Abs. 2 vom Anwendungsbereich ausgeschlossen. Die folgenden vier Grundsätze dienen zur Verwirklichung des oben genannten Ziels:[53]

(1) Die Eisenbahnunternehmen sollen rechtlich selbständig sein und unabhängig von den Regierungen nach eigenwirtschaftlichen Grundsätzen geführt werden. Insbesondere müssen sie über ein vom Staat getrenntes Vermögen, einen Haushaltsplan und eine eigene Rechnungsführung verfügen, Art. 4.
(2) Der Fahrweg soll zumindest einen eigenen Geschäftsbereich darstellen und Quersubventionierungen zwischen Fahrweg und Betrieb sollen ausgeschlossen sein. Dieses Verbot muss gem. Art. 6 Abs. 1 Satz 3 auch in der Rechnungsführung der beiden Geschäftsbereiche zum Ausdruck kommen.
(3) Die öffentlichen Eisenbahnunternehmen sollen finanziell saniert werden, so dass eine Geschäftsführung auf gesunder finanzieller Basis möglich ist, Art. 9 Abs. 1. Schließlich soll
(4) der diskriminierungsfreie Zugang jedes zugelassenen Eisenbahnunternehmens zu dem öffentlichen Fahrweg aller Mitgliedstaaten gewährleistet werden. Der Zugangsanspruch ist in Art. 10 konkretisiert. Demnach bestehen

---

[51] *Gaupp*, Der Netzzugang im Eisenbahnwesen, S. 18.
[52] EG-Abl. 1991 L 237, S. 25 ff.
[53] Dazu *Kilian/Hesse*, Die Verwaltung 1994, S. 175 (194).

Nutzungsrechte für die sog. internationalen Gruppierungen. Nutzungsrechte bestehen außerdem zur Erbringung von Verkehrsleistungen im sog. grenzüberschreitenden kombinierten Güterverkehr.

Unter internationalen Gruppierungen ist eine Verbindung von mindestens zwei Eisenbahnunternehmen mit Sitz in verschiedenen Mitgliedstaaten zur Erbringung grenzüberschreitender Verkehrsleistungen zwischen den Mitgliedstaaten zu verstehen, Art. 3, 4. Gedankenstrich. Gem. Art. 10 Abs. 1 erhalten internationale Gruppierungen Zugangs- und Transitrechte in den Mitgliedstaaten, in denen die Eisenbahnunternehmen der Gruppierungen ihren Sitz haben. Außerdem erhalten sie Transitrechte in den anderen Mitgliedstaaten für grenzüberschreitende Verkehrsleistungen zwischen den Mitgliedstaaten, in denen die ihnen angeschlossenen Eisenbahnunternehmen ihren Sitz haben. Der Begriff des kombinierten Güterverkehrs ist nicht gesetzlich definiert. Im Allgemeinen wird hierunter die Beförderung von Großcontainern oder Wechselbehältern mit verschiedenen Beförderungsmitteln verstanden.[54] Zur Erlangung der Zugangsrechte ist im Gegensatz zu internationalen Gruppierungen keine Kooperation mit anderen Eisenbahnunternehmen erforderlich.[55]

Mit diesen Zielvorgaben der Richtlinie ist allerdings weder eine Verpflichtung der Mitgliedstaaten verbunden, den Bahndienstbereich in eine private Organisationsform zu überführen,[56] noch den Transport- und Infrastrukturbereich institutionell zu verselbstständigen.[57] So heißt es entsprechend in Art. 3 zur Legaldefinition des Begriffs „Eisenbahnunternehmen“ (erster Gedankenstrich), dass jedes private oder öffentlich-rechtliche Unternehmen von der Vorschrift erfasst wird, dessen Haupttätigkeit im Erbringen von Eisenbahnverkehrsleistungen zur Beförderung von Gütern oder Personen besteht. In Art. 6 Abs. 2 wird es den Mitgliedstaaten ausdrücklich überlassen, ob sie über die Trennung der Rechnungsführung der Bereiche Verkehrsleistungen

---

[54] *Gaupp*, Der Netzzugang im Eisenbahnwesen, S. 34.
[55] *Burmeister,* Der Wettbewerb der Eisenbahnen im Europäischen Binnenmarkt, S. 75 f.
[56] *Kämmerer*, Privatisierung, S. 303.
[57] *Epiney* in: *Dauses*, Handbuch des EU-Wirtschaftsrechts, L Rn. 390.

und Infrastruktur hinaus (und dem Verbot von Quersubventionierungen, Art. 6 Abs. 1) auch eine organisatorische Trennung dieser Teilbereiche vornehmen wollen.

Erwähnung finden muss auch die Richtlinie 95/19/EG des Rates über die Zuweisung von Fahrwegkapazitäten der Eisenbahnen und die Berechnung von Wegeentgelten.[58] Sie legt die Grundsätze für die Zuweisung von Fahrwegkapazitäten und die Berechnung von Wegeentgelten fest. Die Zuweisung von Fahrwegkapazitäten hat demgemäß von einer von den Mitgliedstaaten zu benennenden Stelle zu erfolgen (Art. 10). Nach Art. 2 lit. f kann dies neben einer unabhängigen Behörde auch der Infrastrukturbetreiber sein. Die betraute Zuweisungsstelle hat gem. Art. 4 dafür zu sorgen, dass die Fahrwegkapazität gerecht und diskriminierungsfrei verteilt wird und dabei eine effiziente und optimale Nutzung der Infrastruktur verwirklicht wird. Allerdings können die Mitgliedstaaten Maßnahmen zur Bevorzugung gemeinwirtschaftlicher Verkehrsdienste oder von Verkehrsdiensten treffen, die auf speziell für sie gebauten oder ausgebauten Infrastrukturen betrieben werden (z.B. Hochgeschwindigkeits- oder Güterstrecken).[59] Bezüglich der Berechnung der Wegeentgelte enthält Art. 6 der Richtlinie den Grundsatz, wonach sich im Rechnungswesen des Netzbetreibers „unter normalen Geschäftsbedingungen die Erträge aus Wegeentgelten und staatlichen Beiträgen einerseits und die Fahrwegaufwendungen andererseits über einen angemessenen Zeitraum zumindest ausgleichen müssen. Damit wird klargestellt, dass die Aufwendungen des Netzbetreibers nicht durch die Wegeentgelte allein gedeckt werden müssen, sondern auch Beiträge des Staates zur Kostendeckung herangezogen werden können. Eine Kostendeckung nach rein kommerziellen Gesichtpunkten ist daher nicht erforderlich.[60] Die Höhe der Zugangstarife und die Art und Weise der Berechnung fällt grundsätzlich in die Kompetenz der Mitgliedstaaten.

---

[58] EG-Abl. 1995 L 143, S. 75.
[59] *Burmeister,* Der Wettbewerb der Eisenbahnen im Europäischen Binnenmarkt, S. 80.
[60] *Burmeister,* Der Wettbewerb der Eisenbahnen im Europäischen Binnenmarkt, S. 81.

Allerdings müssen die Trassenpreise gem. Art. 7 diskriminierungsfrei erhoben werden.[61]

Die Unzufriedenheit mit der Entwicklung der Bahnen in der Gemeinschaft veranlasste die Kommission, ein neuerliches Maßnahmepaket zur Fortentwicklung der Trennung von Fahrweg und Betrieb auf den Weg zu bringen, das sog. Eisenbahninfrastrukturpaket.[62] Das „Paket", das aus drei Richtlinien besteht, ist am 15.3.2001 in Kraft getreten und hätte eigentlich innerhalb von zwei Jahren, also bis zum 15.3.2003, umgesetzt werden müssen.[63] Es handelt sich um die Richtlinie 2001/12/EG des Europäischen Parlaments und des Rates vom 26.2.2001 zur Änderung der Richtlinie 91/440/EWG des Rates zur Entwicklung der Eisenbahnunternehmen der Gemeinschaft,[64] die Richtlinie 2001/13/EG des Europäischen Parlaments und des Rates vom 26.2.2001 zur Änderung der Richtlinie 95/18/EG des Rates über die Erteilung von Genehmigungen an Eisenbahnunternehmen,[65] und die Richtlinie 2001/14/EG des Europäischen Parlaments und des Rates vom 26.2.2001 über die Zuweisung von Fahrwegkapazität der Eisenbahn, die Erhebung von Entgelten für die Nutzung von Eisenbahninfrastruktur und die Sicherheitsbescheinigung.[66] Hauptanliegen der Regelungen bildet die Verbesserung der Transparenz auf den Schienenverkehrsmärkten, vermittelt durch striktere Entflechtung der Zuständigkeiten von Staat, Eisenbahnen und Infrastrukturbetreibern.[67] Ein weiterer wichtiger Bereich ist das Zugangsrecht für Eisenbahnunternehmen zum sog. „Transeuropäischen Schienengüternetz" (TESGN), das in Art 10a RL 91/440/EWG i.d.F. der RL 2001/12/EG definiert ist. Art. 10a lit. a verweist dabei auf die im Anhang I enthaltenen Karten und dem darin ausgewiesenen Streckennetz von etwa 50.000 Kilometern. Damit werden Eisenbahnunternehmen in die Lage versetzt, unabhängig vom kombinierten Güterverkehr

---

[61] *Gaupp*, Der Netzzugang im Eisenbahnwesen, S. 37 f.
[62] *Ronellenfitsch*, DVBl. 2002, S. 657.
[63] *Ronellenfitsch*, DVBl. 2002, S. 657.
[64] EG-Abl. 2001 L 75, S. 1.
[65] EG-Abl. 2001 L 75 S. 26.
[66] EG-ABl. 2001 L 75 S. 29.
[67] Vgl. *Epiney* in: *Dauses*, Handbuch des EU-Wirtschaftsrechts, L Rn. 387.

bzw. der Bildung einer „internationalen Gruppierung“ grenzüberschreitenden Schienengüterverkehr durchzuführen.[68]

Eine vertiefende Auseinandersetzung mit den Richtlinien des ersten Eisenbahninfrastrukturpakets bezüglich des für die gegenständliche Untersuchung entscheidenden Komplexes der Trennung von Infrastruktur und Betrieb erfolgt im Rahmen des zweiten Teils der Arbeit. Dort wird insbesondere der Frage nachzugehen sein, ob der neuerliche Vorstoß der Gemeinschaft zur stärkeren Trennung von Infrastruktur und Betrieb[69] mit der von der Bundesregierung vorgeschlagenen Novellierung des AEG richtlinienkonform in nationales Recht umgesetzt werden kann. Des Weiteren wird zu fragen sein, ob das AEG in der Fassung der geplanten dritten Novelle ein organisationsrechtliches Modell für vertikal integrierte Eisenbahnunternehmen wie der DB AG enthält, das auf den Kategorien des deutschen Gesellschaftsrechts basiert.

Bezüglich der Regulierung des Verkehrsmarktes „Bahn“ mit dem Ziel der Schaffung von Wettbewerb enthält das erste Eisenbahninfrastrukturpaket die weitreichendsten Impulse.[70] Das sog. zweite Eisenbahnpaket, das von der Kommission bereits kurz nach Zustandekommen des Eisenbahninfrastrukturpakets unter dem Eindruck des weiterhin sinkenden Marktanteils der Eisenbahn am europäischen Güterverkehr in Angriff genommen wurde,[71] führte zur Verabschiedung der Richtlinien

- 2004/49/EG[72] des Europäischen Parlaments und des Rates vom 29. April 2004 über Eisenbahnsicherheit in der Gemeinschaft und zur Änderung der Richtlinie 95/18/EG des Rates über die Erteilung von Genehmigungen an Eisenbahnunternehmen und der Richtlinie 2001/14/EG über die Zuweisung von Fahrwegkapazität der Eisenbahn,

---

[68] *Freise,* TranspR 2003, S. 265 (274).
[69] Allerdings bleibt die vollständige institutionelle auch nach diesen neuerlichen Regelungen fakultativ, *Ronellenfitsch*, DVBl. 2002, S. 657 (666).
[70] Vgl. *Maier/Dopheide*, EuZW 2003, S. 456 (460); *Bartosch/Jaros*, WuW 2005, S. 15 (18).
[71] *Freise,* TranspR 2003, S. 265 (276).
[72] EG-Abl. 2004 L 164 S. 44.

die Erhebung von Entgelten für die Nutzung von Eisenbahninfrastruktur und die Sicherheitsbescheinigung,

- 2004/50/EG[73] des Europäischen Parlaments und des Rates vom 29. April 2004 zur Änderung der Richtlinie 96/48/EG des Rates über die Interoperabilität des transeuropäischen Hochgeschwindigkeitsbahn-systems und der Richtlinie 2001/16/EG des Europäischen Parlaments und des Rates über die Interoperabilität des konventionellen transeuropäischen Eisenbahnsystems
- sowie der Richtlinie 2004/51/EG[74] des Europäischen Parlaments und des Rates vom 29. April 2004 zur Änderung der Richtlinie 91/440/EWG.

Im Wesentlichen sieht dieses Regelungspaket die Öffnung der grenzüberschreitenden Güterverkehrsleistungen auf dem gesamten Eisenbahnnetz ab Jahresbeginn 2006 und ein Jahr später für alle Güterverkehrsleistungen vor (RL 2004/51/EG).[75]

## III. Die Bahnreform in Deutschland

Im Jahr 1989 setzte die Bundesregierung die Regierungskommission Bundesbahn ein, die den Auftrag hatte, eine ökonomisch tragfähige Konzeption für die DB zu entwickeln.[76] Aufgrund der dramatisch angewachsenen Verschuldung der DB und der DR kam die Regierungskommission in ihrem Schlussbericht vom Dezember 1991 zu der Empfehlung, die beiden Bahnunternehmen mit der Gründung der Deutschen Bahn AG umfassend zu privatisieren. Weiterer Grundpfeiler der Reform war neben der Privatisierung

---

[73] EG-Abl. 2004 L 164 S. 114.
[74] EG-Abl. 2004 L 164 S. 164.
[75] *Stüer/Berka*, DVBl. 2004, S. 1326 (1328).
[76] *Burmeister*, Der Wettbewerb der Eisenbahnen im europäischen Binnenmarkt, S. 95.

die Schaffung von Wettbewerb auf der Schiene.[77] Dadurch sollte der jahrzehntelang versäumte Prozess des Innovations- und Kostensenkungswettlaufs nachgeholt werden. Da es aber als unsinnig erachtet wurde, die Bundesbahn mit kaufmännisch organisierten Eisenbahnunternehmen in den Wettbewerb zu schicken, sah man die Notwendigkeit, die Behörde Bundesbahn zunächst in eine private Rechtsform zu überführen.[78] Als zentrale Instrumente der Restrukturierung der Eisenbahn auf europäischer wie auf nationaler Ebene erweisen sich mithin die Marktöffnung und die Etablierung von Wettbewerb im Sektor Bahn.[79] Demgegenüber ist das Instrument der Privatisierung in der europäischen Konzeption im Gegensatz zum Ansatz in Deutschland von untergeordneter Bedeutung. Das dürfte aber nicht zuletzt darauf zurück zu führen sein, dass es dem europäischen Gesetzgeber aufgrund von Art. 295 EGV von vornherein verwehrt ist, auf die Eigentumsstruktur der Mitgliedstaaten (im Sinne einer Pflicht der Mitgliedstaaten zur Organisationsprivatisierung der Eisenbahnunternehmen) einzuwirken.[80]

Bei genauerer Betrachtung fällt dieser scheinbare Unterschied in der Konzeption der Restrukturierungsmodelle aber eher gering aus: Zum einen ist die Privatisierung der ehemaligen Bundesbahn bislang im Stadium der formellen Privatisierung stehen geblieben, da der Bund nach wie vor 100 %iger Anteilseigner der DB AG ist.[81] Zum anderen sind die wesentlichen Gesichtspunkte, die aus ökonomischer Sicht zu einem Effizienzvorteil

---

[77] *Ewers/Ilgmann*, Zukunft des Schienenverkehrs, S. 12; *Delbanco* in: *Foos*, Eisenbahnrecht und Bahnreform, S. 11 (24); *Munzert*, Das Schienennetz in Deutschland nach der Bahnreform, S. 26.

[78] *Ewers/Ilgmann*, Zukunft des Schienenverkehrs, S. 12.

[79] *Fehling*, DÖV 2002, S. 793 (794).

[80] *Gaupp*, Der Netzzugang im Eisenbahnwesen, S. 25 mit Hinweis auf *Kämmerer*, Privatisierung, S. 303 f.

[81] Dazu *Kühling*, Sektorspezifische Regulierung in den Netzwirtschaften, S. 551. Eine materielle Privatisierung wäre ohnehin nur für die Transportsparten der DB denkbar, die Mehrheit am Bereich Netzinfrastruktur muss gem. Art. 87e Abs. 3 Satz 2 GG beim Bund verbleiben, *Gaupp*, Der Netzzugang im Eisenbahnwesen, S. 86 f.; zum verfassungsrechtlichen Rahmen der Bahnreform im Übrigen unten unter 2.a. Ob für die Transportsparten eine verfassungsrechtliche *Pflicht* zur materiellen Privatisierung besteht, oder lediglich die Möglichkeit dazu eingeräumt wird, ist in der Literatur strittig. Zum Stand der Diskussion *Kühling*, Sektorspezifische Regulierung in den Netzwirtschaften, S. 552 f.

privatrechtlich organisierter Unternehmen gegenüber öffentlichen Unternehmen führen, im europäischen Recht enthalten, auch ohne dass damit eine Pflicht zur Organisationsprivatisierung verbunden ist.[82] Folgende ökonomischen Überlegungen liegen dem Konzept der Privatisierung bzw. der Etablierung von Wettbewerb zugrunde:

## 1. Gründe für die Privatisierung und Etablierung von Wettbewerb

### a. Vorteilhaftigkeit der Privatisierung

Wenngleich es im heutigen wirtschaftspolitischen Klima, das von Deregulierung und der Privatisierung von (ehemaligen) Staatsbetrieben geprägt ist,[83] in der „Natur der Sache" zu liegen scheint, dass die öffentlichen Unternehmen wirtschaftlich ineffizient arbeiten, wird diese These in der Wirtschaftswissenschaft durchaus differenzierter betrachtet. Zwar gibt es empirische Studien, die genau dies belegen, vereinzelt existieren aber auch solche, die keinen Effizienzunterschied feststellen, andere sehen sogar Effizienzvorteile öffentlicher Unternehmen.[84] Es werden allerdings bestimmte Einflussfaktoren benannt, deren Vorliegen den entscheidenden Ausschlag für die Frage der Effizienz von Unternehmen geben:[85]

- Öffentliche Unternehmen sind demnach nicht zwangsläufig weniger effizient als privatrechtlich organisierte Unternehmen,
- Schlechter schneiden öffentliche Unternehmen jedoch dann ab, wenn
  - ihnen kein eindeutiges Unternehmensziel vorgegeben ist,

---

[82] Zu den Aspekten, die im Rahmen der Privatisierung die Basis für einen Effizienzvorteil gegenüber öffentlichen Unternehmen bilden sollen, sogleich.

[83] *Weber*, Wirtschaftsregulierung in wettbewerbspolitischen Ausnahmebereichen, S.34 f./600 ff.

[84] *Brenck* in: *Ewers*, Privatisierung des Schienenverkehrs, S.37 (53).

[85] *Brenck* in: *Ewers*, Privatisierung des Schienenverkehrs, S.37 (54).

- sie stattdessen mehrere, unter Umständen konkurrierende und nicht eindeutig operationalisierte Ziele vorgegeben bekommen,
- eine direkte staatliche Einflussnahme auf operative Entscheidungen erfolgt,
- sie durch Marktregulierung vor Wettbewerb geschützt oder entstandene Verluste durch pauschale Verlustübernahme des Staates abgedeckt werden.

Die meisten dieser Faktoren werden durch europarechtliche Maßgaben im Sinne einer Effizienzmaximierung geregelt ohne damit eine Pflicht zur Organisationsprivatisierung zu begründen.[86] So etwa die seit der VO Nr. 1191/69/EWG bestehende Verpflichtung der Mitgliedstaaten, im Bereich der Eisenbahn-, der Straßen- sowie dem Binnenschifffahrtsverkehr dafür zu sorgen, dass gemeinwirtschaftliche Verpflichtungen vom Staat zu Marktbedingungen eingekauft werden müssen.[87] In Verbindung mit der in Art. 5 Abs. 1 RL 91/440/EWG enthaltenen Verpflichtung der Mitgliedstaaten, Eisenbahnen nach den Grundsätzen zu führen, die für Handelsgesellschaften gelten, besteht für Eisenbahnunternehmen eine eindeutige Zielvorgabe dahingehend, ihr unternehmerisches Handeln an den Gegebenheiten des Marktes auszurichten.[88] Zudem wäre eine direkte Einflussnahme des Staates auf operative Entscheidungen von Eisenbahnunternehmen als Verstoß gegen Art. 4 RL 91/440/EWG zu werten.[89] Ein grundsätzliches Verbot für die Mitgliedstaaten, Maßnahmen „in Bezug auf öffentliche Unternehmen und auf Unternehmen, denen sie besondere oder ausschließliche Rechte gewähren", zu treffen oder aufrecht zu erhalten, die gegen das Diskriminierungsverbot des Art. 12 EGV oder die Wettbewerbsvorschriften (Art. 81 bis 89 EGV) verstoßen, ergibt sich überdies bereits aus Art. 86 Abs. 1 EGV.[90]

---

[86] Zu den Gründen dafür oben unter III.

[87] *Epiney* in: *Dauses*, Handbuch des EU-Wirtschaftsrechts, L Rn. 286 m.w.N. Zu der Vorschrift auch oben unter II.

[88] *Gaupp*, Der Netzzugang im Eisenbahnwesen, S. 85.

[89] *Epiney* in: *Dauses*, Handbuch des EU-Wirtschaftsrechts, L Rn. 393.

[90] Dazu auch *Gaupp*, Der Netzzugang im Eisenbahnwesen, S. 60 f.

Diejenigen Bedingungen, die für gewöhnlich einen Effizienzvorteil privater gegenüber öffentlichen Unternehmen nach sich ziehen, ließen sich also durchaus auch bei öffentlichen Unternehmen etablieren, wodurch sich deren Effizienz vergleichbaren privaten Unternehmen annähern könnte. Gleichwohl scheint das Instrument der Privatisierung vorzugswürdiger, da nur dann die Möglichkeit besteht, weitere Kontrollmechanismen, wie etwa den Kapitalmarkt, zur Effizienzsteigerung zu nutzen.

### b. Wettbewerb als Ordnungsfaktor der marktwirtschaftlichen Wirtschaftsordnung

Kennzeichnend für die marktwirtschaftliche Wirtschaftsordnung ist das Autonomieprinzip. Das Wirtschaftssubjekt ist in der Weise bei der Bestimmung seines Wirtschaftsplanes autonom, als es diesen an den Preisen der Produktionsfaktoren und den für seine produzierten Güter am Markt erzielbaren Preisen ausrichten kann, wobei Letztere wiederum das Knappheitsverhältnis der Produktionsfaktoren und der produzierten Güter zum Ausdruck bringen und so dafür sorgen, dass die Bedürfnisse nach der Rangordnung der Dringlichkeit befriedigt werden.[91] Auf diese Weise bringt der marktwirtschaftliche Preismechanismus Angebot und Nachfrage „wie durch unsichtbare Hand“[92] in Einklang.[93] Voraussetzung für dieses freie Spiel der Kräfte ist die Freiheit der Wirtschaftssubjekte im Hinblick auf Privateigentum, Konsum- und Produktionsentscheidungen.[94] In diesem System erfüllt der Wettbewerb der Marktteilnehmer vor allem Steuerungs- bzw. Ordnungsfunktionen sowie Antriebs- bzw.

---

[91] *Wöhe*, Allgemeine Betriebswirtschaftslehre, S. 5 ff.

[92] Diese berühmte Metapher geht auf *Adam Smith* zurück, vgl. *Hesse*, Ökonomenlexikon, S. 334.

[93] Vgl. *Wöhe*, Allgemeine Betriebswirtschaftslehre, S. 5 ff.

[94] *Hedrich*, Die Privatisierung der Sparkassen, S. 96.

Lenkungsfunktionen,[95] indem die Marktteilnehmer versuchen, ihre individuellen Pläne im stetigen Wettbewerb mit den konkurrierenden Marktteilnehmern mit der jeweiligen Marktgegenseite in Abstimmung zu bringen.[96]

Grundannahme dieses Konzepts der wettbewerbsgelenkten marktwirtschaftlichen Wirtschaftsordnung ist die gegenüber zentral (staatlich) gesteuerten Planwirtschaften höhere Effizienz. Denn das Wettbewerbsprinzip sorgt im Zusammenspiel mit dezentralen Entscheidungsprozessen für das notwendige Leistungsanreizsystem, um eine optimale Güterproduktion, eine leistungsgerechte Güterverteilung bei minimalen Koordinationskosten, höhere Anpassungsflexibilität und technischen Fortschritt zu erreichen.[97] Diese Überlegungen bildeten auch die Grundlage dafür, die Schaffung von Wettbewerb zum zentralen Baustein der Bahnstrukturreform in Deutschland zu machen.[98]

Gerade in der Rechtswissenschaft ist die These vom vermeintlichen „Allheilmittel" Wettbewerb Gegenstand lebhafter und kontroverser Diskussionen. Vor dem Hintergrund der Entwicklung des Europäischen Gemeinschaftsrechts, das seit geraumer Zeit von der konsequenten Durchsetzung des Binnenmarktes auf der Grundlage eines unverfälschten Wettbewerbs geprägt ist,[99] wird vielfach die Verletzung des Sozialstaatsprinzips beklagt.[100] Konkret geht es hier um den Konflikt, der im Zuge der Öffnung von Märkten für den Wettbewerb in Bereichen entsteht, die nach überkommenem

---

[95] *Weber*, Wirtschaftsregulierung in wettbewerbspolitischen Ausnahmebereichen, S. 46; vgl. zu den Funktionen des Wettbewerbs nach der Konzeption *Kantzenbachs* bei *Schmid,* Wettbewerbspolitik und Kartellrecht, S. 11 f.

[96] Vgl. *Fritsch/Wein/Ewers*, Marktversagen und Wirtschaftspolitik, S. 14 ff.

[97] *Weber*, Wirtschaftsregulierung in wettbewerbspolitischen Ausnahmebereichen, S. 96.

[98] *Fehling*, DÖV 2002, S. 793 (794), der zutreffend darauf hinweist, dass dieser Ansatz Hand in Hand geht mit den ohnehin schon existenten europarechtlichen Vorgaben zur Schaffung von Wettbewerb; vgl. auch die Empfehlungen der Deregulierungskommission in: Marktöffnung und Wettbewerb, Vorwort S. V, S. 42 ff.

[99] *Cox* in: *Cox*, Daseinsvorsorge und öffentliche Dienstleistungen in der Europäischen Union, Vorwort S. 13.

[100] *Broß*, JZ 2003, S. 874 m.w.N.

Verständnis als öffentliche Aufgaben bzw. Aufgaben der Daseinsvorsorge[101] angesehen werden[102] (der EG- Vertrag spricht in diesem Kontext von „Dienstleistungen von allgemeinem wirtschaftlichen Interesse“, Art. 16, 86 Abs. 2 EGV).[103] Der Wirtschaftssektor „Verkehr“ im Allgemeinen, der Sektor „Eisenbahn“ im Besonderen ist von dieser Diskussion erheblich tangiert, da das Verkehrswesen jedenfalls zum Teil zu den Aufgaben der Daseinsvorsorge zu zählen ist.[104]

Eine gewisse Berechtigung wird man der Debatte Wettbewerb versus Daseinsvorsorge zwar nicht absprechen können, zumindest soweit sie nicht auf die Extrempositionen zusteuert, sondern sich vornehmlich um einen Ausgleich zwischen den (scheinbar) gegensätzlichen Prinzipien bemüht.[105] Denn im Zusammenhang mit der Erfüllung öffentlicher Aufgaben dürfte sich weder die Meinung, die Wettbewerb stets als die effizienteste Organisationsform, noch diejenige, die Wettbewerb als Wurzel generell gemeinwohlschädlichen Renditedenkens betrachtet, als zutreffend herausstellen.[106] Eine Auseinandersetzung mit der Frage, ob die Reverstaatlichung des gesamten Eisenbahnsektors

---

[101] Zum Problem der fehlenden Schärfe dieses Begriffs *Kämmerer*, NVwZ 2002, S. 1041 (1041 ff.); *Ronellenfitsch,* DVBl. 2002, S. 657 (665). Jedenfalls können darunter Bereiche subsumiert werden, deren Abschottung von Marktmechanismen in der Vergangenheit regelmäßig mit dem Schlagwort der Gewährleistung von Versorgungssicherheit für die Bevölkerung gerechtfertigt wurde, also etwa Energieversorgung, Wasser- und Gasversorgung, Post, Telekommunikation etc., vgl. *Blankart,* WuW 2002, S. 340 (340).

[102] *Kämmerer*, NVwZ 2002, S. 1041 (1042 f.)

[103] *Koenig*, EuZW 2001, S. 481.

[104] *Ronellenfitsch,* DVBl. 2002, S. 657 (662 f.).

[105] Aus der Fülle der Literatur zur Frage des Verhältnisses von Wettbewerb und Daseinsvorsorge im Europäischen Gemeinschaftsrecht seien hier genannt: *Blankart*, Modelle der Daseinsvorsorge aus EG-rechtlicher und ökonomischer Sicht, WuW 2002, S. 340; *Brede*, Wettbewerb in Europa und die Erfüllung öffentlicher Aufgaben; *Broß*, Daseinsvorsorge-Wettbewerb-Gemeinschaftsrecht JZ 2003, S. 874; *Cox*, Daseinsvorsorge und öffentliche Dienstleistungen in der Europäischen Union; *Kämmerer*, Daseinsvorsorge als Gemeinschaftsziel oder: Europas „soziales Gewissen“, NVwZ 2002, S. 1041; *Koenig/Kühling*, „Totgesagte Vorschriften leben länger“: Bedeutung und Auslegung der Ausnahmeklausel des Art. 86 Abs. 2 EG, ZHR 166 (2002), S. 656. Teilweise wird aber auch schon die Herstellung eines Ausgleichs als in der Prämisse falsch bezeichnet. *Koenig*, Daseinsvorsorge durch Wettbewerb! EuZW 2001, S. 481, sieht das Wettbewerbsprinzip als eindeutig vorrangig, Daseinsvorsorge ist demnach gerade durch Wettbewerb sicherzustellen.

[106] *Brede* in: *Brede*, Wettbewerb in Europa und die Erfüllung öffentlicher Aufgaben, S. 17.

ein möglicher Gegenentwurf zur gemeinschaftsrechtlichen Konzeption der Etablierung von Wettbewerb[107] darstellen könnte, ist an dieser Stelle daher nicht angezeigt. Grundlage dieser Untersuchung bleibt vielmehr die Umsetzung von Richtlinien, die auf einem primärrechtlichen Rahmen basieren, der den Verkehrssektor insgesamt zu keinem ordnungspolitischen Ausnahmebereich erklärt,[108] so dass die Erbringung von Verkehrsleistungen in der Gemeinschaft innerhalb eines marktwirtschaftlichen Systems zu erfolgen hat.[109]

## 2. Die Gesetzgebung zur Bahnreform im Überblick

Die verschiedenen weiteren Einzelziele, die im Zuge der Darstellung der Reform der Bahn in Deutschland genannt werden und sich in der Gesetzgebung niederschlagen, sind also sowohl im Kontext zum europäischen Recht zu sehen, als auch im Kontext des nationalen Bemühens, dem enormen Risiko, das die Bahn für die öffentlichen Haushalte birgt, durch Privatisierung und Öffnung des Eisenbahnsektors für den Wettbewerb entgegenzuwirken. Die weiteren Einzelziele sind:[110]

- Ausweitung des Marktanteils der Eisenbahnen,
- Ausrichtung der Bahn an marktwirtschaftlichen Grundsätzen,
- Befreiung der Bahn vom öffentlichen Dienst- und Haushaltsrecht,
- Reduzierung der Belastung der öffentlichen Haushalte durch die notwendigen Transferleistungen,
- Schaffung eindeutiger Verantwortungsstrukturen für eigenwirtschaftliche und für gemeinwirtschaftliche Aufgaben,
- Erhöhung der Transparenz hinsichtlich der Entscheidungsgrundlagen.

---

[107] Dazu oben unter II.
[108] *Epiney* in: *Dauses*, Handbuch des EU-Wirtschaftsrechts, L Rn. 100 ff.
[109] *Ronellenfitsch,* DVBl. 2002, S. 657 (666).
[110] *Delbanco* in: *Foos*, Eisenbahnrecht und Bahnreform, S. 11 (24); *Hommelhoff/Schmidt-Aßmann,* ZHR 160 (1996), S. 521 (523)

Diese Ziele sind in die Gesetzgebung zur Bahnreform in Deutschland eingeflossen. Der rechtliche Rahmen der Bahnreform stellt sich dabei wie folgt dar:

### a. Verfassungsrechtlicher Rahmen

Der einfachen Gesetzgebung unter dem Dach des Gesetzes zur Neuordnung des Eisenbahnwesens (EneuOG) vom 27. Dezember 1993,[111] das im Wesentlichen sechs Einzelgesetze umfasst, musste zunächst die Schaffung des verfassungsrechtlichen Rahmens für die Reform vorangehen. Dies erfolgte unmittelbar zuvor durch das Gesetz zur Änderung des Grundgesetzes vom 20. Dezember 1993.[112] Die Bundeseisenbahnen wurden darin aus dem bisherigen Art. 87 GG, der sie der bundeseigenen Verwaltung zuwies, herausgenommen und gleichzeitig wurde Art. 87e GG als neue Grundnorm des künftigen Verfassungsrechts für den Eisenbahnverkehr etabliert.[113] Erste verfassungsrechtliche Grundaussage des Art. 87e GG ist die Entscheidung für die Privatrechtsform in Abs. 3 Satz 1. Damit steht die bisherige Organisationsform der Bundesbahn als Sondervermögen, aber auch eine etwaige Organisation als öffentlich-rechtliche Anstalt, nicht mehr zur Verfügung.[114] Welche private Rechtsform zu wählen ist, wurde durch den Verfassungsgesetzgeber allerdings nicht festlegt, die genaue Ausgestaltung der verfassungsrechtlichen Maßgabe wurde der einfachen Gesetzgebung überlassen.

Eisenbahnen des Bundes sind gem. Art. 87e GG als Wirtschaftsunternehmen zu führen, das gilt unabhängig von der Rechtsform oder den Beteiligungsverhältnissen.[115] Unter „Eisenbahnen des Bundes“ sind gem. Art. 73 Nr. 6a GG Eisenbahnen zu verstehen, die ganz oder mehrheitlich im Eigentum des Bundes stehen und Eisenbahnverkehrsleistungen anbieten oder Eisenbahninfrastrukturen

[111] BGBl. 1993 I S. 2378.
[112] BGBl. 1993 I S. 2089.
[113] *Schmidt-Aßmann/Röhl*, DÖV 1994, S. 577.
[114] *Schmidt-Aßmann/Röhl*, DÖV 1994, S. 577.
[115] *Schmidt-Aßmann/Röhl*, DÖV 1994, S. 577 (581).

betreiben.[116] Die Führung als Wirtschaftsunternehmen soll den europäischen Vorgaben entsprechen, die Tätigkeit der Eisenbahnunternehmen dem Markt anzupassen und effiziente und angemessene Leistungen anzubieten.[117] Damit können auch von Verfassungs wegen gemeinwirtschaftliche Belange nicht mehr die vorrangigen Unternehmensziele sein.[118]

Das Grundgesetz benennt indes auch Schranken der Privatisierung. Die Veräußerung von Anteilen an Eisenbahnen, deren Tätigkeit der Bau, Unterhaltung und Betreiben von Schienenwegen umfasst, ist nur mit der Maßgabe möglich, dass beim Bund die Mehrheit der Anteile verbleibt, Art. 87e Abs. 3 Satz 3 Halbsatz 2 GG, wobei die insoweit zulässige Veräußerung von Bundesanteilen eines Bundesgesetzes bedarf, das mit Zustimmung des Bundesrates erlassen wird, Art. 87e Abs. 3 Satz 3 Halbsatz 1, Art. 87e Abs. 5 Satz 1 GG. Die materielle Privatisierung scheidet mithin für die Infrastrukturunternehmen des Bundes aus.[119] Hierin kommt die besondere und in Art. 87e Abs. 4 GG verankerte Gewährleistungsverpflichtung des Bundes zum Ausdruck, "dass dem Wohl der Allgemeinheit, insbesondere den Verkehrsbedürfnissen, beim Ausbau und Erhalt des Schienennetzes der Eisenbahnen des Bundes… Rechnung getragen wird".

Eisenbahnen des Bundes, die keine Schienenwege betreiben, sondern Verkehrsdienstleistungen erbringen, können hingegen – dies folgt jedenfalls im Umkehrschluss aus Art. 87e Abs. 3 Satz 2 GG – ohne Parlamentsgesetz und ohne materielle Begrenzung veräußert werden; die Anteilsveräußerung auf sachenrechtlichem Weg reicht aus.[120] Fällt dabei der Anteil des Bundes unter die Mehrheitsgrenze, entfällt der Status des Eisenbahnunternehmens als „Eisenbahnen des Bundes".[121] Aber auch der Bereich der Verkehrsdienstleistungen ist nicht völlig der Gemeinwohlverpflichtung des Bundes (nicht

---

[116] *Schmidt-Aßmann/Röhl*, DÖV 1994, S. 577 (579).
[117] *Gaupp*, Der Netzzugang im Eisenbahnwesen, S. 85 m.w.N.
[118] *Schmidt-Aßmann/Röhl*, DÖV 1994, S. 577 (581).
[119] *Gaupp*, Der Netzzugang im Eisenbahnwesen, S. 87.
[120] *Kämmerer*, Privatisierung, S. 314; kritisch dazu *Fromm*, DVBl. 1994, S. 187 (192).
[121] Zu den daraus folgenden Konsequenzen *Kämmerer*, Privatisierung, S. 313 f.

der Eisenbahnen des Bundes!)[122] entzogen. Der bereits genannte Art. 87e Abs. 4 GG enthält als Bestandteil der in dieser Vorschrift niedergelegten doppelten verfassungsrechtlichen Verpflichtung den sog. Sicherstellungsauftrag, dafür zu sorgen, dass auf den Schienennetzen auch ein am Wohl der Allgemeinheit orientiertes Verkehrsangebot besteht.[123] Dies gilt allerdings nicht für das Verkehrsangebot des Schienenpersonennahverkehrs, da die Verantwortung für diesen Bereich durch das Regionalisierungsgesetz mit Wirkung vom 1. Januar 1996 vom Bund auf die Länder übertragen worden ist.[124]

Die einfachgesetzliche Ausgestaltung der Bahnreform gestaltet sich wie folgt:

### b. Einfachgesetzliche Ausgestaltung der Bahnreform / Die Entstehung der Deutschen Bahn AG

Das Eisenbahnneuordnungsgesetz (ENeuOG) umfasst (u.a.) sechs Einzelgesetze: das Gesetz zur Zusammenführung der Bundeseisenbahnen (BENeuglG),[125] das Gesetz über die Gründung einer Deutsche Bahn AG (DBGrG),[126] das Gesetz über die Eisenbahnverkehrsverwaltung des Bundes (EVerkVerwG),[127] das Gesetz zur Regionalisierung des öffentlichen Personennahverkehrs (RegG),[128] das (geänderte) Allgemeine Eisenbahngesetz (AEG)[129] und das (geänderte) Schienenwegeausbaugesetz.[130]

---

[122] *Gaupp*, Der Netzzugang im Eisenbahnwesen, S. 88.
[123] Zu der höchst problematischen Frage des Inhalts und Umfangs dieser Verantwortlichkeit des Bundes, insbesondere im Spannungsfeld zum Wirtschaftlichkeitspostulat des Art. 87e Abs. 3 GG *Gaupp*, Der Netzzugang im Eisenbahnwesen, S. 88 ff.; ferner *Delbanco*, in: *Foos*, Eisenbahnrecht und Bahnreform, S. 11 (31 ff.).
[124] *Gaupp*, Der Netzzugang im Eisenbahnwesen, S. 99.
[125] BGBl. 1993 I S. 2378.
[126] BGBl. 1993 I S. 2386.
[127] BGBl. 1993 I S. 2394.
[128] BGBl. 1993 I S. 2395.
[129] BGBl. 1993 I S. 2396.
[130] BGBl. 1993 I S. 2423.

Die Gründung der Deutschen Bahn AG vollzog sich in folgenden Abschnitten:[131] Zunächst wurde das nicht rechtsfähige Sondervermögen des Bundes „Deutsche Bundesbahn“ und „Deutsche Reichsbahn“ gem. § 1 des Gesetzes zur Zusammenlegung und Neugliederung der Bundeseisenbahnen zu einem einheitlichen, nicht rechtsfähigen Sondervermögen des Bundes unter dem Namen „Bundeseisenbahnvermögen“ zusammengefasst. Dann folgte die Übertragung der sog. „bahnnotwendigen Vermögensgegenstände“ auf die neu gegründete Deutsche Bahn Aktiengesellschaft, § 20 Abs. 1 BENeuglG, § 1 Abs. 1 DBGrG. Bahnnotwendig sind danach alle Liegenschaften sowie sonstiges Vermögen, soweit es für das Erbringen von Eisenbahnverkehrsleistungen sowie für das Betreiben der Eisenbahninfrastruktur notwendig ist. Unternehmensgegenstand der DB AG ist das Erbringen von Eisenbahnverkehrsleistungen sowie das Betreiben der Eisenbahninfrastruktur, § 4 DBGrG.

Für diese Anfangsphase war die organisatorische und rechnerische Trennung mindestens der Bereiche „Personennahverkehr“, „Personenfernverkehr“, „Güterverkehr“, und „Fahrweg“ angeordnet, § 25 Abs. 1 DBGrG, die spätestens nach fünf Jahren in der zweiten Stufe der Bahnreform auf neu gegründete Aktiengesellschaften (Fahrweg AG, Personenfernverkehr AG, Personennahverkehr AG und Güterverkehr AG) zu übertragen waren, § 2 Abs. 1 DBGrG.[132] Diese Gliederung ist weder durch das Grundgesetz noch durch Gemeinschaftsrecht vorgegeben. Art. 87e Abs. 3 GG spricht von „Wirtschaftsunternehmen“ mal im Plural, mal im Singular. Hieraus lässt sich keine Vorgabe hinsichtlich der Anzahl der Unternehmen herleiten.[133] Die durch Art. 6 der Richtlinie 91/440/EWG (a.F.) vorgeschriebene Trennung von Infrastrukturbetrieb und Verkehrsleistungen verlangt zwingend (ausdrücklich) ebenfalls nur die getrennte Rechnungsführung für diese Bereiche und das Verbot von Quersubventionen.[134] Am 1.Juni 1999 erfolgte auf der Basis des § 25 DBGrG die Eintragung von fünf Aktiengesellschaften in das Handelsregister Berlin-Charlottenburg:

---

[131] Dazu *Delbanco* in: *Foos*, Eisenbahnrecht und Bahnreform, S. 11 (38 f.).

[132] *Berschin*, DVBl. 2002, S. 1079.

[133] *Schmidt-Aßmann/Röhl*, DÖV 1994, S. 577 (580).

[134] Ausführlich dazu im zweiten Teil der Untersuchung.

- DB Netz AG als Fahrweg bzw. Infrastrukturunternehmen
- DB Reise & Touristik AG als Betreiber des Fernverkehrs
- DB Regio AG als Betreiber des Nahverkehrs
- DB Cargo AG als Güterverkehrsunternehmen[135]
- Zudem wurde für den Bereich Bahnhöfe die DB Station & Service AG gegründet.

Daneben besteht zur Verwaltung und Verwertung der nicht direkt für den Betrieb notwendigen Immobilien die DB Immobilien GmbH.[136] Die Deutsche Bahn AG besteht seitdem nur noch als Holding fort, die 100 % der Anteile der sog. „Führungsgesellschaften“ hält.[137] Nach eigener Darstellung der DB AG handelt es sich bei der Deutschen Bahn AG in der Struktur der zweiten Stufe der Bahnreform um einen mehrstufigen Konzern unter der Führung der Holding „Deutsche Bahn AG“.[138] Diese ist die Konzernobergesellschaft. Mit den Töchtern bestehen Beherrschungs- und Gewinnabführungsverträge.[139] Die genannten Tochtergesellschaften bilden die Führungsgesellschaften für zahlreiche weitere, den jeweiligen Unternehmensbereichen zugeordneten Konzerngesellschaften.[140] Alleineigentümer der Deutschen Bahn AG ist gem. § 8 Nr. 2 DBGrG der Bund. Eine materielle Privatisierung für den Bereich, der nicht die Schienenwege betrifft, ist im Gesetz zwar nicht vorgesehen, wäre aber ohne weiteres möglich.[141] Das in jüngster Zeit in diesem Zusammenhang diskutierte ambitionierte Ziel, den Börsengang der DB AG noch vor der Bundestagswahl 2006 in die Wege zu leiten, ist angesichts der desolaten Zahlen allerdings wieder auf unbestimmte Zeit verschoben worden.[142]

---

[135] Die DB Cargo AG wurde in der zweiten Jahreshälfte 2003 in Railion Deutschland AG umbenannt, vgl. Zwischenbericht 1. Halbjahr 2003 der DB AG, S. 9; abrufbar unter: http://www.bahn-net.de/presse/ir/index.htm

[136] *Berschin*, DVBl. 2002, S. 1079.

[137] *Delbanco* in: *Foos*, Eisenbahnrecht und Bahnreform, S. 11 (41).

[138] Nachzulesen auf den Internetseiten der Deutschen Bahn AG unter: www.bahn.de/konzern/holding/wir/dbag_reform_zweite_stufe_.shtml

[139] *Berschin*, DVBl. 2002, S. 1079.

[140] www.bahn.de/konzern/holding/wir/dbag_reform_zweite_stufe_.shtml

[141] Siehe oben a.

[142] Vgl. Handelsblatt vom 25.11.2004, S. 1.

### c. Einfachgesetzliche Ausgestaltung der Bahnreform / Die Schaffung von Wettbewerb im Bahnsektor

Neben der institutionellen Privatisierung der Bundesbahn(en) ist die Schaffung von Wettbewerb im Bahnsektor Hauptanliegen der Bahnreform in Deutschland.[143] Da das Schienennetz als sog. natürliches Monopol[144] de facto nicht duplizierbar ist,[145] ist Wettbewerb im Bahnsektor untrennbar verbunden mit der Möglichkeit für nicht bundeseigene Eisenbahnverkehrsunternehmen, diskriminierungsfreien Zugang zum Schienennetz der (vormaligen) Bundesbahn zu erhalten.[146] In Anlehnung an die RL 91/440/EWG wurden § 14 AEG, und, insbesondere zur Umsetzung der RL 95/19/EG, die Eisenbahninfrastrukturbenutzungsverordnung (EIBV)[147] etabliert. Die Richtlinie 91/440/EWG gewährt auch in der Neufassung durch das Eisenbahninfrastrukturpaket (RL 2001/12/EG) diskriminierungsfreien Netzzugang nur für den grenzüberschreitenden Güterverkehr, und dort ebenfalls nur eingeschränkt.[148] § 14 AEG geht über die gemeinschaftsrechtlichen Vorgaben hinaus, indem allen Eisenbahnunternehmen mit Sitz in Deutschland für alle Verkehrsarten, und bei Gewährleistung von Gegenseitigkeit auch Eisenbahnunternehmen mit Sitz im Ausland, Abs. 3, ein Recht auf diskriminierungsfreien Zugang eingeräumt wird. Gerade deshalb gilt die deutsche Bahnreform als in Einklang stehend mit europarechtlichen Vorgaben.[149] Das Trassenvergabeverfahren stellt sich in groben Zügen wie folgt dar:

---

[143] Siehe oben eingangs zu III.

[144] Zum Begriff des natürlichen Monopols sogleich bei den Grundlagen der Regulierung von Netzwirtschaften.

[145] Neben den enormen Investitionen, die hier getätigt werden müssten, stehen der Duplizierung aber schlicht auch raumordnungsrechtliche Gründe entgegen, vgl. *Kämmerer*, Privatisierung, S. 310.

[146] *Dengler*, Die Privatisierung der Deutschen Bundesbahn – ein untauglicher Versuch? In: *Witt*, FS *Oettle*, S. 133 (141); *Fehling,* DÖV 2002, S. 793 (797).

[147] Verordnung über die diskriminierungsfreie Benutzung der Eisenbahninfrastruktur und über die Grundsätze zur Erhebung von Entgelt für die Benutzung der Eisenbahninfrastruktur vom 17.12.1993, BGBl 1997 I S. 3153.

[148] Vgl. oben unter II. Ausführliche Darstellung im zweiten Teil Abschnitt B.

[149] *Gaupp*, Der Netzzugang im Eisenbahnwesen, S. 101.

Geregelt ist das Verfahren zur Trassenvergabe bislang in § 4 EIBV.[150] Danach sollen Trassenrechte grundsätzlich spätestens acht Monate vor Beginn einer Fahrplanperiode bei dem Infrastrukturunternehmen angemeldet werden, § 4 Abs. 2. Spätere Anmeldungen sind zwar möglich, aber gegenüber rechtzeitigen Anmeldungen nachrangig, § 4 Abs. 4. Für den Fall, dass mehrere Anmeldungen für eine zeitgleiche Benutzung eingehen, die aber nicht miteinander zu vereinbaren sind, findet gem. § 4 Abs. 5 grundsätzlich eine Auktion unter den Bewerbern statt. Soweit Verhandlungen nicht zu einer anderen Lösung führen, erhält das höchste Gebot den Zuschlag. Die Vergabe über Auktionen gilt allerdings nicht für Verkehrsleistungen im vertakteten Schienenpersonennahverkehr. In diesen Vergabegrundsätzen bei Nutzungskonflikten kommt zum Ausdruck, dass sich der Anspruch von Verkehrsunternehmen im Rahmen des diskriminierungsfreien Zugangs eben lediglich in einer „ermessensfehlerfreien Entscheidung" erschöpft, aber kein unmittelbar durchsetzbarer Anspruch auf Mitbenutzung gewährt wird.[151]

Da insbesondere im Personenfernverkehr die Fahrpläne ein Jahr im voraus aufgestellt werden, müssen Anmeldungen also bis zu 20 Monaten vor der Inanspruchnahme eingereicht werden, was offensichtlich den langfristigen (und schwerfälligen) Planungen der Konzerngesellschaften der DB AG entgegenkommt und es kleineren, an sich flexibleren Anbietern sehr schwer macht, in mögliche Lücken im Fahrplan zu stoßen.[152] Gem. § 4 Abs. 3 muss das Eisenbahninfrastrukturunternehmen alle fristgerecht eingehenden Anmeldungen in seine Entscheidung einbeziehen und spätestens zwei Monate nach Ablauf der Anmeldefrist dem Antragsteller (oder den vom Anmeldenden nach Abs. 1 Nr. 3 bezeichneten Eisenbahnverkehrsunternehmen) ein Angebot zum Abschluss einer Vereinbarung nach § 14 Abs. 4 AEG abgeben oder die Ablehnung der Anmeldung mitteilen. Das Angebot kann wiederum nur innerhalb eines Monats angenommen werden, § 4 Abs. 3 Satz 3. Der Rechtsnatur nach handelt es sich bei der Vereinbarung zwischen Infrastrukturunternehmen und Anbietern von

---

[150] Ausführlich dazu *Gaupp*, Der Netzzugang im Eisenbahnwesen, S. 122 ff.
[151] Vgl. *Gaupp*, Der Netzzugang im Eisenbahnwesen, S. 128.
[152] *Gaupp*, Der Netzzugang im Eisenbahnwesen, S. 123.

Verkehrsleistungen um einen privatrechtlichen Vertrag (hierfür spricht schon die Verpflichtung der Eisenbahninfrastrukturunternehmen zur Aufstellung von Allgemeinen Geschäftsbedingungen, § 3 Abs. 1 Nr. 3, die gem. Abs. 2 im Bundesanzeiger bekannt zu machen sind; vgl. auch § 14 Abs. 4 AEG), auch wenn die zustande kommenden Verträge durch zahlreiche öffentlich rechtliche Vorgaben überlagert werden.[153] Falls eine Vereinbarung nach § 14 Abs. 4 AEG über die Netznutzung nicht zustande kommt, entscheidet auf Antrag eines der beteiligten Unternehmen das Eisenbahn-Bundesamt, § 14 Abs. 5 AEG.

Die Grundsätze der Entgeltbemessung und Rabattierung sind in den §§ 5-7 geregelt und orientieren sich größtenteils am Trassenpreissystem der DB AG aus dem Jahre 1994.[154] Eine Genehmigung von Preisen ist in der bisherigen EIBV im Gegensatz zur Situation in anderen Netzwirtschaften wie etwa Telekommunikation nicht vorgesehen.[155] § 5 enthält den Grundsatz der freien Preisgestaltung. Verbindliche Maßstäbe zur Berechnung von Trassenpreisen sind so gut wie nicht vorhanden. Lediglich eine Quersubventionierung zwischen verschiedenen Verkehrsleistungen ist gem. § 5 Abs. 3 Satz 2 unzulässig. Gem. § 6 Abs. 1 können sich die Trassenpreise aus Entgelten für bestimmte Verkehrsleistungen – Grundpreisen – sowie Zu- und Abschlägen für bestimmte Streckentypen, Zeitlagen, vereinbarte Fahrzeit und Pünktlichkeit, Anzahl der Verkehrshalte und Überholungen, Verschleiß der Infrastruktur, Auslastung einzelner Strecken und Emissionen der eingesetzten Fahrzeuge zusammensetzen. Die Möglichkeit der Rabattgewährung ist nach den Maßgaben des § 7 beschränkt. Vorgesehen sind streckenbezogene Nachlässe, abhängig von der Anzahl der vergebenen Zugtrassen auf einer bestimmten Strecke während eines Kalenderjahres oder einer Fahrplanperiode, und zeitbezogene Mengennachlässe, abhängig von der vertraglichen Dauer der Bindung des Nachfragers an das Netz. Im zweiten Teil der Arbeit wird noch ausführlich auf die Frage einzugehen sein,

---

153 *Gaupp*, Der Netzzugang im Eisenbahnwesen, S. 125, *Werner*, Nach der Regionalisierung – Der Nahverkehr im Wettbewerb, S. 112.
154 *Gaupp*, Der Netzzugang im Eisenbahnwesen, S. 134.
155 *Gaupp*, Der Netzzugang im Eisenbahnwesen, S. 134.

ob hier etwaige Diskriminierungsmöglichkeiten- bzw. Anreize bestehen respektive wie diesen entgegengewirkt werden kann.[156]

Mit dem zweiten Gesetz zur Änderung eisenbahnrechtlicher Vorschriften vom 21. Juni 2002[157] wurden (vorrangig) drei Neuerungen eingeführt:[158]

- Verpflichtung des Eisenbahn-Bundesamtes (EBA), bei diskriminierendem Verhalten im Zusammenhang mit dem Netzzugang von Amts wegen einzugreifen
- Normierung von Eingriffskompetenzen der Eisenbahnaufsichtsbehörden
- Einführung einer netzbezogenen Zuständigkeit der Aufsichtsbehörden.[159]

Namentlich wurde in § 14 AEG als der zentralen Norm zur Regelung des Netzzugangs[160] ein neuer Abs. 3a eingefügt, der dem Eisenbahn-Bundesamt „zur Stärkung des Wettbewerbs"[161] die Kompetenz zuweist, von Amts wegen einzugreifen, wenn es diskriminierendes Verhalten eines Eisenbahninfrastrukturunternehmens feststellt. Die Aufgaben und Zuständigkeiten der Kartellbehörden nach dem Gesetz gegen Wettbewerbsbeschränkungen bleiben gem.

---

[156] In der wissenschaftlichen Diskussion wird insbesondere das Preissystem des vertikal integrierten Eisenbahninfrastrukturanbieters DB Netz als möglicher Hebel zur Durchsetzung der Konzerninteressen zum Nachteil von Wettbewerbern auf den nachgelagerten Verkehrsmärkten angesehen; *Hedderich*, Vertikale Desintegration im Schienenverkehr, S. 240 ff.; *Aberle/Brenner/Hedderich,* Trassenmärkte und Netzzugang, S. 45 ff. Unter vertikaler Integration ist die Zusammenfassung wirtschaftlicher Komplementärbereiche in einem Unternehmen zu einer wirtschaftlichen Einheit zu verstehen, vgl. *Kruse* in: *Kruse/Stockmann/Vollmer*, S. 247. Kritisch zu den Regelungen der EIBV zur Rabattgewährung *Gaupp*, Der Netzzugang im Eisenbahnwesen, S. 137 ff.

[157] BGBl 2002 I S. 2191.

[158] *Gaupp*, Der Netzzugang im Eisenbahnwesen, S. 141.

[159] Die bisherige Rechtslage sah vor, dass nichtbundeseigene Eisenbahnen mit Sitz in der BRD von dem jeweiligen Land, in dem das Eisenbahnunternehmen seinen Sitz hatte, beaufsichtigt werden. Durch den bundesweiten Netzzugang ist die Wahrnehmung der Aufsichtspflicht durch Landesbehörden nicht praktikabel, so dass insoweit die netzbezogene Zuständigkeit der Eisenbahnaufsichtsbehörde eingeführt wurde, *Gaupp*, Der Netzzugang im Eisenbahnwesen, S. 143.

[160] *Gaupp*, Der Netzzugang im Eisenbahnwesen, S. 141.

[161] Begründung des Regierungsentwurfs, BT-Drs. 14/6929, S. 16.

Satz 2 unberührt;[162] die beiden Behörden sollen bei ihrem jeweiligen Tätigwerden auf der Grundlage des § 14 Abs. 3a AEG zusammenarbeiten. Das Eingreifen der Aufsichtsbehörde von Amts wegen erscheint wettbewerbspolitisch sinnvoll, da die Konkurrenten der DB AG oftmals die direkte Konfrontation mit dem übermächtigen Gegner vermeiden, um nicht zusätzlich den vielfältigen Diskriminierungsmöglichkeiten des (nach wie vor Quasi-) Monopolisten ausgesetzt zu werden.[163] Die Kompetenz des Eisenbahn-Bundesamts erstreckt sich insbesondere auf die Untersagung von Allgemeinen Geschäftsbedingungen, die technische oder betriebliche Anforderungen enthalten, die das notwendige Maß überschreiten, oder aber die Untersagung von Trassenpreissystemen, die den diskriminierungsfreien Netzzugang beeinträchtigen.[164]

Weitere Erleichterungen für den Netzzugang enthält § 14 i.d.F. des Regierungsentwurfs zur dritten Änderungsnovelle.[165] Gegenstand der geplanten Regelung ist eine Erweiterung des Kreises der Antragsberechtigten. Zum einen werden durch Abs. 2 Nr. 2 Unternehmen mit Sitz im Inland zu Zugangsberechtigten, die Güter durch ein Eisenbahnverkehrsunternehmen befördern lassen wollen.[166] Dadurch soll eine weitere Stärkung des Schienengüterverkehrs erreicht werden.[167] Zum anderen werden die Gebietskörperschaften im Sinne des § 1 Abs. 2 des RegG zukünftig zu Antragsberechtigten (bislang musste der Aufgabenträger ein Verkehrsunternehmen bezeichnen, das alle weiteren Handlungen vorgenommen hat und mit dem der Vertrag über die Nutzung geschlossen wurde),[168] damit diese ihre Aufgaben leichter wahrnehmen können.[169] Die zu erbringenden Leistungen der Eisenbahninfrastrukturunternehmen und der Umfang des Netzzugangs bestimmen sich nach der EIBV,

---

162 Zum problematischen Verhältnis der allgemeinen Wettbewerbsaufsicht gem. GWB zu der sektorspezifischen Kartellaufsicht nach TKG, PostG und AEG *Emmerich*, Kartellrecht, § 30. 3.
163 Zum Diskriminierungspotential der DB AG ausführlich im zweiten Teil der Untersuchung.
164 *Gaupp*, Der Netzzugang im Eisenbahnwesen, S. 141.
165 BT-Drs. 15/3280, S. 7. Ausführlich zum Regierungsentwurf im zweiten Teil.
166 BT-Drs. 15/3280, S. 8
167 Begründung des Regierungsentwurfs, BT-Drs. 15/3280, S. 18.
168 Vgl. *Gaupp*, Der Netzzugang im Eisenbahnwesen, S. 122.
169 Begründung des Regierungsentwurfs, BT-Drs. 15/3280, S. 18.

deren Modifizierung im Zuge der Änderung des AEG ebenfalls geplant ist. Diese wird sich voraussichtlich eng an den Vorgaben der RL 2001/14/EG orientieren.[170]

Fazit: Mit den einschlägigen Vorschriften im AEG und der EIBV ist das Schienennetz der DB Netz bereits vor der neuerlichen Reform für Wettbewerber der Verkehrssparten der DB AG umfassend geöffnet worden. Auf der Grundlage der absolut vorherrschenden These, dass die Entstehung von Wettbewerb im Bahnsektor mit dem diskriminierungsfreien Zugang von Konkurrenten des vertikal integrierten „Platzhirsches" zur Infrastruktur desselben steht und fällt,[171] wäre an sich bereits seit einigen Jahren der Boden für die Entwicklung von Wettbewerb im Eisenbahnsektor bereitet. Die Fakten sprechen jedoch eine andere Sprache, wie der folgende Abschnitt zeigen wird.

## B. Die Wettbewerbssituation nach der zweiten Stufe der Bahnreform

Eine entscheidende Veränderung der Marktstruktur im Bahnsektor ist zehn Jahre nach Beginn der Bahnreform nicht zu verzeichnen. Zwar existiert eine nicht unerhebliche Anzahl von Konkurrenzunternehmen zur DB AG, vor allem im Bereich Personennahverkehr und Güterverkehr (insgesamt ca. 200), diese arbeiten aber weitgehend regional[172] und der Marktanteil dieser Unternehmen ist – wenngleich Unterschiede in den Bereichen Personennah/ -fernverkehr bzw. Güterverkehr bestehen – insgesamt verschwindend gering. So betrug der Marktanteil der DB AG am Schienengüterverkehr (vormals DB Cargo, nunmehr DB Railion) bezogen auf Tonnenkilometer (tkm) 2002 95 %, 2003 immerhin noch 93 %.[173] Im Schienenpersonennahverkehr lag der Marktanteil der DB Regio 2001/02 bei 92,2 %,[174] 2003 bei 91 %.[175] Im Bereich Personenfernverkehr

---

[170] *Gaupp*, Der Netzzugang im Eisenbahnwesen, S. 145.
[171] Ausführlich unten C.I.4.
[172] Handelsblatt vom 1.3.2002, S. 2.
[173] VDV Statistik 2003, S. 33.
[174] Vgl. *Gaupp*, Der Netzzugang im Eisenbahnwesen, S. 107.

ist die Lage am dramatischsten, hier gibt es praktisch keine Mitbewerber (Marktanteil der DB AG 2003: 99 %).[176] Einzig nennenswerter Konkurrent ist die Connex-Gruppe, die mittlerweile einige wenige Fernverkehrsstrecken bedient.[177]

So marginal der Wettbewerb im Bahnsektor trotz (zumindest formaler) Öffnung des Schienennetzes geblieben ist, so katastrophal ist die Situation des Bahnmarktes insgesamt, respektive der des Quasi- Monopolisten DB AG. Und das trotz enormer Zahlungen des Bundes an die DB AG und an die Länder im Rahmen der Finanzierung des Schienenpersonennahverkehrs. Von den 18 Mrd. Euro, die der Bund jährlich für das Eisenbahnwesen ausgibt, entfallen ca. 8 Mrd. auf das Bundeseisenbahnvermögen (etwa für Altlasten), rund 10 Mrd. fließen an die DB AG und den SPNV.[178] Damit entspricht die Belastung des Bundeshaushalts in etwa der vor der Bahnreform (man könnte das natürlich auch als Erfolg ausweisen, weil die bis zur Bahnreform zu verzeichnende Kostenexplosion nunmehr ausgeblieben ist).[179] Der Marktanteil der Schiene am Gesamtverkehrsaufkommen ist weiterhin unbefriedigend. So konnte die Verkehrsleistung im Bereich Güterverkehr seit der Bahnreform zwar um 16 % gesteigert werden, allerdings ist der Marktanteil zugunsten des Güterverkehrs auf der Straße von 20 % auf 15 % gesunken.[180] Im Bereich Personenverkehr liegt der Anteil der Schiene am Gesamtverkehrsaufkommen konstant bei etwa 8 %,[181] wobei hier der lukrative – weil stark subventionierte SPNV – mit eingerechnet ist, bei dem die Verkehrsleistungen zwischen 1993/94 und 2001/02 um etwa 18 % gesteigert wurden.[182] Im Personenfernverkehr, bei dem die DB AG 99 % Marktanteil im intramodalen Vergleich auf sich vereinigt, ist folglich

---

[175] Die Zeit vom 25.März 2004, S. 20.
[176] Die Zeit vom 25.März 2004, S. 20.
[177] Besonderes Aufsehen erregte die *erste* Übernahme einer Fernverkehrsstrecke durch Connex, der Strecke Gera-Rostock, Handelsblatt vom 1.3.2002, S. 2.
[178] *Gersdorf,* ZHR 168 (2004), S. 576 (577).
[179] Vgl. *Gersdorf,* ZHR 168 (2004), S. 576 (577).
[180] *Gersdorf,* ZHR 168 (2004), S. 576 (577), Tendenz weiter sinkend, 2003 lag der Anteil der Schiene an beförderten Tonnen bei 14,4 %, VDV Statistik 2003, S. 33.
[181] *Gersdorf,* ZHR 168 (2004), S. 576 (577); *Ewers/Ilgmann*, Zukunft des Schienenverkehrs, S. 15.
[182] *Gaupp*, Der Netzzugang im Eisenbahnwesen, S. 107.

ein Rückgang am Anteil der Schiene zu verzeichnen. Im Jahr 2003 sanken die Passagierzahlen der DB AG im Personenfernverkehr um 4,7%.[183]

Zusammenfassend kann man festhalten, dass der Marktanteil der DB AG bei wachsenden Verkehrsmärkten stagniert bzw. rückläufig ist, obwohl sich kaum nennenswerter Wettbewerb herausgebildet hat. Dabei hat der DB Konzern im Jahr 2001 einen Verlust von 406 Mio. Euro erwirtschaftet,[184] 2002 betrugen die Verluste 438 Mio., 2003 133 Mio. Euro.[185] Die ursprüngliche Gewinnerwartung für das Jahr 2004 in Höhe von 390 Mio. Euro musste zum Ende des Jahres 2004 bereits wieder deutlich auf 200 Mio. Euro nach unten korrigiert werden.[186] Zu den Hauptproblemfeldern gehört der Bereich Schienengüterverkehr (Railion) sowie der Personenfernverkehr; allein in den Jahren 2002/03 hat die Bahn mit den Intercity- und ICE-Zügen über eine halbe Mrd. Euro Verlust erwirtschaftet.[187] Ingesamt fällt die Bilanz nach zehn Jahren Bahnreform eher ernüchternd aus. Die Frage stellt sich, wo die Ursachen für die unbefriedigende Situation zu suchen sind.

## C. Ursachen für die nach wie vor unbefriedigende Wettbewerbssituation

Damit sich in einem Netzsektor funktionierender Wettbewerb entwickeln kann, sind bestimmte Voraussetzungen erforderlich, die im Rahmen der Darstellung der Grundlagen der Regulierung von Netzwirtschaften näher beleuchtet werden sollen. Hieraus lassen sich Rückschlüsse auf die Gründe für den nach wie vor praktisch nicht vorhandenen Wettbewerb im Netzsektor Bahn ziehen.

---

183 Die Zeit vom 25.3. 2004, S. 19.
184 Süddeutsche Zeitung vom 22.5. 2003, S. 19.
185 Eigene Angaben der Bahn in der Bilanzpressekonferenz zum GJ 2003, abrufbar unter: http://www.db.de/site/shared/de/dateianhaenge/praesentationen/bilanzpk__2003__charts__sack.pdf
186 Handelsblatt vom 25.11.2004, S. 1.
187 Handelsblatt vom 25.11.2004, S. 1.

## I. Grundlagen der Regulierung von Netzwirtschaften

Auf den ersten Blick erscheint es widersprüchlich, wenn einerseits von der Notwendigkeit der Regulierung von Netzwirtschaften die Rede ist, gleichzeitig aber der Prozess der Deregulierung in den Raum gestellt wird, unter dem sich die Reorganisation der netzgebundenen Wirtschaftssektoren in den letzten Jahren vollzogen haben soll.[188] Zur Klarstellung sollen daher zunächst, bevor auf die ökonomischen Besonderheiten der Regulierung von Netzindustrien im Allgemeinen eingegangen wird, die Begriffe „Netzindustrien" bzw. „Netzsektoren" (auch Netzwirtschaften genannt), aber auch die Begriffe „Regulierung" und „Deregulierung", erläutert werden.

### 1. Regulierung und Deregulierung

Eine allgemein anerkannte Definition des Begriffs „Regulierung" ist aufgrund seiner vielfältigen und interdisziplinären Verwendung nicht auszumachen.[189] Aus juristischer Perspektive ist von einem recht weit gefassten Verständnis auszugehen, wonach unter Regulierung jede Art der staatlichen Einflussnahme auf gesellschaftliche Prozesse zu subsumieren ist. Der maßgeblich wirtschaftswissenschaftlich beeinflusste Teil der juristischen Literatur folgt hingegen dem in der Wirtschaftswissenschaft vorherrschenden engeren Verständnis, wonach unter Regulierung – von leichten Variationen abgesehen – die staatliche Intervention in marktliche Prozesse verstanden wird.[190]

Teilweise nähert man sich im ökonomischen Sprachgebrauch dem Begriff der Regulierung auch mittels einer Umschreibung: So werden als regulierte Branchen diejenigen Branchen bezeichnet, in denen staatliche Interventionen

---

[188] Siehe oben, Einleitung.

[189] Vgl. *Weber*, Wirtschaftsregulierung in wettbewerbspolitischen Ausnahmebereichen, S. 30 f.; ausführlich *Kühling*, Sektorspezifische Regulierung in den Netzwirtschaften, S. 11 ff.

[190] *Kühling*, Sektorspezifische Regulierung in den Netzwirtschaften, S. 12 f.

besonders ausgeprägt sind, etwa wegen der verstärkten Neigung zum Monopol, der Gefahr des ruinösen Wettbewerbs oder des Risikos unerwünschter Externalitäten.[191] In diesem Sinne regulierte Branchen können aber auch solche Branchen sein, bei denen Eingriffe aufgrund der Bedeutung für die wirtschaftliche, soziale und/oder die politische Infrastruktur erfolgen.[192] Regulierende Eingriffe des Staates können bei letztgenannter Fallgruppe zum einen (ebenfalls)[193] vom Bemühen um den Schutz des bzw. der Schaffung von Wettbewerb getragen sein. Das schlägt sich z.B. in der Etablierung allgemeiner kartellrechtlicher Vorschriften nieder.[194] Möglich ist zum anderen aber auch, dass Überlegungen, die jenseits rein ökonomischer Motive anzusiedeln sind, den Ausschlag geben. Darunter sind z.B. (sozial)politisch motivierte Rechtfertigungsgrundlagen für regulierende Eingriffe des Staates zu verstehen. Sie werden teilweise als „meta-ökonomische" Regulierungsziele bezeichnet, die auch im Falle des funktionierenden Wettbewerbs nicht erreicht werden können (Beispiel: Verteilungsgerechtigkeit des Sozialprodukts; Vorsorge für Krisenfälle usw.).[195]

In den angloamerikanischen Wirtschafts- und Rechtswissenschaften haben sich die Begriffe der „economic regulation" und „social regulation" herausgebildet.[196] „Economic regulation" bezieht sich auf die oben schon genannten Märkte, bei denen aufgrund spezifischer Gegebenheiten ein Marktversagen zu befürchten ist und daher besondere Regulierungsnotwendigkeit besteht. Unter „social regulation" hingegen fällt ein wesentlich weiteres Anwendungsfeld, das auf Konsumenten- und Arbeitnehmerschutz-

---

[191] Diese Konstellationen werden in der ökonomischen Lehre, neben der Konstellation der naturgegeben Güterknappheit, klassischerweise als typische Fälle von Marktversagen bezeichnet, vgl. *Weber*, Wirtschaftsregulierung in wettbewerbspolitischen Ausnahmebereichen, S. 99 ff.

[192] *Weber*, Wirtschaftsregulierung in wettbewerbspolitischen Ausnahmebereichen, S. 31.

[193] Wie in den erstgenannten Konstellationen, bei denen aufgrund von tatsächlichem oder befürchtetem Marktversagen agiert wird.

[194] Vgl. *Weber*, Wirtschaftsregulierung in wettbewerbspolitischen Ausnahmebereichen, S. 47 f.

[195] *Schmidt*, Wettbewerbspolitik und Kartellrecht, S. 41.

[196] Zu den Begriffen auch *Kühling*, Sektorspezifische Regulierung in den Netzwirtschaften, S. 14.

gesetzgebung sowie auf Gesundheits-, Versicherungs- und im weitesten Sinn Umweltgesetzgebung abzielt.[197]

Deregulierung wäre im Umkehrschluss also der Abbau staatlicher Eingriffe zur Beschränkung von Marktmechanismen oder von Eingriffen zur Übernahme von Marktfunktionen bei Marktversagen.[198]

## 2. Begriff der Netzwirtschaften

Unter Netzwirtschaften/Netzsektoren sind Branchen zu verstehen, deren Produkte (bzw. Dienstleistungen) auf Basis von Netzinfrastrukturen erstellt und/oder vertrieben werden.[199] Ausgehend von einem allgemeinen Vorstellungsbild vom Begriff Netz als Struktur aus einzelnen Elementen (Netzknoten), die miteinender verbunden sind bzw. in Verbindung treten können,[200] steht auch für das *wirtschaftswissenschaftliche* Verständnis das Verbindende an Netzen im Vordergrund.[201] Der Sinn einer Netzstruktur besteht in einer im Vergleich zu Einzelverbindungen effizienteren Verbindung einer Vielzahl von Endpunkten. Aufgrund einer Netzinfrastruktur können z.B. Wirtschaftsgüter über weite Strecken gebündelt transportiert werden, so dass nicht alle Anschlusspunkte direkt miteinander verbunden werden müssen.[202] Die Vorteilhaftigkeit des Zusammenschlusses von komplementären Verbindungen zu Netzen besteht also in Bündelungsvorteilen (durch Größenvorteile).[203] Bündelungsvorteile können sowohl bei physischen – namentlich erdgebunden

---

[197] *Kühling*, Sektorspezifische Regulierung in den Netzwirtschaften, S. 14; *Weber*, Wirtschaftsregulierung in wettbewerbspolitischen Ausnahmebereichen, S. 33.
[198] Zum Begriff schon oben in der Einleitung. Zur Präzisierung des Begriffs sogleich unter 3.
[199] *Knieps/Brunekreeft* in: *Knieps/Brunekreeft*, Zwischen Regulierung und Wettbewerb, Einleitung S. 1; *Kruse* in: *Berg*, Deregulierung und Privatisierung: Gewolltes- Erreichtes- Versäumtes, S. 71
[200] *Brockhaus* – Die Enzyklopädie, S. 503.
[201] *Blankart/Knieps*, Netzökonomik, S. 73 (73).
[202] *Knieps/Brunekreeft* in: *Knieps/Brunekreeft*, Zwischen Regulierung und Wettbewerb, Einleitung S. 1.
[203] *Blankart/Knieps*, Netzökonomik, S. 73 (74 f.).

wie Schienen-, Strom- oder Wasserleitungsnetzen – als auch bei nichtkörperlichen Netzsystemen wie Logistik- oder Verteilungsnetzwerken wirksam werden.[204]

*Rechtlich* erfasst werden Netze – sowohl im physischen als auch nicht-physischen Sinne – von dem mit der 6. GWB-Novelle eingeführten § 19 Abs. 4 Nr. 4 GWB,[205] der die Verweigerung des Zugangs zu „Netzen und anderen Infrastruktureinrichtungen" unter bestimmen Voraussetzungen als Fall des Missbrauchs einer marktbeherrschenden Stellung normiert. In der Formulierung der Vorschrift kommt zum Ausdruck, dass Netze ein Unterfall von Infrastruktureinrichtungen sind, wodurch eine entsprechend weite Auslegung des Tatbestandsmerkmals Netz – über ein rein körperliches Netz(infrastruktur)system hinaus – impliziert wird.[206] Dem Gesetzgeber diente als Vorbild für den § 19 Abs. 4 Nr.4 GWB die aus dem amerikanischen Anti-Trust-Recht stammende sog. „Essential-Facilities-Doktrin".[207]

### 3. Liberalisierung und Deregulierung von Netzsektoren

In den letzten Jahren sind in der Bundesrepublik zahlreiche netzgebundene Industrien, die zuvor aufgrund staatlich monopolisierter Leistungserbringung vom wettbewerblichen Marktgeschehen völlig ausgeschlossen waren,

---

[204] Vgl. *Blankart/Knieps*, Netzökonomik, S. 73 (77).

[205] *Götz*, Der Netzzugang für Dritte als grundsätzliches rechtliches Problem, in: *Schwarze*, Der Netzzugang für Dritte im Wirtschaftsrecht, S. 129 (129 f.).

[206] *Götz*, Der Netzzugang für Dritte als grundsätzliches rechtliches Problem, in: *Schwarze*, Der Netzzugang für Dritte im Wirtschaftsrecht, S. 129 (129 f.).

[207] *Emmerich*, Kartellrecht, § 18.14.; im Rahmen der kartellrechtlichen Missbrauchsaufsicht setzt sich die „Essential Facilities Doctrine" mit der Frage auseinander, unter welchen Voraussetzungen ein Dritter Zugang zu einer „wesentlichen Einrichtung" verlangen kann, die im Eigentum eines anderen (etwa auch eines Wettbewerbers) steht. Wesentliche Einrichtungen in diesem Sinn sind dabei regelmäßig monopolistische Engpassbereiche wie Strom- Schienen- Telekommunikationsnetze, aber auch Hafen- und Flughafeneinrichtungen. Der Zugang kann regelmäßig nur verlangt werden, soweit die Schaffung eigener Einrichtungen für den Dritten aus Zumutbarkeitserwägungen nicht in Betracht kommt, *Haas*, „Essential Facilities Doctrine" und offene Netze, S. 15 ff.

dereguliert worden. Das betrifft etwa die klassischen, ehemals staatlich gelenkten Bereiche Telekommunikation, Post, Luftverkehr und Eisenbahn.[208] Von der Deregulierung erfasst wurden aber auch Bereiche wie die Strom- und Gaswirtschaft, in denen es zwar private Marktteilnehmer gab, der rechtliche Rahmen zur Regulierung des Marktes aber historisch bedingt vom Monopolprinzip der Versorgungsgebiete geprägt war, so dass Wettbewerb von vornherein ausgeschlossen war.[209]

Falsch wäre es, Deregulierung als einen generellen und umfassenden Rückzug des Staates als Regulierungsinstanz aus marktlichen Prozessen zugunsten des Wettbewerbs als Ordnungsfaktor zu verstehen, wie es der Umkehrschluss aus der obigen[210] Definition des Begriffs der Regulierung zunächst nahe legt. Wie sogleich unter 4. näher erläutert werden wird, gibt es vielmehr Marktsektoren, in denen aufgrund der Neigung zu Marktversagen ein Mindestmaß an Regulierung immer erforderlich sein wird, damit Wettbewerb überhaupt entstehen kann und bestehen bleibt. Zu diesen besonderen Marktsegmenten gehören auch die netzgebundenen Wirtschaftsbereiche.[211] Vor diesem Hintergrund erscheint die Bevorzugung des Begriffs der Liberalisierung anstatt Deregulierung für diesen Prozess der Überführung ehemaliger Monopolmärkte in durch Wettbewerb geprägte Märkte präziser, da die Regulierungsdichte in den geöffneten Märkten nicht unbedingt abgenommen hat,[212] oft ist das Gegenteil der Fall. Gleichwohl bedeutet die Öffnung der Märkte an sich schon einen Freiheitsgewinn für alle potenziellen Marktteilnehmer, da für sie so der Marktzutritt erst ermöglicht wird.[213]

Somit wird verständlich, was „Regulierung von Netzwirtschaften" im Rahmen des „Deregulierungsprozesses" (besser: Liberalisierungsprozesses) bedeutet: Auch und gerade im Rahmen der Liberalisierung von Netzwirtschaften verbleibt

---

[208] Vgl. *Knieps/Brunekreeft*, Zwischen Regulierung und Wettbewerb, S. 1
[209] Dazu *Bündenbender*, Schwerpunkte der Energierechtsreform 1998, Vorwort S. V ff.
[210] Unter 1.
[211] *Vollmer* in: *Schwarze*, Der Netzzugang für Dritte im Wirtschaftsrecht, S. 41.
[212] So *Kühling*, Sektorspezifische Regulierung in den Netzwirtschaften, S. 31.
[213] *Kühling*, Sektorspezifische Regulierung in den Netzwirtschaften, S. 31 f.

die Notwendigkeit der Auseinandersetzung mit der Frage, wie diese Bereiche durch die Regulierungsinstanz Staat organisiert und reguliert werden müssen, damit Wettbewerb entsteht bzw. erhalten bleibt. Nachfolgend werden die Gründe für die Notwendigkeit der Regulierung von Netzwirtschaften erläutert, ebenso die wirtschaftspolitischen Regeln, die zur Schaffung und Erhaltung von Wettbewerb notwendig sind.

## 4. „Warum“ und „Wie“ der Regulierung von Netzsektoren

Die Regulierungsansätze weisen in den verschiedenen Netzsektoren teilweise erhebliche Unterschiede in Detailfragen auf, die in sektorspezifischen Gesetzen (z.B. TKG, AEG, PostG, EnWG) verankert sind und deren Einhaltung von oftmals eigens dafür zuständigen Regulierungsbehörden überwacht werden (RegTP, EBA). Allerdings gibt es auch eine Gemeinsamkeit, soweit es um die Frage der Schaffung von Wettbewerb geht: namentlich ist es das Regulierungsinstrument der Netzöffnung für Dritte. Sie wird in allen Sektoren gleichermaßen als notwendig erachtet. Die Netzöffnung für Wettbewerber erscheint gleichsam als „Dreh- und Angelpunkt“[214] der Regulierung von Netzwirtschaften.[215] Die Erklärung leitet sich aus der generellen Notwendigkeit der Regulierung von Netzsektoren ab, die bereits in der klassischen Ökonomie beschrieben wird. Eine sorgfältigere Differenzierung indes wird von den Vertretern des sog. disaggregierten Regulierungsansatzes vorgenommen:

---

[214] *Schwarze* in: *Schwarze*, Der Netzzugang für Dritte im Wirtschaftsrecht, S. 11

[215] *Kühling*, Sektorspezifische Regulierung in den Netzwirtschaften, S. 182, 359; *Vollmer* in: *Schwarze*, Der Netzzugang für Dritte im Wirtschaftsrecht, S. 41.

### a. Netzinfrastrukturen als natürliches Monopol

Vorrangiger Ordnungsfaktor einer marktwirtschaftlichen Wirtschaftsordnung ist der Wettbewerb.[216] Staatliche Regulierungsaktivitäten sind also zunächst dort angezeigt, wo das „freie Spiel der Kräfte" versagt. Derartiges Marktversagen ist u.a. in Fällen des sog. natürlichen Monopols zu erwarten.[217] Ein natürliches Monopol liegt dann vor, wenn die Nachfrage nach einem Gut am wirtschaftlichsten durch nur einen Anbieter zu erfüllen ist.[218] Kennzeichnend für diese Konstellation ist die strenge Subadditivität der Kosten des Monopolisten, verursacht durch einen hohen Fixkostenanteil an den Produktionskosten.[219] Hohe Fixkosten lassen sich in der leitungsgebundenen Energie- und Wasserversorgung, insbesondere aber auch bei Wegeinfrastrukturen wie den Schienenwegen nachweisen.[220] Die klassische ökonomische Begründung zur Regulierung von Monopolen liegt in der im Vergleich zum Wohlfahrtsoptimum bei Wettbewerb bestehenden allokativen Ineffizienz des Monopols, hervorgerufen durch überhöhte Preise bei suboptimaler Mengenausbringung durch den Monopolisten.[221] Diese Betrachtung ist im Grundsatz zutreffend, allerdings zu pauschal, wie der im Vordringen befindliche sog. „disaggregierte Regulierungsansatz"[222] erkennt.

---

216 Dazu oben A.III.1.b.

217 *Schmidt*, Wettbewerbspolitik und Kartellrecht, S. 36; zu den sonstigen Fallgruppen im Übrigen bereits oben unter 1.

218 *Weber,* Wirtschaftsregulierung in wettbewerbspolitischen Ausnahmebereichen, S. 101.

219 *Schmidt*, Wettbewerbspolitik und Kartellrecht, S. 36

220 *Knieps* in: *Knieps/Brunekreeft*, Zwischen Regulierung und Wettbewerb, S. 9 (13).

221 *Kruse* in: *Berg*, Deregulierung und Privatisierung: Gewolltes- Erreichtes- Versäumtes, S. 71 (72); *Weber,* Wirtschaftsregulierung in wettbewerbspolitischen Ausnahmebereichen, S. 101 ff.

222 Dazu eingehend *Knieps* in: *Knieps/Brunekreeft*, Zwischen Regulierung und Wettbewerb, S. 9 ff; *ders.* MMR 98, S. 275 ff.

### b. Der disaggregierte Regulierungsansatz

Der disaggregierte Regulierungsansatz geht davon aus, dass aus der bloßen Entstehung bzw. Existenz eines natürlichen Monopols *allein* grundsätzlich noch keine Begründung für Regulierung hergeleitet werden kann. Denn wie gezeigt ist das natürliche Monopol nach der klassischen ökonomischen Lehre dadurch gekennzeichnet, dass der Monopolist die gesamte Marktnachfrage zu günstigeren Preisen befriedigen kann als eine Mehrzahl von Unternehmen.[223] Wenn sich der Monopolist bei zu hohen Preisen der Gefahr des Markteintritts von Newcomern ausgesetzt sieht, wird er bereits durch diesen potentiellen Wettbewerb diszipliniert. Eine Regulierung des Monopols ist grundsätzlich nicht erforderlich.[224] In dieser Form, so die gängige Formulierung, ist das natürliche Monopol „angreifbar".[225]

Grundlegend anders ist die Situation aber, wenn aufgrund von hohen Markteintrittsbarrieren der Eintritt von Newcomern verhindert oder zumindest unwahrscheinlich wird.[226] Markteintrittsbarrieren bestehen insbesondere dann, wenn Investitionen für den betreffenden Markt durch hohe irreversible Kosten gekennzeichnet sind, Kosten also, die spezifisch („versunken") sind und nach getätigter Investition praktisch keiner anderen Verwendung mehr zugeführt werden können.[227] Ist die Kostenirreversibilität entsprechend hoch, muss der Monopolist selbst dann keinen Markteintritt eines potentiellen Konkurrenten befürchten, wenn er (der Monopolist) gravierende Ineffizienzen aufweist. Diese Konstellation von natürlichem Monopol in Verbindung mit irreversiblen Kosten

---

[223] *Kruse* in: *Berg*, Deregulierung und Privatisierung: Gewolltes- Erreichtes- Versäumtes, S. 71 (72)

[224] Vgl. *Kruse* in: *Berg*, Deregulierung und Privatisierung: Gewolltes- Erreichtes- Versäumtes, S. 71 (72 f.).

[225] Diese theoretische Grundlage für die disaggregierte Lokalisierung von Marktmacht in Netzen wurde durch die Theorie der angreifbaren (contestable) Märkte gelegt, vgl. *Knieps* in: *Knieps/Brunekreeft*, Zwischen Regulierung und Wettbewerb, S. 9 (11) m.w.N.; dazu auch *Möschel* in: *Immenga/Mestmäcker*, § 19, Rn. 183.

[226] *Kruse* in: *Berg*, Deregulierung und Privatisierung: Gewolltes- Erreichtes- Versäumtes, S. 71 (74).

[227] *Kruse* in: *Berg*, Deregulierung und Privatisierung: Gewolltes- Erreichtes- Versäumtes, S. 71 (74); *Knieps* in: *Knieps/Brunekreeft*, Zwischen Regulierung und Wettbewerb, S. 9 (13).

tritt nun auch, und gerade bei erdverbundenen Netzen wie Schienenwegen (ebenso bei Gas- Wasser- oder Elektrizitätsnetzen) auf.[228] Für einen potentiellen Wettbewerber wäre es, um beim Beispiel Eisenbahn zu bleiben, wirtschaftlich schlicht unmöglich (von raum-ordnungsrechtlichen Schwierigkeiten einmal ganz abgesehen), seinen Markteintritt durch eine Duplizierung von Schienenwegen zu bewerkstelligen.

Regulierung in diesen Bereichen ist mithin auch nach dem disaggregierten Regulierungsansatz notwendig. Dieser Ansatz versucht lediglich, die Regulierungsbasis auf ein Minimum zu begrenzen.[229] Der Regulierung unterworfen werden sollen nur die nicht angreifbaren Engpassbereiche, die sog. „Bottleneck- Bereiche".[230] Andere Bereiche hingegen werden als grundsätzlich dem Wettbewerb zugänglich eingestuft.[231] Dort ist, so die weitere Annahme, Regulierung überflüssig oder sogar schädlich,[232] da selbst die ausgeklügeltste Regulierung als nicht in der Lage gesehen wird, einen funktionsfähigen Wettbewerbsprozess zu imitieren oder zu ersetzen.[233] Zu den Bereichen, die wettbewerbsfähig sind, zählen insbesondere die in den Netzsektoren regelmäßig vorkommenden Komplementärbereiche, die den „Output" des „Bottleneck-Bereichs" als „Input" für ihre eigene Produktion benötigen.[234] Im Gegensatz zum disaggregierten Ansatz wurde in der traditionellen Regulierungsökonomie das natürliche Monopol einer globalen Regulierung unterworfen, einer Regulierung also, die auch die an sich wettbewerbsfähigen Komplementärbereiche umfasst (auch „End-to-End-Regulierung" genannt).[235]

---

[228] *Knieps* in: *Knieps/Brunekreeft*, Zwischen Regulierung und Wettbewerb, S. 9 (13).
[229] *Knieps*, Wettbewerbsökonomie, S. 96.
[230] *Knieps* in: *Knieps/Brunekreeft*, Zwischen Regulierung und Wettbewerb, S. 9 (13).
[231] *Knieps* in: *Knieps/Brunekreeft*, Zwischen Regulierung und Wettbewerb, S. 9 (10).
[232] *Knieps* in: *Knieps/Brunekreeft*, Zwischen Regulierung und Wettbewerb, S. 9 (10).
[233] Vgl. *Knieps*, Wettbewerbsökonomie, S. 96.
[234] *Brunekreeft* in: *Knieps/Brunekreeft*, Zwischen Regulierung und Wettbewerb, S. 25. Beispiel: Im Sektor Bahn wären das die Verkehrsdienstleistungen, die zwar mittels des Netzsystems erbracht werden, selbst aber nicht die Merkmale eines natürlichen Monopols aufweisen.
[235] *Brunekreeft* in: *Knieps/Brunekreeft*, Zwischen Regulierung und Wettbewerb, S. 25 (26).

Zusammenfassend kann bis hierher festgehalten werden, dass das zentrale Anliegen des disaggregierten Regulierungsansatzes das Bemühen ist, Netzsektoren nicht einheitlich und als Ganzes zu betrachten, sondern monopolistische und wettbewerbsfähige Bereiche disaggregiert zu identifizieren.[236]

### c. Das „Wie" der Regulierung monopolistischer „Bottleneck-Einrichtungen"

#### aa. Netzöffnung und Entgeltregulierung

In Netzsektoren ergibt sich regelmäßig die Situation der Komplementarität:[237] Sind komplementäre Bereiche zu einer wirtschaftlichen Einheit zusammengefasst, liegt vertikale Integration vor.[238] Um nun überhaupt in den Wettbewerb mit einem in diesem Sinne vertikal integrierten Unternehmen treten zu können, benötigen außenstehende Unternehmen, die in den prinzipiell wettbewerbsfähigen nachgelagerten Bereichen tätig sind (bzw. tätig werden wollen), Zugang zum monopolistischen „Bottleneck".[239] Sieht man richtigerweise die grundlegende Aufgabe des Regulierers darin, die Funktionsfähigkeit des aktiven und potentiellen Wettbewerbs auf den Komplementärbereichen sicherzustellen,[240] führt dies unweigerlich zurück auf die eingangs zu 4. genannte Netzöffnung für Dritte: Grundvoraussetzung für das Entstehen von Wettbewerb in den Komplementärbereichen von Netzen ist der

---

[236] *Brunekreeft* in: *Knieps/Brunekreeft*, Zwischen Regulierung und Wettbewerb, S. 25 (26).
[237] Siehe oben unter b.; *Brunekreeft* in: *Knieps/Brunekreeft*, Zwischen Regulierung und Wettbewerb, S. 25.
[238] *Kruse* in: *Kruse/Stockmann/Vollmer*, S. 247.
[239] *Brunekreeft* in: *Knieps/Brunekreeft*, Zwischen Regulierung und Wettbewerb, S. 25.
[240] Vgl. *Knieps*, Wettbewerbsökonomie, S. 95 f.

(diskriminierungsfreie) Zugang zu den monopolistischen „Bottleneck-Bereichen“.[241]

Notwendige Ergänzung der Zugangsregulierung ist die Regulierung des Zugangsentgelts, das für die Nutzung eines Netzes zu bezahlen ist.[242] Im Extremfall nämlich könnte das Nutzungsentgelt durch den Inhaber des Netzes derart hoch angesetzt werden, dass damit ein faktischer Verschluss der nachgelagerten Dienstleistungsmärkte einhergehen würde.[243] Zur Regulierung der Netznutzungsentgelte wurden in der Regulierungsökonomie verschiedene Konzepte entwickelt, etwa „Ramsey-Preise“[244], das „Multi-part pricing“,[245] oder die „Price cap-Regulierung“.[246] Die Frage, welches der Modelle vorzugswürdig ist, soll an dieser Stelle nicht weiter erörtert werden.[247] Eines dürfte jedoch unstrittig sein: Unabhängig davon, welches Modell letztlich zugrunde gelegt wird, die Höhe der Trassenpreise muss zumindest die Kosten des Netzes decken, da ansonsten die dauerhafte Lebensfähigkeit dieser Anlage gefährdet ist.[248]

---

[241] Vgl. *Knieps*, Wettbewerbsökonomie, S. 97; *Brunekreeft* in: *Knieps/Brunekreeft*, Zwischen Regulierung und Wettbewerb, S. 25 (25).

[242] *Kühling*, Sektorspezifische Regulierung in den Netzwirtschaften, S. 284.

[243] Unter welchen Bedingungen der Monopolist eine solche Strategie verfolgen würde, wird unter bb. erläutert.

[244] Netzsektoren sind geprägt durch hohe Fixkosten. In der Kombination mit geringen Grenzkosten ergibt sich die Situation, dass die Grenzkosten im relevanten Bereich der Produktion unterhalb der Durchschnittskosten liegen. Damit sind Grenzkostenpreise, die im Normalfall die first-best Preissetzung darstellen, hier nicht kostendeckend. Nur durch einen Aufschlag auf die Grenzkosten können die Fixkosten gedeckt werden. Wie hoch dieser ausfallen soll, wird im Rahmen der Ramsey-Preissetzung ermittelt, vgl. *Brunekreeft* in: *Knieps/Brunekreeft*, Zwischen Regulierung und Wettbewerb, S. 25 (39).

[245] Multi-part- pricing betrifft die Problematik der Preisdifferenzierung, die auch innerhalb eines Ramsey-Preismodells relevant werden kann. Ein Beispiel für Multi-part pricing stellt z.B. ein zweistufiges Preissystem dar, das sich aus einer Grundgebühr und einer variablen Komponente zusammensetzt, *Brunekreeft* in: *Knieps/Brunekreeft*, Zwischen Regulierung und Wettbewerb, S. 25 (41).

[246] Ausgangspunkt der Price-cap- Regulierung ist die Überzeugung, dass es kein perfektes Regulierungsinstrument geben kann und dass Regulierung niemals zu einer optimalen Korrektur des Marktversagens führen kann. Daher beschränkt sich das Modell im Prinzip auf eine Festschreibung der Preise in der Form, dass diese nicht stärker ansteigen als die Inflationsrate. Der Vorteil dieses Ansatzes soll in der Anreizwirkung zur Steigerung der Effizienz liegen, da etwa die Kosteneinsparungen zumindest teilweise beim regulierten Unternehmen verbleiben, *Knieps*, Wettbewerbsökonomie, S. 107.

[247] Eingehend dazu *Knieps*, Wettbewerbsökonomie, S. 104 ff.

[248] *Knieps*, Wettbewerbsökonomie, S. 106.

Der Regulierungsbedarf des monopolistischen „Bottlenecks“ lässt sich zusammenfassend also zunächst in zwei Aufgaben unterteilen:[249]

1. Der Wettbewerb auf den nachgelagerten Märkten muss ermöglicht werden. Dazu ist es erforderlich, möglichen Wettbewerbern Zugang zu der Infrastruktur (dem „Bottleneck“) zu verschaffen, damit diese ihr Endprodukt erstellen können.
2. Zweitens muss die Höhe der Zugangsgebühren reguliert werden, da ansonsten die Gefahr der Monopolpreisbildung besteht.

### bb. Trennung von Komplementärbereichen im vertikal integrierten Unternehmen

Die Pflicht zur Desintegration in vertikal integrierten Unternehmen[250] wird teilweise als „formelles Seitenstück der Zugangsregulierung“ bezeichnet.[251] Mit der Trennung von Komplementärbereichen soll primär die Quersubventionierung[252] zwischen reguliertem (monopolistischen) und unreguliertem (wettbewerbsfähigen) Bereich innerhalb des vertikal integrierten Unternehmens zu Lasten der Wettbewerber auf den nachgelagerten Märkten verhindert werden.[253] Dieses weitere Regulierungsinstrument wird erst dadurch erforderlich, dass der Betreiber des Engpasses „Netz“ im vertikal integrierten

---

[249] *Brunekreeft* in: *Knieps/Brunekreeft*, Zwischen Regulierung und Wettbewerb, S. 25.
[250] Zum Begriff oben aa.
[251] *Kühling*, Sektorspezifische Regulierung in den Netzwirtschaften, S. 337.
[252] Unter Quersubvention in diesem Sinne werden Subventionierungen der auf dem Sekundärmarkt angebotenen Dienste des Marktbeherrschers oder seiner Tochtergesellschaften durch vom Marktbeherrscher mit der Gestellung der wesentlichen Einrichtung erzielten Einnahmen verstanden. Kennzeichnend für einen solchen Mitteltransfer ist dessen ungenügende Kompensierung ist, vgl. *Sprickmann Kerkerinck*, Die essential facilities Doktrin, S. 109; *Möschel* in: *Immenga/Mestmäcker*, EG-Wettbewerbsrecht, Art. 86, Rn. 280; *Burmeister*, Der Wettbewerb der Eisenbahnen im europäischen Binnenmarkt, S. 47; *Tränkle*, Die essential facilities- Doktrin im europäischen Wettbewerbsrecht, S. 124. Ziel eines solchen Verhaltens ist die Diskriminierung von Wettbewerbern auf den nachgelagerten Märkten, indem ihnen überhöhte Kosten für die Nutzung der wesentlichen Einrichtung (hier des Schienennetzes) angelastet werden; *Burmeister*, Der Wettbewerb der Eisenbahnen im europäischen Binnenmarkt, S. 47.
[253] *Kühling*, Sektorspezifische Regulierung in den Netzwirtschaften, S. 337.

Unternehmen der Regulierung unterworfen wird.[254] Denn für den Netzbetreiber (bzw. für das vertikal integrierte Unternehmen als wirtschaftliche Einheit) entsteht letztlich erst *aufgrund* der disaggregierten Zugangsregulierung ein Anreiz, Wettbewerber auf nachgelagerten wettbewerbsfähigen Märkten zu diskriminieren.[255] Diese auf den ersten Blick merkwürdige Konsequenz ergibt sich aufgrund folgender ökonomischer Modellüberlegung:[256]

Das vertikal integrierte Unternehmen[257] in einem Netzsektor hat nicht zwangsläufig ein Interesse daran, den Wettbewerb auf den nachgelagerten Märkten zu behindern. Wenn es alle im Markt erzielbaren Monopolgewinne bereits über die Zugangsgebühren abschöpfen kann, besteht kein Anreiz mehr, den Wettbewerbsbereich zu diskriminieren, da sich keine zusätzlichen Gewinne erzielen ließen.[258] Eine solche Möglichkeit hätte das vertikal integrierte Unternehmen allerdings nur, wenn der Netzbereich keiner Regulierung unterworfen wäre. Das Problem in diesem Fall: Die Gesamtsituation bezüglich Preisen und Mengenausbringung entspräche der Monopolsituation, die von allokativer Ineffizienz gekennzeichnet ist.[259]

Wenn indes die Zugangsgebühren zur Vermeidung der Monopolsituation reguliert werden, entsteht der Anreiz, Wettbewerber auf nachgelagerten Märkten zu behindern. Dieser Anreiz ist umso größer, je stärker die Regulierung der Zugangsgebühren ist. Wenn das vertikal integrierte Unternehmen nicht mehr in der Lage ist, die Monopolgewinne über die Zugangsgebühren zu generieren, wird es versuchen, diese im Wettbewerbsbereich zu erzielen. Es wird den

---

[254] In sofern bildet die Desintegration in der Tat ein Seitenstück der Zugangsregulierung.
[255] *Brunekreeft* in: *Knieps/Brunekreeft*, Zwischen Regulierung und Wettbewerb, S. 25 (38).
[256] Vgl. ausführlich *Brunekreeft* in: *Knieps/Brunekreeft*, Zwischen Regulierung und Wettbewerb, S. 25 ff.
[257] Eine in der ökonomischen Literatur übliche Bezeichnung der Komplementärebenen ist „Upstream- Ebene“ für das monopolistische Bottleneck, sowie „Downstream- Ebene“ für den Wettbewerbsbereich, *Brunekreeft* in: *Knieps/Brunekreeft*, Zwischen Regulierung und Wettbewerb, S. 25.
[258] Ganz im Gegenteil: Die doppelte Marginalisierung würde zu einer Verringerung des Gesamtgewinns führen, *Brunekreeft* in: *Knieps/Brunekreeft*, Zwischen Regulierung und Wettbewerb, S. 25 (29) m.w.N.
[259] *Brunekreeft* in: *Knieps/Brunekreeft*, Zwischen Regulierung und Wettbewerb, S. 25 (29).

Wettbewerbsbereich zu monopolisieren versuchen, indem es den Wettbewerbern erst gar nicht, oder aber nur unter erschwerten (diskriminierenden) Bedingungen Zugang zum „Bottleneck“ gewährt.[260] Lösen ließe sich dieses Problem grundsätzlich damit, dass der Engpassbereich (Netz) vom Wettbewerbsbereich getrennt wird. Der Betreiber des Netzes hätte, auch wenn er reguliert wäre, keinen Anreiz mehr, bestimmte Dritte auf der nachgelagerten Wettbewerbsebene zu bevorzugen oder zu benachteiligen. Vielmehr hätte der Netzbetreiber eher ein Interesse an einem lebhaften Wettbewerb auf dem nachgelagerten Markt, um so die Menge seines abgesetzten Gutes „Netzzugang“ zu erhöhen.[261]

Wird die vollständige vertikale Separation (durch strikte eigentumsrechtliche Trennung) aus welchen Gründen auch immer, nicht vollzogen,[262] muss der Regulierer zum einen die Zugangsgebühren regulieren, zum anderen muss er aber auch Maßnahmen ergreifen, die der daraus folgenden „Neigung“ des vertikal integrierten Unternehmens zur Diskriminierung von Wettbewerbern entgegensteuert. Dazu wird in der Regulierungsökonomie ein Modell der abgestuften Trennung vorgeschlagen, die die tatsächliche Trennung imitieren soll: die virtuelle vertikale Separation.[263] Aufgrund des Diskriminierungsanreizes wird das vertikal integrierte Unternehmen insbesondere über die Zugangspreise versuchen, den nachgelagerten Markt für Wettbewerber zu verschließen. Es wird versuchen, die Kosten des Netzes höher darzustellen, als sie wirklich sind. Das Mittel hierzu sind Quersubventionierungen. Folglich wird im Rahmen der virtuellen vertikalen Separation ein Verbot der Quersubventionierung zwischen Monopol- und Wettbewerbsbereich im vertikal

---

[260] *Brunekreeft* in: *Knieps/Brunekreeft*, Zwischen Regulierung und Wettbewerb, S. 25 (33).
[261] *Brunekreeft* in: *Knieps/Brunekreeft*, Zwischen Regulierung und Wettbewerb, S. 25 (34).
[262] Die Gründe können politisch motiviert sein, es gibt aber auch ökonomische Gründe, die gegen eine vollständige Separierung sprechen können: verlorene Synergie-Effekte zwischen den komplementären Ebenen oder Transaktionskostenminimierung, vgl. *Brunekreeft* in: *Knieps/Brunekreeft*, Zwischen Regulierung und Wettbewerb, S. 25 (35).
[263] *Brunekreeft* in: *Knieps/Brunekreeft*, Zwischen Regulierung und Wettbewerb, S. 25 (35 ff.). Ähnliche Verwendung des Begriffs bei *Kühling*, Sektorspezifische Regulierung in den Netzwirtschaften, S. 339.

integrierten Unternehmen verlangt, das gängigerweise mittels der Pflicht zur buchhalterischen Trennung der Bereiche kontrolliert werden soll.[264]

## 5. Zusammenfassung

Zusammenfassend kann festgehalten werden:
Netzwirtschaften sind regulierungsbedürftig, wenn die jeweilige Netzinfrastruktur die Merkmale eines natürlichen Monopols aufweist und dieses natürliche Monopol nicht angreifbar ist. Nach den Grundsätzen des disaggregierten Regulierungsansatzes hat sich die Regulierung auf das unbedingt notwendige Maß zu beschränken. Sind komplementäre Bereiche in einer wirtschaftlichen Einheit zusammengefasst (vertikale Integration), sind der eigentliche Engpassbereich (das „Bottleneck") und die Wettbewerbsbereiche voneinander abzugrenzen. Nur der Engpassbereich ist der Regulierung zu unterwerfen, nicht hingegen die Wettbewerbsbereiche. Dort wäre Regulierung grundsätzlich überflüssig oder sogar schädlich.

Um den Wettbewerb auf den nachgelagerten Bereichen zu ermöglichen, erfordert die Regulierung zunächst die Öffnung des „Bottlenecks" für Dritte. Zudem hat eine Preisregulierung zu erfolgen, um die Monopolpreisbildung beim „Bottleneck" zu verhindern. „Nebenwirkung" dieser Maßnahmen ist die Entstehung von Diskriminierungsanreizen beim vertikal integrierten Unternehmen, das versuchen wird, Wettbewerber von den nachgelagerten Märkten fernzuhalten. Eine mögliche Strategie hierzu könnte das Setzen von überhöhten Netzzugangsentgelten sein, indem durch Quersubventionen die Kosten für die Infrastruktur höher dargestellt werden als sie tatsächlich sind. Dem Diskriminierungsanreiz könnte durch vollständige vertikale Separation entgegengewirkt werden. Erfolgt das nicht, muss zumindest ein Verbot von

---

264 *Kühling*, Sektorspezifische Regulierung in den Netzwirtschaften, S. 339 ff.; *Brunekreeft* in: *Knieps/Brunekreeft*, Zwischen Regulierung und Wettbewerb, S. 25 (38).

Quersubventionen bestehen, das dann, etwa durch buchhalterische Trennung des Netzes von den Wettbewerbsbereichen, überwacht werden kann.[265]

## II. Rückschlüsse auf die Wettbewerbssituation im Netzsektor „Bahn"

Nach den obigen Ausführungen zur Grundkonzeption der Regulierung von Netzindustrien besteht ein ursächlicher Zusammenhang zwischen der als notwendig erkannten Regulierung des Engpassbereiches innerhalb des vertikal integrierten Unternehmens und dessen „Bemühen", Wettbewerber auf nachgelagerten Märkten zu diskriminieren. Dass die DB AG als einzig relevantes vertikal integriertes Eisenbahnunternehmen in Deutschland auf vielfältige Weise versucht, Wettbewerber zu diskriminieren, scheint weitgehend unbestritten.[266] Betrachtet man die unter B. aufgeführten Daten zur Wettbewerbssituation, scheint der DB AG das Verschließen der wettbewerbsfähigen Verkehrsmärkte auch recht gut zu gelingen.

Im Sektor „Bahn"[267] ist indes das Verbot von Quersubventionen sowie die buchhalterische Trennung der Komplementärbereiche längst fester Bestandteil des Regulierungssystems.[268] Bislang aber konnte damit nicht der gewünschte Erfolg erzielt werden. Das europäische Gemeinschaftsrecht setzt deshalb im Rahmen des ersten Eisenbahninfrastrukturpakets verstärkt auf das Regulierungsinstrument der Trennung von Infrastruktur und Verkehrssparten. Dem wird im zweiten Teil der Arbeit ausführlich nachgegangen. Stärkere Trennung deutet aus juristischer Perspektive, jedenfalls soweit die Bereiche in rechtlich getrennte Gesellschaften innerhalb einer wirtschaftlichen Einheit

---

[265] Ob das wirklich möglich ist, muss im zweiten Teil der Arbeit näher untersucht werden.

[266] Vgl. dazu *Hedderich*, Vertikale Desintegration im Schienenverkehr, insbesondere S. 253; *Aberle/Brenner/Hedderich*, Trassenmärkte und Netzzugang, S. 60; weitere Beispiele für diskriminierendes Verhalten finden sich bei *Ende/Kaiser*, WuW 2004, S. 26 (35 f.); die Darstellung einzelner Beispiele für Diskriminierung erfolgt im Übrigen im zweiten Teil der Untersuchung.

[267] Dies gilt auch für andere Netzsektoren, vgl. *Kühling*, Sektorspezifische Regulierung in den Netzwirtschaften, S. 339 ff.

[268] Zu den in diesem Zusammenhang bestehenden europarechtlichen Vorgaben siehe oben A.II.

zusammengefasst sind, auf ein konzernrechtliches Problem hin. Damit ist der weitere Gang der Untersuchung vorgezeichnet:

Zunächst sind die europarechtlichen Maßgaben zur Trennung Netz und Verkehrssparten innerhalb vertikal integrierter Eisenbahnunternehmen zu untersuchen. Sodann ist zu fragen, ob die Umsetzung in nationales Recht im Rahmen der geplanten Novelle des AEG europarechtskonform ist. Dabei wird insbesondere das dem Regierungsentwurf zur Novelle des AEG zugrunde liegende Konzept der Konzernorganisationsstruktur vertikal integrierter Eisenbahnunternehmen zu hinterfragen sein.

## D. Wesentliche Ergebnisse des ersten Teils und Fortgang der Untersuchung

Die bisherige Untersuchung hat im Wesentlichen zu folgenden Ergebnissen geführt:

Die Strukturreformen der Eisenbahnen in Europa und Deutschland fußen auf der Liberalisierung, also der Öffnung des Verkehrsmarktes „Bahn" für private Eisenbahnverkehrsunternehmen. Dadurch soll der Weg für die wettbewerbliche Organisation dieses Verkehrsmarktes bereitet werden. Unter Wettbewerbsdruck, so die zugrunde gelegte Annahme, ist die bestmögliche Effizienz zu erwarten. Liberalisierung oder Deregulierung ist dabei nicht so zu verstehen, dass sich der Staat aus der Regulierung dieses Netzsektors völlig zurückzieht. Denn in Bereichen, in denen Marktversagen auftritt oder aufzutreten droht, ist staatliche Regulierung von Märkten zwingend erforderlich. Dies gilt namentlich für den Verkehrsmarkt „Bahn", der zu den sog. natürlichen Monopolen zu rechnen ist. Regulierung hat dabei nicht global zu erfolgen, sondern ist, dem disaggregierten Regulierungsansatz folgend, auf die „Bottleneck- Bereiche" zu beschränken.

Der Wettbewerb im Bahnsektor in Deutschland ist über zehn Jahre nach Beginn der Bahnreform marginal geblieben. Als Ursache konnte das bislang nicht erfolgreich bekämpfte Diskriminierungspotential des vertikal integrierten DB-Konzerns ausgemacht werden, welches nach dem ökonomischen Modell erst aufgrund der (notwenigen) Regulierung des Engpassbereiches zu Lasten von (möglichen) Wettbewerbern auf den Verkehrsmärkten ausgenutzt wird. Die dem Diskriminierungs-potential entgegenwirkenden Maßnahmen wie Verbot von Quersubventionierungen in Verbindung mit der buchhalterischen Trennung von Infrastruktur und wettbewerbsfähigen Verkehrsbereichen haben bislang nicht zur erhofften Belebung des Wettbewerbs geführt. Die als Reaktion auf die unbefriedigende Wettbewerbssituation durch das Europäische Gemeinschafts-recht initiierten weiteren Regulierungsmaßnahmen im Bahnsektor und deren Umsetzung sind im Fortgang der Untersuchung zu würdigen.

# Teil 2
# Die Umsetzung des ersten Eisenbahninfrastrukturpakets: Kritische Würdigung der Vorschläge der „Task force Zukunft der Schiene“ und der Konzeption des Regierungsentwurfs zur Dritten Novelle des Allgemeinen Eisenbahngesetzes

## A. Einleitung

Die im ersten Teil der Arbeit dargelegten Grundlagen zur Regulierung von Netzwirtschaften haben u.a. gezeigt, dass die bestehende Notwendigkeit zur Regulierung des monopolistischen Engpassbereiches das vertikal integrierte Eisenbahnunternehmen dazu veranlasst, Wettbewerber auf den nachgelagerten Verkehrsmärkten zu diskriminieren.[269] Der Anreiz, die eigenen Verkehrssparten gegenüber außenstehenden Wettbewerbern zu bevorzugen, so konnte weiter gezeigt werden, würde entfallen, wenn der Netz- vom Betriebsbereich vollständig getrennt würde („vertikale Desintegration“). Ausgehend von diesem Regulierungsmodell wäre es folglich am einfachsten, wenn die Richtlinien des ersten Eisenbahninfrastrukturpakets des Europäischen Parlaments und des Rates schlicht die vollständige eigentumsrechtliche Herauslösung des Netzbetreibers aus dem vertikal integrierten Unternehmensverbund zwingend vorschreiben würden.

Tatsächlich greifen die Richtlinien des Eisenbahninfrastrukturpakets das Regulierungsinstrument der Trennung auf, ohne allerdings die vollständige vertikale Desintegration verbindlich zu verankern.[270] Die Maximalform des „Unbundling“[271] oder der „vertikalen Desintegration“ (die Begriffe werden

---

[269] Siehe Teil 1 C.I.4.

[270] Vgl. erster Teil, A.II.

[271] Unter „Unbundling“ ist die Auflösung der horizontalen (oder vertikalen) Unternehmensintegration zu verstehen (engl. Entflechtung), vgl. *Meyer* in: *Bartsch/Röhling/Salje/Scholz,* Stromwirtschaft, S. 83.

häufig synonym gebraucht)[272] ist europarechtlich lediglich fakultativ möglich, jedoch nicht zwingend. In Art. 6 Abs. 2 RL 2001/12/EG wird es den Mitgliedstaaten ausdrücklich gestattet, die Bereiche Verkehrsleistungen und Infrastruktur innerhalb desselben Unternehmens zu belassen.[273] Insbesondere Deutschland wollte eine vollständige Trennung verhindern. Die deutsche Seite wollte am Holdingmodell[274] des DB Konzerns festhalten.[275] An dieser grundsätzlichen Position änderten auch die Voten des Wissenschaftlichen Beirats beim Bundesminister für Verkehr-, Bau- und Wohnungswesen und der Monopolkommission nichts, die die eigentumsrechtliche Desintegration befürworten:[276] Eine vollständige Trennung ist auch zum gegenwärtigen Zeitpunkt politisch weder erwünscht, noch europarechtlich geboten.

Und dennoch: das erste Eisenbahninfrastrukturpaket enthält eine Reihe von Maßgaben, die auf eine stärkere Trennung von Netzbetreiber und Verkehrsdienstleistern abzielen. In diesem zweiten Teil der Arbeit soll die Reichweite dieser Trennungsvorgaben untersucht werden. Außerdem wird die Diskussion über die Umsetzung des Richtlinienpakets nachgezeichnet. Namentlich sind die Vorschläge der vom ehemaligen Bundesverkehrsminister *Bodewig* einberufenen sog. „Task force Zukunft der Schiene", die zum Teil Eingang in den Regierungsentwurf zur dritten Novelle[277] des AEG gefunden haben, einer kritischen Würdigung zu unterziehen, insbesondere aber der Regierungsentwurf selbst. Zwei Dinge sind in diesem Zusammenhang für die vorliegende Arbeit von Bedeutung:

1. Die europarechtskonforme Umsetzung des Richtlinienpakets muss eine gesetzliche Verankerung einer Organisationsstruktur vertikal integrierter Eisenbahnunternehmen wie der DB AG enthalten, die die

---

[272] Siehe etwa *Baur/Henk-Merten*, Kartellbehördliche Preisaufsicht über den Netzzugang, S. 23.
[273] *Holst* in: *Frohnmeyer/Mückenhausen*, § 21 Rn. 17
[274] Ausführlich dazu in den nachfolgenden Abschnitten.
[275] Pöhle in: Ronellenfitsch/Schweinsberg, Aktuelle Probleme des Eisenbahnrechts VI, S. 257 (257 f.)
[276] *Kühling*, Sektorspezifische Regulierung in den Netzwirtschaften, S. 153; Monopolkommission, Netzwettbewerb durch Regulierung, Vierzehntes Hauptgutachten, Ziff. 819.
[277] BT-Drs. 15/3280.

Vorgaben zur Trennung von Netz und Betrieb hinreichend berücksichtigt.[278] Die Frage ist, ob dies durch den Regierungsentwurf zur dritten AEG-Novelle gewährleistet ist.

2. Zudem sollte sich ein Organisationsmodell möglichst in die bestehende Systematik des Rechts der „verbundenen Unternehmen“ (§§ 15 ff. und 291 ff. AktG) einfügen lassen. Auch daraufhin wird die dem Regierungsentwurf zugrunde liegende Konzeption zur Organisation vertikal integrierter Eisenbahnunternehmen überprüft.

## B. Die Vorgaben des Eisenbahninfrastrukturpakets im Hinblick auf die Unabhängigkeit des Infrastrukturbetreibers von Anbietern von Eisenbahnverkehrsleistungen

In einem ersten Überblick sollen die Maßgaben des Richtlinienpakets[279] zur Unabhängigkeit von Netz und Transportbetrieb vorgestellt werden:

Ein Schwerpunkt des Maßnahmenpakets bildet zunächst die schrittweise Öffnung der Netze[280] für den Schienenverkehr.[281] Der Anspruch auf

---

[278] Zu dem Spannungsverhältnis der zwingenden Unabhängigkeit des Betreibers der Infrastruktur einerseits bei nicht notwendiger eigentumsrechtlicher Trennung von Netz und Betrieb andererseits oben in der Einleitung zu dieser Arbeit.

[279] Zu den Richtlinien bereits oben erster Teil, A.II.

[280] Das Zugangsrecht zum Netz, das in Art. 10 der RL 91/440 EWG enthalten ist, wurde durch das Eisenbahninfrastrukturpaket (RL 2001/12/EG) zwar erheblich erweitert, ist aber in seiner Reichweite nach wie vor sehr eingeschränkt. So sind weder der Personenverkehr, noch die nationalen Verkehre in die Zugangsregelung einbezogen, *Holst* in: *Frohnmeyer/Mückenhausen*, § 21 Rn. 24. Zur RL 91/440/EWG auch im ersten Teil A.II. Andererseits gilt die RL 2001/14/EG, die die Zuweisung von Fahrwegkapazität und die Erhebung von Entgelten regelt, nicht nur für den grenzüberschreitenden, sondern auch für den inländischen Eisenbahnverkehr, Art. 1 Abs. 2. Damit müssen Staaten, die ihre nationalen Netze geöffnet haben, die Regelungen dieser Richtlinie auch für die nationalen Verkehre anwenden, *Holst* in: *Frohnmeyer/Mückenhausen*, § 23 Rn. 2.

[281] Vgl. *Holst* in: *Frohnmeyer/Mückenhausen*, § 21 Rn. 6. Die große Bedeutung der Netzöffnung wird bereits mit der Verankerung des Ziels der Sicherstellung des nichtdiskriminierenden Zugangs zu Eisenbahnfahrwegen in den Erwägungsgründen sämtlicher Richtlinien des Pakets unterstrichen: Erwägungsgrund (2) der RL 2001/12/EG,

diskriminierungsfreien Zugang zum Schienennetz soll, wie es im Erwägungsgrund (2) der RL 2001/12/EG heißt, „durch Trennung bestimmter wesentlicher Funktionen und/oder Einrichtung einer Regulierungsstelle, die für die Kontrolle und Verwirklichung des Zugangs sorgt", erreicht werden. Wenngleich die zentrale Vorschrift zur Öffnung des Bahnverkehrsmarktes in der Gemeinschaft, die Richtlinie 91/440/EWG,[282] als Mittel zur Öffnung auf das Regulierungsinstrument der Trennung der Bereiche Fahrwegbetrieb und Dienstleistungserbringung setzt, verlangt sie, wie gezeigt, auch in der Fassung der RL 2001/12/EG nicht zwingend die institutionelle (und damit vollständige eigentumsrechtliche) Trennung der beiden Bereiche.

Ausdrücklich zwingend ist indes gem. Art. 6 Abs. 1 zumindest eine getrennte Erstellung und Veröffentlichung der Gewinn- und Verlustrechnung und Bilanzen für die Erbringung von Verkehrsleistungen durch Eisenbahnunternehmen einerseits, und für den Betrieb der Infrastruktur andererseits. Gem. Satz 2 dürfen öffentliche Gelder zugunsten eines dieser beiden Tätigkeitsbereiche nicht auf den anderen übertragen werden. Im neu eingefügten Abs. 3 des Art. 6 heißt es nun:

„Die Mitgliedstaaten treffen die erforderlichen Maßnahmen, um sicherzustellen, dass die Funktionen nach Anhang II, die für einen gerechten und nichtdiskriminierenden Zugang zur Infrastruktur ausschlaggebend sind, an Stellen oder Unternehmen übertragen werden, die selbst keine Eisenbahnverkehrsleistungen erbringen." Die im Anhang II[283] genannten wesentlichen Funktionen sind:

- Vorarbeiten und Entscheidungen über die Zulassung von Eisenbahnunternehmen,[284] einschließlich der Gewährung einzelner Genehmigungen

---

EG-Abl. Nr. L 75 vom 15.3.2001 S. 1; Erwägungsgrund (3) der RL 2001/13/EG, EG-Abl. Nr. L 75 vom 15.3.2001 S. 26; Erwägungsgrund (5) der RL 2001/14/EG, EG-Abl. Nr. L 75 vom 15.3.2001 S. 29.

[282] *Epiney* in: *Dauses*, Handbuch des EU-Wirtschaftsrechts, L Rn. 387

[283] EG-Abl. Nr. L 75 vom 15.3.2001 S. 25.

[284] Hierunter ist entsprechend der Legaldefinition in Art. 3 1. Spiegelstrich jedes private oder öffentlichrechtliche Unternehmen zu verstehen, dessen Haupttätigkeit im Erbringen von

- Entscheidungen über die Trassenzuweisungen, einschließlich sowohl der Bestimmung als auch der Beurteilung der Verfügbarkeit und der Zuweisung von einzelnen Zugtrassen
- Entscheidungen über die Wegentgelte
- Überwachung der Einhaltung von Verpflichtungen zur Bereitstellung bestimmter Dienstleistungen für die Allgemeinheit.

Wie die Organisation der Unternehmen konkret ausgestaltet sein muss, wird hier nicht näher geregelt. Eine gewisse Präzisierung enthält allerdings Art. 4 Abs. 2 RL 2001/14/EG „über die Zuweisung von Fahrwegkapazität der Eisenbahn, die Erhebung von Entgelten für die Nutzung von Eisenbahninfrastruktur und die Sicherheitsbescheinigung“: [285]

Demnach sind die in „diesem Kapitel“ (gemeint ist das Kapitel 2) dargelegten Aufgaben für den Fall, dass der Betreiber der Infrastruktur rechtlich, organisatorisch *oder* in seinen Entscheidungen nicht von Eisenbahnunternehmen unabhängig ist, von einer entgelterhebenden Stelle wahrzunehmen, die rechtlich, organisatorisch und in ihren Entscheidungen von Eisenbahnunternehmen unhabhängig ist. Die in Kapitel 2 der RL 2001/14/EG dargelegten Aufgaben sind die Befugnis zum Erlass von Einzelvorschriften im Hinblick auf Festlegung, Berechnung oder Erhebung von Benutzungsentgelten.[286] Das „oder“ ist bei verständiger Betrachtung im Übrigen als ein „sowohl als auch“ und nicht als ein „entweder oder“ zu lesen, sonst wäre die rechtliche Unabhängigkeit im Sinne einer Trennung der Bereiche in verschiedene Gesellschaften ausreichend, was offensichtlich nicht gemeint sein kann.[287]

---

Eisenbahnverkehrsleistungen zur Beförderung von Gütern oder Personen besteht, wobei dieses Unternehmen auf jeden Fall die Traktion sicherstellen muss.

[285] EG-Abl. Nr. L 75 vom 15.3.2001 S. 33.

[286] Ausgenommen ist zwar die Erhebung von Entgelten, damit ist allerdings nur die technische Abwicklung gemeint, vgl. engl. Fassung: „collecting“, frz.: „recouvrement“; dazu *Berschin*, DVBl. 2002, 1079 (1081).

[287] Diese Auffassung teilt auch die Bundesregierung, wie aus dem Regierungsentwurf zur dritten AEG-Novelle hervorgeht, BT-Drs. 15/3280, S. 16.

Im Zusammenspiel mit Art. 6 Abs. 2 RL 2001/12/EG kann nunmehr präzisiert werden, warum im Rahmen der vorliegenden Arbeit die Frage der Entwicklung einer richtlinienkonformen Organisationsstruktur für vertikal integrierte Eisenbahnunternehmen als konzernrechtliches Problem behandelt wird:[288] Einerseits geht das europäische Recht von der Möglichkeit der Beibehaltung der Bereiche Infrastruktur und Erbringung von Verkehrsdienstleistungen „in organisatorisch voneinander getrennten Unternehmensbereichen innerhalb desselben Unternehmens“ aus (Art. 6 Abs. 2 RL 2001/12/EG), andererseits aber hat der Betreiber der Infrastruktur im Hinblick auf die genannten Aspekte der Entgelterhebung rechtlich, organisatorisch und in seinen Entscheidungen unabhängig zu sein von Eisenbahnunternehmen (Art. 4 Abs. 2 RL 2001/14/EG). Damit steht zum einen fest, dass zwar die Struktur als Einheitsunternehmen nicht zulässig ist, möglich erscheint aber die Struktur der Zusammenfassung rechtlich selbstständiger Unternehmen innerhalb einer wirtschaftlichen Einheit, also dem Konzern.[289]

Für die Zuweisung von Fahrwegkapazität enthält Art. 14 Abs. 2 RL 2001/14/EG[290] bezüglich der Unabhängigkeit des Betreibers der Infrastruktur von Eisenbahnunternehmen die identische Formulierung wie Art. 4 Abs. 2. Dass auch in diesem Zusammenhang von einer „entgelterhebenden Stelle“ gesprochen wird, ist allerdings irreführend. Die französische Fassung spricht von „organisme de tarification“; gemeint ist demnach eine Stelle, die im Wesentlichen die Marktsteuerung des Netzes vornimmt.[291] Die in Art. 14 Abs. 1 genannten Aufgaben, auf die sich Abs. 2 bezieht, sind:

- die Schaffung einer Rahmenregelung für die Zuweisung von Fahrwegkapazität,
- die Festlegung spezifischer Regeln für die Zuweisung von Fahrwegkapazität.

---

[288] Dazu im Überblick bereits in der Einleitung zu dieser Arbeit.
[289] Zum Konzern als wirtschaftliche Einheit rechtlich selbständiger Unternehmen vgl. *Kirchner*, ZGR 1985, S. 214.
[290] EG-Abl. Nr. L 75 vom 15.3.2001 S. 37.
[291] *Berschin*, DVBl. 2002, 1079 (1081, Fn. 23).

Zusammenfassend hat also der Betreiber der Infrastruktur *zumindest*[292] im Hinblick auf die Zuweisung von Trassen an Eisenbahnunternehmen sowie der dazu gehörenden Preisgestaltung rechtlich, organisatorisch und in seinen Entscheidungen von Eisenbahnunternehmen unhabhängig zu sein. Mangelnde Unabhängigkeit hat zur Konsequenz, dass diese Kernbereiche der unternehmerischen Tätigkeit des Infrastrukturbetreibers (Absatz- und Preispolitik, Optimierung des Produktabsatzes) nicht mehr von diesem selbst wahrgenommen werden können.[293]

Nach diesem ersten Überblick über die Vorgaben der Richtlinien zur Unabhängigkeit des Betreibers der Infrastruktur von den Verkehrssparten sollen in den folgenden Abschnitten die Vorschläge der „Task force Zukunft der Schiene“ und des Regierungsentwurfs zur dritten AEG-Novelle zur Umsetzung der Richtlinien in nationales Recht dargelegt und bewertet werden.

---

[292] Die Auslegung dieser Vorschrift ist überaus schwierig: Man könnte die rechtliche und organisatorische Unabhängigkeit, sowie die Unabhängigkeit in den Entscheidungen lediglich auf die Entscheidungen über die Trassenzuweisung und die Entgelterhebung beziehen, möglich wäre aber auch, das Unabhängigkeitserfordernis auf ein ganzes Spektrum unternehmerischer Entscheidungen zu beziehen und bei Fehlen dieses Tatbestandsmerkmals die Rechtsfolge des Verlustes der Zuständigkeit des Infrastrukturbetreibers für die genannten Bereiche Trassenvergabe und Trassenzuweisung anzunehmen. Hierauf wird im Rahmen der kritischen Würdigung des Regierungsentwurfs unter F.VI.1. noch einzugehen sein.

[293] *Berschin*, DVBl. 2002, 1079 (1081).

## C. Vorschläge der „Task force Zukunft der Schiene" zur Umsetzung des Eisenbahninfrastrukturpakets und Bewertung der Vorschläge

### I. Vorschläge der „Task force"

Unter dem Eindruck des Infrastrukturpakets wurde am 20. März 2001 durch den damaligen Verkehrsminister *Kurt Bodewig* beim BMVBW die sog. „Task force Zukunft der Schiene" eingerichtet. Deren Aufgabe wurde wie folgt beschrieben:[294] „Die Task Force wird in einem ergebnisoffenen Prozess prüfen, welche Organisationsmodelle die verkehrspolitisch gewünschte und europapolitisch notwendige Unabhängigkeit des Netzes am besten gewährleisten können. Die Variantenbreite der Prüfung reicht von einer unabhängigen Organisation im Bereich der Holding der DB AG bis zu einer vollständigen Herauslösung oder der Einrichtung einer Regulierungsbehörde." Mitglieder der Task force waren der Staatsminister a.D. *Franz-Josef Kniola* und Staatssekretär im BMVBW *Ralf Nagel* als Vorsitzende, Staatssekretär im BMF *Manfred Overhaus*, Staatssekretär im (damals noch) BMWi *Alfred Tacke*, der Vorstandsvorsitzende der DB AG *Hartmut Mehdorn* (!), der Abteilungsleiter „Grundsatz" im BMVBW *Ulrich Schüller* und der Abteilungsleiter „Eisenbahnen, Wasserstraßen" im BMVBW *Thomas Kohl*.[295]

Kontrovers diskutiert wurden innerhalb der Task force im Wesentlichen zwei grundsätzlich unterschiedliche Organisationsmodelle:[296]

1. Das Modell der vollständigen Trennung von Netz und Betrieb. Dieses Modell wurde von Verkehrsminister *Bodewig* zu Beginn seiner Amtszeit noch mit Zurückhaltung bedacht, dann aber von ihm (allerdings auch nur für kurze Zeit) favorisiert.[297]

---

[294] Nachzulesen auf den Internetseiten des BMVBW unter: http://www.bmvbw.de/artikel,-6535/Task-Force-Zukunft-der-Schiene.htm

[295] http://www.bmvbw.de/artikel,-6535/Task-Force-Zukunft-der-Schiene.htm

[296] Anscheinend wurden insgesamt acht Modelle diskutiert.

[297] *Ewers/Ilgmann*, Zukunft des Schienenverkehrs, S. 30.

2. Die Beibehaltung des Holdingmodells, das – was kaum verwunderlich ist – von Bahnchef *Hartmut Mehdorn* mit Nachdruck gefordert wurde; *Mehdorn* drohte offen mit Rücktritt für den Fall der Trennung der Bereiche Fahrweg und Betrieb.[298]

Durchgesetzt hat sich letztlich die Position des Bahnchefs. Bereits am 17.September 2001 hat der Verkehrsminister öffentlich bekundet, dass das Netz der Deutschen Bahn voraussichtlich in der Holding verbleiben werde.[299]

Die Ergebnisse der Task force sind nur auszugsweise öffentlich zugänglich.[300] Als Maßnahmen zur Umsetzung der EU-Richtlinien und zur Erreichung des Zieles Diskriminierungsfreiheit im Bahnverkehrsmarkt wurde vorgeschlagen:

a. Das Verhältnis der DB Netz AG zur DB AG ist transparenter zu gestalten. Zu diesem Zweck müssen die Bilanz/ Gewinn- und Verlustrechnung den eigenständigen Teilbereich „Netz“ abbilden. Sie sind entsprechend aktienrechtlicher Vorschriften zu publizieren. Von der Möglichkeit des § 264 Abs. 3 HGB ist insofern kein Gebrauch zu machen. Der Zufluss öffentlicher Mittel und deren Verwendung im DB-Konzern muss transparent abgebildet und kontrolliert werden. Daher ist es zur Vermeidung einer Transfervermutung öffentlicher Gelder sinnvoll, dass alle Leistungsbeziehungen wie unter fremden Dritten gestaltet werden; konzerninterne Leistungsverrechnungen sind transparent darzustellen, so dass sie für einen fremden Dritten in einem angemessenen Zeitrahmen nachvollziehbar sind.

   Preisfindungsmechanismen, Kostenstrukturen und Leistungsumfang werden im Rahmen der Wirtschaftsprüfung dargelegt und müssen dem Vergleichsmarktprinzip genügen.

b. Zur Sicherung der Diskriminierungsfreiheit ist klarzustellen, dass Trassenpreisfestsetzung und Trassenvergabe in der ausschließlichen Kompetenz der DB Netz AG liegen. Nach den europarechtlichen Bestimmungen kann der Unternehmensbereich Fahrweg der Holding nicht

---

[298] *Ewers/Ilgmann*, Zukunft des Schienenverkehrs, S. 30 f.
[299] FAZ vom 18.9.2001, S. 19.
[300] Nachzulesen unter: http://www.bmvbw.de/artikel,-6535/Task-Force-Zukunft-der-Schiene.htm

für diese Funktionen zuständig sein. Trassenpreisfestsetzung und Trassenvergabe sind keine zustimmungspflichtigen Geschäfte gegenüber dem Konzernvorstand. Weisungen und Vorgaben hierzu durch den Konzernvorstand sind unzulässig. Satzung und Geschäftsordnung der DB AG sind an die neue europäische Rechtslage anzupassen.

c. Es soll eine unabhängige Stelle beim Eisenbahn-Bundesamt geben (Trassenagentur), die für die Feststellung der Diskriminierungsfreiheit von Trassenpreissystem und Trassenvergabe zuständig ist. Die DB Netz AG ist verpflichtet, der Trassenagentur die für die Genehmigung des Trassenpreissystems und für die Kontrolle einer diskriminierungsfreien Trassenvergabe erforderlichen Daten zu liefern. Die Trassenagentur begleitet die Fahrplanerstellung und überwacht die Beachtung der Diskriminierungsfreiheit. Sie stellt die Diskriminierungsfreiheit des erstellten Netzfahrplans fest und wacht über die Diskriminierungsfreiheit der Trassenvergabe im Einzelfall.

d. Auch in Zukunft soll die DB Netz AG ein Wirtschaftsunternehmen unter dem Dach der DB AG sein und sich wirtschaftlich[301] verhalten.

In Ergänzung zu diesen „offiziellen“ Ergebnissen ist zudem aus dem Kreis der Task force „durchgesickert“,[302] dass zur Vermeidung des Verlusts der Verantwortung der DB Netz für ihren Absatz die DB Netz „entherrscht“ werden soll. Was damit genau gemeint ist, kann letztlich nur vermutet werden. Wahrscheinlich handelt es sich aber um die im Kreis der Task force diskutierte partielle Aufhebung der Weisungsrechte der Holding bezüglich Trassenvergabe und Preisfestsetzung entsprechend der Maßgaben des Eisenbahninfrastrukturpakets.[303] Konkrete Vorschläge zur Umsetzung dieser „Entherrschung“ lassen sich indes nicht ausmachen. Allerdings wurde vorgeschlagen, zur Sicherstellung der „Entherrschung“ sog. „Chinese Walls“ in der Kommunikation zu

---

[301] Was damit genau gemeint ist, bleibt unklar. Fraglich ist aber, wie eine Netztochter im vertikal integrierten Eisenahnunternehmen wirtschaftlich handeln soll, wenn sie in einem Vertragskonzernverbund steht. Hierauf wird noch einzugehen sein.

[302] Vgl. *Ilgmann*, Entherrschung und Chinese Walls im DB-Konzern S. 2; abrufbar im Internet unter http://www.G-Ilgmann.de

[303] Dazu die Stellungnahme des Wissenschaftlichen Beirats beim BMVBW, abgedruckt in Internationales Verkehrswesen 2002, S. 260 (260).

installieren, damit Angehörige von DB Netz einerseits, bzw. der Transporttöchter des Konzerns andererseits, sich nicht zum Nachteil von Wettbewerbern auf der Schiene abstimmen.[304]

Der Begriff „Chinese Walls" als rechtliches Institut stammt aus dem Kapitalanlagerecht und bezeichnet durch organisatorische Maßnahmen errichtete Vertraulichkeitsbereiche in einem Unternehmen (zumeist Banken), wodurch sensible Informationen, die in einem Geschäftsbereich anfallen oder erarbeitet werden, weder direkt noch indirekt Personen zur Verfügung gestellt werden, die in anderen Geschäftsbereichen tätig sind.[305] Im (Kapitalmarkt-) rechtlichen Zusammenhang soll mit der Einrichtung solcher Strukturen die Weitergabe von Insiderinformationen verhindert werden.[306] Auch diesbezüglich fehlt es an konkreten Informationen darüber, wie die von der Task force aufgegriffenen Chinese Walls innerhalb des DB Konzerns aussehen sollen.

## II. Bewertung der Vorschläge der „Task force"

Eine Schwierigkeit bei der Bewertung der Vorschläge der Task force ergibt sich natürlich schon daraus, dass diese nur auszugsweise öffentlich zugänglich sind. Daher muss offen bleiben, ob die öffentlich zugänglichen Einzelvorschläge möglicherweise Bestandteil eines in sich geschlossenen Konzepts zur richtlinienkonformen Neuorganisation des DB Konzerns sind. Unklar bleibt auch, ob und in wie weit eine gesetzliche Verankerung der Vorschläge im AEG angedacht war. Die Bewertung hat sich letztlich auf die Einzelpunkte zu beschränken. Diese müssen vor dem Hintergrund gewürdigt werden, dass das Eisenbahninfrastrukturpaket nicht nur ein bestimmtes Ziel formuliert, wie die Gewährleistung des diskriminierungsfreien Netzzugangs, sondern darüber hinaus auch die Mittel zur Verwirklichung dieses Ziels, wenngleich nicht

---

[304] *Ilgmann*, Entherrschung und Chinese Walls im DB-Konzern S. 2; abrufbar im Internet unter http://www.G-Ilgmann.de ; *Berschin*, DVBl. 2002, S. 1079 (1085).

[305] *Eisele* in: *Schimansky/Bunte/Lwowski*, Bankrechts-Handbuch, § 109, Rn. 80.

[306] *Eisele* in: *Schimansky/Bunte/Lwowski*, Bankrechts-Handbuch, § 109, Rn. 80.

besonders präzise.[307] Zur Verwirklichung des diskriminierungsfreien Netzzugangs besteht die Pflicht der Mitgliedstaaten, die Unabhängigkeit der Infrastrukturbetreiber von Eisenbahnunternehmen in rechtlicher und organisatorischer Hinsicht sowie im Hinblick auf deren Entscheidungen[308] sicherzustellen, will der Netzbetreiber nicht die Entscheidungsbefugnisse für seinen Absatz verlieren.

Soweit ersichtlich soll die Unabhängigkeit des Infrastrukturbetreibers primär durch Anpassung der Satzung und der Geschäftsordnung[309] der DB (Holding) AG hergestellt werden. Damit soll verhindert werden, dass die Holding der DB Netz AG Weisungen bezüglich der Trassenvergabe und der Trassenpreissetzung erteilt.[310] Um die Frage, ob dies eine sinnvolle Maßnahme darstellt, wenigstens annäherungsweise beantworten zu können, muss zunächst noch einmal ein Blick auf die Konzernstruktur der DB AG geworfen werden.

### 1. Die gegenwärtige Konzernstruktur der DB AG

Wie im ersten Teil der Arbeit bereits angesprochen,[311] handelt es sich bei dem DB Konzern in der Struktur der zweiten Stufe der Bahnreform um einen mehrstufigen Konzern unter der Führung der Holding „Deutsche Bahn AG". Die DB AG besteht auf der Grundlage des § 2 Abs. 2 DBGrG nur mehr als geschäftsführende Holding fort. Mit den Töchtern bestehen Beherrschungs- und Gewinnabführungsverträge.[312] Sie bilden die sog. Führungsgesellschaften für

---

[307] Falsch wäre es aber davon zu sprechen, dass die Richtlinien lediglich das Ziel, nicht aber die Mittel bestimmen; so aber *Berschin*, DVBl. 2002, S. 1079 (1082)

[308] Die Unabhängigkeit hat zumindest in Bezug auf die Trassenzuweisung und die Entgeltfestsetzung zu bestehen, sie muss möglicherweise aber auch weitergehend sein, zu dieser Auslegungsschwierigkeit siehe bereits oben unter B.

[309] Gemeint ist vermutlich die Geschäftsordnung des Vorstands.

[310] http://www.bmvbw.de/artikel,-6535/Task-Force-Zukunft-der-Schiene.htm; dort unter Ziff. 3.b.

[311] A.III.2.b.

[312] *Berschin*, DVBl. 2002, S. 1079; *Gersdorf*, ZHR 168 (2004), S. 576 (583).

zahlreiche weitere den jeweiligen Unternehmensbereichen zugeordneten Konzerngesellschaften.[313]

Die Vorstandsvorsitzenden der Konzerngesellschaften sind zugleich Vorstandsmitglieder der Konzernleitung der Deutschen Bahn, wodurch sichergestellt werden soll, „dass die Beschlüsse stets den Konzern als Ganzes betreffen“.[314] Das scheint in der Realität allem Anschein nach auch praktiziert zu werden. Bekanntermaßen werden die Tochtergesellschaften von der Holding straff organisiert und kontrolliert.[315] Daneben nimmt die Holding das Treasury-Zentrum, die Finanzplanung, Controllingaufgaben, den zentralen Einkauf, zentrale Dienste wie Recht und Personalentwicklung, Forschung und Technik und viele andere Aufgaben wahr.[316]

## 2. Anpassung der Satzung und der Geschäftsordnung des Vorstands der Holding

Wie in jedem Vertragskonzern[317] ist die DB AG (Holding) als herrschendes Unternehmen gem. § 308 Abs. 1 i.V.m § 291 Abs. 1 AktG berechtigt, den Vorständen der (abhängigen) Gesellschaften hinsichtlich der Leitung der jeweiligen Gesellschaften Weisungen zu erteilen. Gem. § 308 Abs. 2 Satz 2 AktG sind auch nachteilige Weisungen zulässig, wenn sie den Belangen des herrschenden Unternehmens oder der Unternehmen dienen, die mit ihm und der Untergesellschaft konzernverbunden sind.[318] Damit ist es der DB AG (Holding) grundsätzlich möglich, dem Vorstand der DB Netz auch hinsichtlich der vom Eisenbahninfrastrukturpaket tangierten Bereiche

---

313 Nachzulesen auf den Internetseiten der DB AG unter www.bahn.de/konzern/holding/wir/dbag_reform_zweite_stufe_.shtml

314 www.bahn.de/konzern/holding/wir/dbag_reform_zweite_stufe_.shtml

315 *Berschin*, DVBl. 2002, S. 1079.

316 *Berschin*, DVBl. 2002, S. 1079; dazu auch *Gersdorf*, ZHR 168 (2004), S. 576 (583).

317 Als Vertragskonzerne werden Unternehmensverbindungen bezeichnet, bei denen eine abhängige Gesellschaft die Leitung ihrer Gesellschaft vertraglich dem herrschenden Unternehmen unterstellt, *Eschenbruch*, Konzernhaftung, Rn. 2065.

318 *Hüffer*, AktG, § 308, Rn. 15.

Trassenvergabe und Preissetzung Vorgaben zu machen. Bereits hier wird ersichtlich, dass die von der Task force vorgeschlagene „Anpassung“ der Satzung und der Geschäftsordnung (des Vorstands) der Holding allein nicht ausreichend sein kann. Der zwischen der Holding und der DB Netz AG bestehende Beherrschungsvertrag muss ebenfalls zumindest angepasst werden.[319] Dass dies[320] zudem in irgendeiner Form gesetzlich abgesichert sein müsste, bedarf keiner weiteren Erklärung.

Die Unzulänglichkeit der bloßen Anpassung der Satzung und der Geschäftsordnung (des Vorstands) der Holding würde aktienrechtlich darüber hinaus auch dann offenbar, wenn der Begriff der „Unabhängigkeit“, wie er dem Richtlinienpaket zugrunde liegt, deckungsgleich mit dem des deutschen Aktien(konzern)rechts wäre. Wäre das der Fall, könnte die Unabhängigkeit der Tochtergesellschaft DB Netz nicht mit einer Satzungsänderung bei der *Konzernmutter* DB AG herbeigeführt werden. Dem würde folgender systematische Aspekt des Aktien(konzern)rechts entgegenstehen: § 17 AktG unterscheidet rechtliche Selbstständigkeit und Abhängigkeit. Rechtlich selbständig im Sinne des AktG sind die DB AG (Holding) und ihre Töchter bereits dadurch, dass es sich bei ihnen um eigenständige juristische Personen in Form von Aktiengesellschaften handelt.[321] Da die DB AG unter Einschluss der Töchter ein Vertragskonzern mit Beherrschungs- und Gewinnabführungsverträgen ist, ist allerdings auch der Abhängigkeitstatbestand der

---

[319] Möglicherweise ist der Beherrschungsvertrag aufgrund der Vorgaben des Eisenbahninfrastrukturpakets sogar insgesamt aufzuheben, so etwa *Gersdorf*, ZHR 168 (2004), S. 576 (594). Hierauf wird noch ausführlich einzugehen sein.

[320] Das gilt sowohl für die Modifizierung des Beherrschungsvertrages als auch für die unter Umständen erforderliche Aufhebung des Beherrschungsvertrages, siehe vorherige Fußnote.

[321] Das Verständnis vom Begriff der rechtlichen Unabhängigkeit, wie es dem AktG zugrunde liegt, stimmt damit offensichtlich nicht mit dem von *Spoerr* im Rahmen des § 14 TKG geprägten Verständnis überein. *Spoerr* versteht unter rechtlich selbstständigen Unternehmen im Sinne des § 14 TKG nur solche Einheiten, deren Selbstständigkeit im wirtschaftlichen Bereich rechtlich gesichert ist, *Spoerr* in: *Trute/Spoerr/Bosch,* TKG, § 14, Rn. 20. § 14 TKG regelt die strukturelle Separierung und die getrennte Buchführung von Telekommunikationsbereichen innerhalb von Unternehmen, die auf anderen Märkten als der Telekommunikation über eine marktbeherrschende Stellung verfügen. Die weitere Untersuchung muss zeigen, in wie weit im parallelen Netzsektor „Bahn“ ein ähnliches Verständnis angezeigt ist.

Konzerntöchter von der DB AG im Sinne des § 17 AktG erfüllt. Denn ein durch Beherrschungsvertrag begründeter Unterordnungskonzern erfüllt stets auch den Abhängigkeitstatbestand.[322] Dies folgt zwingend aus der in § 17 Abs. 1 AktG enthaltenen Definition, wonach unter Abhängigkeit die Möglichkeit eines (herrschenden) Unternehmens zu verstehen ist, auf ein anderes Unternehmen unmittelbar oder mittelbar einen beherrschenden Einfluss zu nehmen.

Die Möglichkeit, über einen Beherrschungsvertrag Weisungen zu erteilen, ist als unmittelbare Einflussnahmemöglichkeit das qualitativ stärkere Instrument als die (bloße) Mehrheitsbeteiligung, die die Grundlage für die Abhängigkeitsvermutung des § 17 Abs. 2 AktG bildet. Gesetzlicher Anknüpfungspunkt der Abhängigkeitsvermutung ist die durch die Stimmenmehrheit in der Hauptversammlung vermittelte Möglichkeit des Mehrheitsaktionärs-Unternehmens, die personelle Zusammensetzung des Aufsichtsrats und dadurch mittelbar auch des Vorstands zu bestimmen.[323] Abhängigkeit einer Gesellschaft ist also nicht zwingend gleichzusetzen mit deren Unterstellung unter die „einheitliche Leitung" des herrschenden Unternehmens (§ 18 Abs. 1 Satz 1 AktG), was die Voraussetzung für den Konzerntatbestand ist. Im Falle der DB AG kommt die durch Mehrheitsbeteiligung begründete Einflussnahmemöglichkeit zu der durch den Beherrschungsvertrag vermittelten Einflussnahmemöglichkeit hinzu, da die DB Holding wie gezeigt 100 % der Anteile an den sog. Führungsgesellschaften hält.[324] Damit wäre der Abhängigkeitstatbestand auch mit der Vermutung des § 17 Abs. 2 AktG zu bejahen.

Die Vermutung des § 17 Abs. 2 AktG ist grundsätzlich widerlegbar.[325] Bei der Widerlegung der Abhängigkeit ist richtigerweise zu unterscheiden zum einen nach der Widerlegung der Vermutung des § 17 Abs. 2 AktG, zum anderen nach

---

[322] *Bayer* in: MünchKommAktG, § 17, Rn. 64

[323] *Bayer* in: MünchKommAktG, § 17, Rn. 26.

[324] Vgl. dazu oben unter 1., ebenso *Delbanco* in: *Foos,* Eisenbahnrecht und Bahnreform, S. 11 (41).

[325] *Bayer* in: MünchKommAktG, § 17, Rn. 90. Würde dem Mehrheitsaktionärs-Unternehmen dieser Nachweis gelingen, wäre damit im Übrigen automatisch auch die Konzernvermutung widerlegt, vgl. *Bayer* in: MünchKommAktG, § 18, Rn. 48.

der Widerlegung der Möglichkeit, unmittelbar oder mittelbar einen beherrschenden Einfluss auf eine rechtlich selbständige Gesellschaft auszuüben, § 17 Abs. 1 AktG.[326] Denklogisch vorangehen muss allerdings zunächst die Widerlegung der Vermutung des Abs. 2, bevor ggf. nach anderen Mitteln der Beherrschung Ausschau gehalten werden müsste (z.B. Beherrschungsvertrag).

Entspräche nun der Unabhängigkeits- respektive Abhängigkeitsbegriff im Richtlinienpaket dem des § 17 AktG, würde die Widerlegung der Abhängigkeitsvermutung auf der Basis des Vorschlags der Task force bereits an § 17 Abs. 2 AktG scheitern. Voraussetzung zur Widerlegung der Abhängigkeitsvermutung in § 17 Abs. 2 AktG wäre nämlich zunächst der Nachweis, dass trotz der Mehrheitsbeteiligung keine Herrschaftsmacht begründet wird,[327] wobei der Nachweis, dass ein beherrschender Einfluss nicht ausgeübt wird, obwohl das herrschende Unternehmen dazu in der Lage wäre, nicht ausreichend ist. Die Unabhängigkeit muss vielmehr rechtlich abgesichert werden.[328] Da der Anknüpfungspunkt des Abhängigkeitstatbestandes wie gezeigt die durch die Stimmenmehrheit in der Hauptversammlung vermittelte Personalentscheidungsgewalt ist, muss das Mehrheitsaktionärs-Unternehmen rechtlich daran gehindert sein, die Besetzung des Aufsichtsrats zu beeinflussen. Eine Regelung in einer Satzung ist dazu bestenfalls dann geeignet, wenn sie auf Seiten des *abhängigen* Unternehmens für die Wahl des Aufsichtsrats eine Stimmenmehrheit vorsieht, die höher ist als der Stimmrechtsanteil des Mehrheitsaktionärs- Unternehmens.[329] Der Vorschlag der Task force, eine Satzungsanpassung beim *herrschenden* Unternehmen zum Zwecke der Widerlegung der Abhängigkeitsvermutung im Sinne des AktG vorzunehmen, ist nicht zielführend.

Die Frage ist indes, ob der Unabhängigkeitsbegriff im Richtlinienpaket einerseits und im AktG andererseits überhaupt identisch sein kann. Denn die Widerlegung der Abhängigkeitsvermutung im Sinne des § 17 Abs. 2 AktG

---

[326] *Korsmeier*, Der vertragliche Ausschluss von Abhängigkeit, S. 13 ff.
[327] *Bayer* in: MünchKommAktG, § 17, Rn. 91.
[328] *Bayer* in: MünchKommAktG, § 17, Rn. 93.
[329] *Bayer* in: MünchKommAktG, § 17, Rn. 98.

kommt nach dem eben Gesagten auf den DB Konzern bezogen von vornherein solange nicht in Betracht, wie die DB Netz eine 100 %ige Tochter der Holding ist. Die Konsequenz einer Gleichsetzung wäre eine organisationsrechtliche Struktur vertikal integrierter Eisenbahnunternehmen, bei der der Betreiber der Infrastruktur keine 100 %ige Tochter eines Anbieters von Verkehrsdienstleistungen oder einer mit Anbietern von Verkehrsdienstleistungen verbundenen Holding sein könnte. Oder anders ausgedrückt: Die DB AG (Holding) müsste zunächst die 100 %ige Anteilseignerstellung an der DB Netz AG aufgeben. Anschließend müsste aber des Weiteren, z.B. mittels der oben erläuterten Satzungsregelung bei der DB Netz und/oder sog. Entherrschungsverträgen,[330] sichergestellt werden, dass die DB AG auch für den Fall einer verbleibenden Mehrheitsbeteiligung nicht in der Lage ist, beherrschenden Einfluss auszuüben. Letztlich wäre damit auch die Konzernvermutung des § 18 Abs. 1 Satz 3 AktG widerlegt.[331] Eine solch weitreichende Konsequenz als zwingend in das Richtlinienpaket hineinzulesen scheint vor dem Hintergrund der nunmehr bekannten Formulierung in Artikel 6 Abs. 2 RL 2001/12/EG, wonach „die Mitgliedstaaten…ferner vorsehen [können], dass diese beiden Tätigkeiten[332] innerhalb desselben Unternehmens ausgeübt werden oder dass eine getrennte Einrichtung den Betrieb der Infrastruktur übernimmt“, schlicht nicht möglich.[333] Es fehlt an jeglichem Anhaltspunkt, dass die Option der Beibehaltung der beiden Bereiche Infrastruktur und Erbringung von Verkehrsleistungen innerhalb desselben Unternehmens mit der Einschränkung versehen wäre, dass der Infrastrukturbereich nur in Form einer Minderheitsbeteiligung oder einer durch Satzungsregelung beim Infrastrukturbetreiber beschränkten Mehrheitsbeteiligung mit Verkehrsdienstleistungsbereichen verbunden sein darf.

---

[330] Zum Begriff des Entherrschungsvertrags *Bayer* in: MünchKommAktG, § 17, Rn. 99.

[331] Vgl. *Krieger* in: Münch.HdB.GesR IV, § 68, Rn. 72.

[332] Gemeint ist der Bereich Betrieb der Infrastruktur einerseits, die Erbringung von Verkehrsleistungen andererseits.

[333] Diskutieren ließe sich ein solches Modell aber sicherlich. Zu denken wäre an eine direkte Anteilsmehrheit an der Netzgesellschaft beim Bund und eine bloße Minderheitsbeteiligung bei der DB AG. Hierauf wird noch zurückzukommen sein.

### 3. Zwischenergebnis

Als Zwischenergebnis bleibt es daher bei folgender Feststellung: Die bloße Anpassung der Satzung und der Geschäftsordnung der DB Holding ohne gleichzeitige Anpassung (oder ggf. Auflösung) des Beherrschungsvertrags[334] kann nicht ausreichend sein, um die Unabhängigkeit des Infrastrukturbetreibers im Sinne des Richtlinienpakets hinlänglich zu gewährleisten. Obwohl die Reichweite des Unabhängigkeitserfordernisses im Sinne der RL 2001/14/EG noch nicht präzise bestimmt wurde, kann schon zum jetzigen Zeitpunkt festgehalten werden: Die Unabhängigkeit ist jedenfalls nicht gleichzusetzen mit dem Unabhängigkeitsbegriff, wie er in § 17 AktG niedergelegt ist. Da somit die Widerlegung der Abhängigkeitsvermutung des § 17 Abs. 2 AktG gemeinschaftsrechtlich nicht erforderlich ist, scheint es so, als ob aus europarechtlicher Sicht eine Netzbetreibergesellschaft ohne weiteres im Konzernverbund mit Anbietern von Verkehrsdienstleistungen stehen kann, denn: Von einem abhängigen Unternehmen wird gem. § 18 Abs. 1 Satz 3 AktG (wiederum) vermutet, dass es mit dem herrschenden Unternehmen einen Konzern bildet. Was nun in den Richtlinien scheinbar zwanglos nebeneinander steht, die Zulässigkeit des eigentumsgestützten Verbunds der Unternehmensbereiche Netz und Betrieb einerseits, bei gleichzeitiger zwingenden Unabhängigkeit des Betreibers der Infrastruktur bezüglich der genannten Bereiche andererseits, enthält tatsächlich ein unaufgelöstes Spannungsverhältnis.[335] Erst die weitere Untersuchung muss klären, ob wirklich jede Konzernform[336] als richtlinienkonform angesehen werden kann, oder ob das Europäische Gemeinschaftsrecht die Unterstellung des Betreibers der Infrastruktur unter einheitliche Leitung einer herrschenden Gesellschaft im Ergebnis nicht generell verbietet.[337]

---

[334] (und der gesetzlichen Absicherung dieser Maßnahme)

[335] Dazu bereits oben in der Einleitung zu dieser Arbeit.

[336] Also Vertrags-, Eingliederungs-, oder faktischer Konzern als Erscheinungsformen des in der Realität am häufigsten vorkommenden Unterordnungskonzerns, vgl. *Hüffer*, AktG, § 18, Rn. 2 f.

[337] Dazu im dritten Teil.

## 4. Chinese Walls

Am Ende dieses Abschnitts kann ein kurzer Vorgriff auf die kritische Auseinandersetzung mit dem Regierungsentwurf zur dritten Novelle des AEG in Bezug auf die sog. „Chinese Walls“[338] erfolgen. Denn der Vorschlag der Task force zur Errichtung von Chinese Walls hat Eingang in den neuen § 9a Abs. 1 Nr. 5 AEG des Regierungsentwurfs gefunden.[339] Demnach sind zur Sicherung der Entscheidungsunabhängigkeit „unternehmensinterne Regelungen“ (gemeint sind gem. Begründung des Regierungsentwurfs ausdrücklich Chinese Walls)[340] zu schaffen, die die Einflussnahme von Dritten außerhalb des Betreibers der Schienenwege auf bestimmte Entscheidungsbereiche unterbinden sollen. In der wissenschaftlichen Diskussion werden Chinese Walls in diesem Zusammenhang generell als wenig Erfolg versprechend angesehen. Denn Chinese Walls sollen in den bisher bekannten Erscheinungsformen lediglich kurzfristigen und im Einzelfall auftretenden Interessenskonflikten begegnen, wohingegen das von der Task force vorgeschlagene Modell Chinese Walls als permanentes Instrument zur Sicherung der organisatorischen Unabhängigkeit vorsieht.[341] Sehr deutlich formuliert es *Ilgmann:*[342] „Die Chinese Walls mögen zwar im kurzfristigen operativen Geschäft (insbesondere von Banken) Interessenkonflikte lindern, aber in zum Teil Monate dauernden Entscheidungsprozessen wie bei der Bahn sind Chinese Walls so wirksam wie Papierwände“.

Dieser kritischen Haltung gegenüber Chinese Walls mag man insoweit zustimmen können, als deren Errichtung nicht in ein Gesamtkonzept einer Konzernorganisationsstruktur eingebunden ist, die den Diskriminierungspotentialen vertikal integrierter Eisenbahnunternehmen wirksam begegnet. Nicht völlig ausgeschlossen erscheint es hingegen, dass Chinese Walls als zusätzliches

---

338 Zum Begriff der „Chinese Walls“ oben C.I.
339 BT-Drs. 15/3280, S.7.
340 BT-Drs. 15/3280, S.16 f.
341 Vgl. zu dieser Problematik auch *Berschin*, DVBl. 2002, S. 1079 (1085).
342 *Ilgmann*, Entherrschung und Chinese Walls im DB-Konzern, S. 3, unter Bezugnahme auf ein unveröffentlichtes Gutachten von *Berschin/Dippel/Werner*.

Instrument in Verbindung mit einer solchen (gesetzlich verankerten) Unternehmensorganisationsstruktur vertikal integrierter Eisenbahnunternehmen sinnvoll sind.

### III. Ergebnis und erste Schlussfolgerungen für die zu entwickelnde richtlinienkonforme Organisationsstruktur vertikal integrierter Eisenbahnunternehmen

Die Vorschläge der Task force Zukunft der Schiene zur Umsetzung des Eisenbahninfrastrukturpakets sind, soweit sie öffentlich zugänglich sind, als lediglich punktuell zu bezeichnen. Ohne eine gesetzlich verankerte Gesamtkonzeption für ein organisationsrechtliches Modell vertikal integrierter Eisenbahnunternehmen können Einzelmaßnahmen wie die Anpassung von Satzung und Geschäftsordnung der DB Holding oder die Errichtung von Chinese Walls nicht den Anforderungen an eine richtlinienkonforme Umsetzung genügen.

Bezüglich der zu schaffenden Unabhängigkeit des Netzbetreibers von den Verkehrssparten im Sinne des Richtlinienpakets konnten folgende Erkenntnisse gewonnen werden:

- Bezogen auf die DB AG ist eine Veränderung der eigentumsrechtlichen Struktur der DB Netz aus europäischem Recht nicht zwingend abzuleiten.
- Das führt zu der Konsequenz, dass der Begriff der Unabhängigkeit, wie er dem Richtlinienpaket zugrunde liegt, nicht mit dem des § 17 Abs. 2 AktG gleichgesetzt werden kann.
- Auf der Grundlage der Vermutenskette des § 17 Abs. 2 AktG i.V.m. § 18 Abs. 1 Satz 3 AktG scheint damit eine Konzernverbindung von Netz und Betrieb nicht gegen Gemeinschaftsrecht zu verstoßen.
- Die sich anschließende Frage ist daher, ob die teleologische Auslegung des Begriffs der Unabhängigkeit des Betreibers der Infrastruktur jede Konzernform zulässt, oder ob dem europäischen Recht hier Grenzen zu entnehmen sind. Dies steht im Zentrum der nachfolgenden kritischen

Auseinandersetzung mit dem Regierungsentwurf zur dritten Novelle des AEG.

## D. Die Konzeption des Regierungsentwurfs zur dritten Novelle des Allgemeinen Eisenbahngesetzes (AEG)

### I. Einleitung

Am 10.6.2004, also fast 15 Monate nachdem die Richtlinien des Eisenbahninfrastrukturpakets der Gemeinschaft in nationales Recht hätten umgesetzt sein müssen, wurde durch die Bundesregierung der Entwurf eines Dritten Gesetzes zur Änderung eisenbahnrechtlicher Vorschriften zur Beschlussfassung in den Deutschen Bundestag eingebracht.[343] Der Entwurf enthält zur Umsetzung der gemeinschaftsrechtlichen Verpflichtungen zur Trennung von Netz und Betrieb zahlreiche Neuerungen im AEG. Die Kernvorschriften bilden in diesem Zusammenhang der geänderte § 9 AEG und insbesondere der durch die Novelle neu einzuführende § 9a AEG.[344]

§ 9 Abs. 1 AEG (in der Fassung des Entwurfs)[345] enthält die grundlegende Bestimmung, dass öffentliche Eisenbahninfrastrukturunternehmen und öffentliche Eisenbahnverkehrsunternehmen, die in irgendeiner Form miteinander verbunden sind, ihren Jahresabschluss und den Lagebericht nach den für Kapitalgesellschaften geltenden Regeln aufzustellen haben. Damit wird eine getrennte Rechnungslegung der beiden Bereiche sichergestellt. Unter öffentlichen Eisenbahnverkehrsunternehmen sind gem. der Legaldefinition in

---

343 BT-Drs. 15/3280; zum Entwurf auch *Gersdorf*, ZHR 168 (2004), S. 576 (589 ff.). *Gersdorf* bezieht sich auf den Entwurf der Fraktionen der SPD und Bündnis 90/Die Grünen, BT-Drs. 15/2743. Dieser ist weitgehend textidentisch mit dem Regierungsentwurf.

344 Vgl. *Gersdorf*, ZHR 168 (2004), S. 576 (589 ff.).

345 Soweit keine besondere Kennzeichnung erfolgt, beziehen sich die genannten Paragraphen des AEG stets auf die Fassung des Regierungsentwurfs.

§ 3 Abs. 1 Nr. 1 AEG solche zu verstehen, die „gewerbs- oder geschäftsmäßig betrieben werden und jedermann sie nach ihrer Zweckbestimmung zur Personen- oder Güterbeförderung benutzen kann." Öffentliche Eisenbahninfrastrukturunternehmen sind in Nr. 2 als solche legaldefiniert, die Zugang zu ihrer Eisenbahninfrastruktur gewähren müssen. Nach geltendem Recht liegt ein öffentliches Eisenbahninfrastrukturunternehmen u.a. dann vor, wenn es eine Eisenbahninfrastruktur betreibt, die nach ihrer Zweckbestimmung von jedem Eisenbahnverkehrsunternehmen benutzt werden kann. Die Bestimmung des Zwecks erfolgte bisher durch das Eisenbahninfrastrukturunternehmen selbst. Das kann nach den Regelungen des Eisenbahninfrastrukturpakets nicht bestehen bleiben. Die Zweckbestimmung erfolgt zukünftig daher öffentlich-rechtlich im Rahmen der Festlegung der Zugangsrechte (§ 14 AEG).[346]

§ 9 Abs. 1c Satz 1 AEG verankert den Grundsatz, dass der Betrieb der Eisenbahninfrastruktur und die Erbringung von Verkehrsleistungen in organisatorisch voneinander getrennten Unternehmensbereichen ausgeübt werden müssen. Entscheidungen über den Zugang zur Eisenbahninfrastruktur und das dafür zu entrichtende Entgelt sind von dem Unternehmensbereich zu treffen, der die Eisenbahninfrastruktur betreibt (Satz 2). § 9a AEG differenziert zusätzlich nach den sog. öffentlichen Betreibern der Schienenwege.[347] Diese sind gem. der Legaldefinition in § 3 Abs. 1 Nr. 3 AEG solche Betreiber von Schienenwegen, die Zugang zu ihren Schienenwegen gewähren müssen.[348] Den öffentlichen Betreibern von Schienenwegen werden in Bezug auf die Struktur ihres Unternehmens und im Bereich des Netzzugangs besondere Pflichten

---

[346] Vgl. Regierungsbegründung BT-Drs. 15/3280, S. 14. Nach § 14 Abs. 1 AEG ist grundsätzlich jedes Eisenbahninfrastrukturunternehmen verpflichtet, diskriminierungsfreien Zugang zur Infrastruktur zu gewähren. Ausnahmen bestehen z.B. dann, wenn Schienenwege ausschließlich zur Nutzung für den eigenen Güterverkehr betrieben werden. Gleiches gilt unter Umständen, falls örtliche oder regionale Schienenwege betroffen sind, die nicht mit anderen Schienenwegen vernetzt sind.

[347] Betreiber der Schienenwege sind eine Teilmenge der Eisenbahninfrastrukturunternehmen. Ein Betreiber der Schienenwege ist jedes Unternehmen, das für den Betrieb, den Bau und die Unterhaltung der Schienenwege der Eisenbahn zuständig ist. Der weitere Begriff des Eisenbahninfrastrukturunternehmens schließt den Betrieb sonstiger Betriebsanlagen wie Bahnhöfe mit ein, vgl. Regierungsbegründung BT-Drs. 15/3280, S. 12.

[348] BT-Drs. 15/3280, S. 5.

auferlegt. Die Bundesregierung ist der Auffassung, dass die weitere Differenzierung gem. RL 2001/14/EG zwingend sei.[349] Die besagten höheren Anforderungen bezüglich der öffentlichen Betreiber der Schienenwege finden sich insbesondere in den Absätzen 1 und 2 des § 9a AEG.[350]

Für das Verhältnis des § 9 Abs. 1c zu § 9a AEG gilt: In den Ausnahmefällen des § 9a Abs. 3, also (u.a.) soweit ein öffentlicher Betreiber von Schienenwegen nicht mit anderen Schienenwegen vernetzte örtliche und regionale Schienenetze für Eisenbahnverkehrsleistungen im Personenverkehr betreibt, gelten die verschärften Regelungen des § 9a Abs. 1 und 2 zur Trennung der Bereiche Netz und Betrieb nicht. Diese Ausnahmetatbestände stellen nach der Begründung des Entwurfs die Hauptanwendungsfälle des § 9 Abs. 1c dar, der ausweislich der Regierungsbegründung als allgemeine Regelung zur Trennung von Netz und Betrieb zu verstehen sei.[351]

## II. § 9a AEG: Zentrale Vorschrift zur Gewährleistung der Unabhängigkeit von Netz und Betrieb

Gem. § 9a Abs. 1 Satz 1 AEG müssen öffentliche Betreiber der Schienenwege rechtlich, organisatorisch und in ihren Entscheidungen von Eisenbahnverkehrsunternehmen unabhängig sein, *soweit* es Entscheidungen über die Zuweisung von Zugtrassen und über die Wegeentgelte betrifft.[352]

Zur Klarstellung sei an dieser Stelle angemerkt: Die Bundesregierung geht davon aus, dass in der Bundesrepublik derzeit rund 100 öffentliche nichtbundeseigene Eisenbahnen, die Schienenwege betreiben (also vertikal integrierte Eisenbahnunternehmen), existieren.[353] Die Vorschriften des AEG sind daher

[349] BT-Drs. 15/3280, S. 14.
[350] Ausführlich zu dieser Regelung sogleich.
[351] *Gersdorf*, ZHR 168 (2004), S. 576 (591). Mit dieser Regelung wird offensichtlich versucht, die Vorgaben des Art. 4 Abs. 2 bzw. 14 Abs. 2 RL 2001/14 EG umzusetzen.
[352] *Gersdorf*, ZHR 168 (2004), S. 576 (592).
[353] Regierungsbegründung, BT-Drs. 15/3280, S. 20.

nicht ausschließlich auf den DB-Konzern, sondern auf sämtliche öffentliche Eisenbahnen dieser Art zugeschnitten. Allerdings sind diese sonstigen Eisenbahnunternehmen praktisch von geringer Bedeutung, denn: Das Streckennetz der DB Netz umfasst rund 36.000 Km, das der sonstigen bzw. nicht bundeseigenen Eisenbahnunternehmen hingegen zusammen nur 5.000 Km.[354] Soweit tatsächlich spezifische Regelungen für Eisenbahnen des Bundes geschaffen werden (also die DB AG), wird dies durch die entsprechende Formulierung im Gesetzestext zum Ausdruck gebracht. Betroffen sind insbesondere die Aufgabenbereiche der neu zu schaffenden Trassenagentur beim Eisenbahn-Bundesamt – diese werden sogar gesondert im Bundeseisenbahnverkehrsverwaltungsgesetz geregelt.[355]

Zur Verwirklichung der Unabhängigkeit der Infrastrukturbetreiber im Hinblick auf Entscheidungen über die Trassenzuweisung und Wegeentgelte enthält § 9a Abs. 1 Nr. 1-6 folgende Maßgaben:

- aus Eisenbahnen, die sowohl Eisenbahnverkehrsunternehmen als auch Betreiber der Schienenwege sind, sind beide Bereiche jeweils auf eine oder mehrere gesonderte Gesellschaften auszugliedern (Nr. 1).

Erforderlich ist also die Wahrnehmung der beiden Funktionen durch jeweils eigenständige Gesellschaften. Eine Trennung in unterschiedliche Unternehmensbereiche innerhalb desselben Unternehmens genügt demnach nicht.[356] Bezüglich der Netzsparte des (nahezu-) Monopolisten Deutsche Bahn AG ist mit der Schaffung einer eigenen Netzbetreibergesellschaft (DB Netz AG) innerhalb des Konzernverbunds die rechtliche Unabhängigkeit bereits seit der zweiten Stufe der Bahnreform verwirklicht. Aufgrund der Einbindung der DB Netz in einen Vertragskonzern ist im Hinblick auf die Unabhängigkeit im Grunde aber noch nichts gewonnen. Die eigentliche Aufgabe ist daher die Verwirklichung der organisatorischen Unabhängigkeit und der Unabhängigkeit in den Entscheidungen. Dazu sollen die nachfolgenden weiteren Maßnahmen dienen:

---

[354] Vgl. dazu die Regierungsbegründung, BT-Drs. 15/3280, S. 20.
[355] Vgl. Regierungsbegründung, BT-Drs. 15/3280, S. 20.
[356] *Gersdorf*, ZHR 168 (2004), S. 576 (592).

- Verträge des Betreibers der Schienenwege mit Dritten sind so zu gestalten, dass seine organisatorische Selbstständigkeit gewährleistet ist (Nr. 2).
- Entscheidungen über den Netzfahrplan, die sonstige Zuweisung von Zugtrassen und die Entscheidungen über die Wegeentgelte sind nur von dem Personal des Betreibers der Schienenwege zu treffen, das keine Funktionen in Eisenbahnverkehrsunternehmen oder mit diesen verbunden Unternehmen ausübt (Nr. 3).
- Weisungen Dritter gegenüber dem Betreiber der Schienenwege oder seinem Personal in Bezug auf Entscheidungen über den Netzfahrplan, die sonstige Zuweisung von Zugtrassen und die Entscheidungen über die Wegeentgelte sind unzulässig (Nr. 4).
- In Unternehmen gem. § 9 Abs. 1 Satz 1 Nr. 2 und Nr. 3[357] sind unternehmensinterne Regelungen zu schaffen, aufrecht zu erhalten und zu veröffentlichen, die die Einflussnahme von Dritten außerhalb des Betreibers der Schienenwege auf die Entscheidungen über den Netzfahrplan, die sonstige Zuweisung von Zugtrassen und Entscheidungen über die Wegeentgelte unterbinden;[358] darin ist insbesondere festzulegen, welche besonderen Pflichten die Mitarbeiter zur Verhinderung solcher Einflussnahmen haben; Betreiber der Schienenwege sind zudem auf Verlangen der zuständigen Aufsichtsbehörde verpflichtet, dieser einen Beauftragten zu benennen, der über die Einhaltung der Regelungen wacht; der Beauftragte hat jährlich einen Bericht über die aufgetretenen Problemfälle und die getroffenen Maßnahmen der zuständigen Aufsichtsbehörde vorzulegen (Nr. 5).
- In Unternehmen gem. § 9 Abs. 1 Satz 1 Nr. 2 und Nr. 3[359] sind die Aufsichtsräte getrennt zu besetzen; dazu dürfen dem Aufsichtsrat des Betreibers der Schienenwege keine Mitglieder der Aufsichtsräte von

---

[357] Das sind Eisenbahnverkehrs- bzw. Infrastrukturunternehmen, die in einem Konzernverbund mit dem jeweils anderen Bereich stehen.

[358] Damit sind die oben unter C.II.4. erläuterten und von der Task force vorgeschlagenen „Chinese Walls“ gemeint, Regierungsbegründung BT-Drs. 15/3280, S. 16 f.; dazu auch *Gersdorf*, ZHR 168 (2004), S. 576 (593).

[359] Vgl. vorletzte Fn.

Unternehmen gem. § 9 Abs. 1 Satz 1 Nr. 2 und Nr. 3 sowie deren Angehörige angehören; dies gilt auch für sonstige Beteiligungen des Mutterunternehmens (Nr. 6).

Gem. § 9a Abs. 2 AEG sind Verträge, die der Verwirklichung der Verpflichtungen nach Absatz 1 entgegenstehen, bis spätestens sechs Monate nach Inkrafttreten des Gesetzes diesen Verpflichtungen anzupassen oder zu kündigen. Gemeint sind mit diesen Verträgen laut Regierungsbegründung insbesondere Gewinnabführungs- und Beherrschungsverträge.[360] Da allerdings selbst die Bundesregierung wohl nicht mit der tatsächlichen Inanspruchnahme der Sonderkündigungsmöglichkeit durch einen beherrschten Betreiber der Schienenwege für den Fall einer nicht zustande kommenden Einigung rechnet, soll gem. Abs. 2 Satz 2 sechs Monate nach Inkrafttreten des Gesetzes zwingend ein Verbot von entsprechenden Verträgen durch die zuständige Aufsichtsbehörde *insoweit* erfolgen, als diese den Vorgaben des Abs. 1 entgegen stehen.

Durch die Verpflichtung zur Anpassung von Beherrschungsverträgen wird das durch § 308 AktG vermittelte (vertrags-) konzernrechtliche Weisungsrecht der DB AG bezüglich Trassenvergabe und Trassenpreissetzung gegenüber der DB Netz beschnitten. Nicht verlangt wird hingegen die vollständige Beseitigung derartiger Verträge. Die anders lautende Interpretation *Gersdorfs*[361] ist nicht nachvollziehbar.[362] *Gersdorf* kommt zu dem Schluss, dass im Entwurf zur Neufassung des AEG das vollständige Verbot von Beherrschungs- und Gewinnabführungsverträgen angelegt ist; darüber hinaus soll der Entwurf sogar das Verbot des faktischen Konzerns enthalten.[363] Bereits Ersteres entspricht weder dem Wortlaut des § 9a AEG, noch lässt sich dieses Ergebnis widerspruchsfrei in *Gersdorfs* eigene Ausführungen einordnen. Gem. der ausdrücklichen Formulierung des § 9a Abs. 2 Satz 1 AEG sind die genannten

---

[360] BT-Drs. 15/3280, S. 17.

[361] *Gersdorf*, ZHR 168 (2004), S. 576 (594).

[362] Damit ist keineswegs gesagt, dass dieses Ergebnis nicht aus den gemeinschaftsrechtlichen Vorgaben selbst folgt. Lediglich die Konzeption des Regierungsentwurfs enthält keinen Ansatzpunkt für eine solche Auslegung.

[363] *Gersdorf*, ZHR 168 (2004), S. 576 (594 f.).

Verträge anzupassen *oder* zu kündigen. Die Möglichkeit der Anpassung von Beherrschungs- bzw. Gewinnabführungsverträgen setzt aber denklogisch voraus, dass diese Verträge nicht in jedem Fall aufzulösen sind. Gem. Satz 2 hat zudem die zuständige Aufsichtsbehörde *entsprechende Bestimmungen* in Verträgen *insoweit* zu verbieten (als diese nicht den Verpflichtungen nach Absatz 1 entsprechen). Auch nach dieser Formulierung wird die Zulässigkeit der genannten Verträge unter bestimmten Bedingungen vorausgesetzt. Zulässig sind sie in der Diktion des § 9a Abs. 1 AEG, soweit ein Betreiber der Schienenwege hinsichtlich der „Entscheidungen über die Zuweisung von Zugtrassen und über die Wegeentgelte" unabhängig von Eisenbahnverkehrsunternehmen ist.

Auch *Gersdorf* führt zunächst zu § 9a Abs. 1 Satz 2 Nr. 1 aus: „Danach sind Verträge des Betreibers der Schienenwege mit Dritten so zu gestalten, dass seine organisatorische Selbstständigkeit gewährleistet ist…Sie[364] zielt vor allem auf die Gewinnabführungs- und Beherrschungsverträge, die zwischen der DB AG und der DB Netz AG bestehen…Sofern keine einvernehmliche Vertragsanpassung erreichbar ist, besteht ein Sonderkündigungsrecht des Betreibers der Schienenwege zur Anpassung entgegenstehender Verträge."[365] Wie sich diese Aussagen mit der späteren Behauptung in Einklang bringen lässt, § 9a AEG verbiete generell Gewinnabführungs- und Beherrschungsverträge, bleibt unklar.

Fazit: Die Regelungen des § 9a Abs. 1 und Abs. 2 AEG zielen insbesondere auf die Einschränkung des vertragskonzernrechtlichen Weisungsrechts aus § 308 AktG im Hinblick auf die Trassenvergabe und die Trassenpreissetzung ab. Denn insoweit muss die Netzbetreibergesellschaft rechtlich, organisatorisch und in ihren Entscheidungen unabhängig von Eisenbahnverkehrsunternehmen sein. Ein vollständiges Verbot des Vertragskonzerns – geschweige denn des faktischen Konzerns – enthält die Vorschrift hingegen nicht. Im Gegenteil, das AEG in der Konzeption des Regierungsentwurfs legitimiert die Inanspruchnahme der Option

[364] Gemeint ist die Regelung.
[365] *Gersdorf*, ZHR 168 (2004), S. 576 (592).

für ein Organisationsmodell vertikal integrierter Eisenbahnunternehmen, das als „modifizierter Vertragskonzern" bezeichnet werden kann.

Die grundsätzliche Zulässigkeit dieses Organisationsmodells „modifizierter Vertragskonzern" einmal unterstellt,[366] muss, wie sogleich gezeigt wird, § 9a AEG jedenfalls um die Pflicht für die herrschende Gesellschaft, sich der Erteilung von Weisungen im Hinblick auf die Entwicklung des Netzsystems zu enthalten, erweitert werden.

### III. Ergänzende Auslegung: Unabhängigkeit der Netzsparte in Bezug auf die Netzentwicklung

Die Unabhängigkeit der Netzsparte im Hinblick auf die Netzentwicklung ist zwingend geboten.[367] Anderenfalls könnte gerade in der Konstellation des (modifizierten) Vertragskonzerns die herrschende Holding über die Einflussnahme auf den Neubau von Strecken, aber auch den Ausbau bzw. die Stilllegung vorhandener Trassen die europarechtlich gebotene Unabhängigkeit des Betreibers der Infrastruktur in Fragen der Trassenvergabe und Trassenpreisfestsetzung ohne formale Weisungen zu Lasten von Wettbewerbern auf den Verkehrsmärkten beeinflussen. Zur Verdeutlichung soll auf die nachfolgenden Szenarien zurückgegriffen werden:

#### 1. Neubau von Trassen

Es soll (etwa auf politischen Wunsch hin) eine Hochgeschwindigkeitstrasse – wie z.B. die Strecke Nürnberg-Ingolstadt-München, oder Nürnberg-Erfurt-Leipzig, deren Rentabilitätsberechnung in Fachkreisen bereits von Anfang an Anlass zu größten Zweifeln gegeben hat, und deren Realisierung sodann

---

[366] Dazu ausführlich in Abschnitt F.

[367] *Berschin*, DVBl. 2002, S. 1079 (1084).

ungeheure Summen verschlingt, weit mehr als ursprünglich geplant[368] – gebaut werden. Es sei also angenommen, im Fall des DB-Konzerns beschließt die Holding[369] die Realisierung eines solchen (Prestige-) Projekts, bedingt sich aber bei dem/den an der Realisierung interessierten Bundesland/-ländern aus, dass der Konzern (bzw. die entsprechende Konzerntochter) im Gegenzug beim Personennahverkehr den Zuschlag bekommt.[370] Die DB Netz wird angewiesen (vom Wortlaut des § 9a AEG ausgehend völlig rechtskonform), das Netzprojekt voranzutreiben.[371] Der spätere Trassenpreis entspricht dem gängigen Preis für Hochgeschwindigkeitstrassen nach dem Trassenpreissystem der DB Netz,[372] ist also verhältnismäßig teuer. Auch diesbezüglich sowie im Hinblick auf die Trassenvergabe enthält sich die DB Holding rechtskonform jeglicher Vorgabe. Wie vorherzusehen war, findet sich außer der DB Reise & Touristik, und ggf. auch diese nur auf Weisung der Holding, kein Nachfrager für die gegenständliche Trasse, da sich der Fahrbetrieb jedenfalls in der Sparte Hochgeschwindigkeit nicht rechnet. Profit lässt sich für die Holding insgesamt nur in Verbindung mit der „Gegenleistung" erwirtschaften. Die DB Netz ist also

---

[368] Vgl. dazu *Ewers/Ilgmann*, Zukunft des Schienenverkehrs, S. 17.

[369] Natürlich muss ein solcher Beschluss in die einschlägigen planungsrechtlichen Grundlagen, angefangen beim Bundesschienenwegeausbaugesetz, eingebettet sein. Daran kann man aber bereits erkennen, dass die Verquickung von Netz und Betrieb innerhalb eines Konzerns nur eines der Probleme darstellt. Viel schwerer dürfte im Hinblick auf die Gefahr der Umsetzung volkswirtschaftlich unsinniger Projekte durch die Verkehrspolitik der Umstand wiegen, dass die Deutsche Bahn AG zu 100 % im Eigentum des Bundes steht. Dieser Aspekt kann im Rahmen dieser Untersuchung jedoch nicht vertieft werden.

[370] Auch dieses Szenario ist keinesfalls bloße Fiktion. Derartige Koppelungsgeschäfte, oder zumindest entsprechende Verdachtsmomente, sind in der jüngeren Vergangenheit immer wieder aufgetaucht. Der Wirtschaftsminister des Freistaats Thüringen, *Franz Schuster*, hat sich z.B. im Zuge des Abschlusses eines langfristigen Vertrags über Nahverkehrsleistungen mit der DB AG anstatt mit interessierten Wettbewerbern (Connex) dahingehend geäußert, dass private Eisenbahnunternehmen weder Bahnhöfe noch Schienen bauen würden, sondern nur vorhandene Linien befahren wollten, so dass der beabsichtigte Einstieg von Connex-Zügen in das Thüringer Nahverkehrsnetz nicht vom Freistaat gefördert werde. Der Freistaat habe ein Interesse, dass in die Infrastruktur investiert werde, die Hochgeschwindigkeitsstrecke gebaut und mit anderen Verkehrsachsen vernetzt werde, vgl. Ostthüringer Zeitung vom 14.5. 2003.

[371] Zu den umfangreichen planungsrechtlichen Voraussetzungen der Realisierung eines Vorhabens zum Bau einer Eisenbahntrasse im Überblick *Ronellenfitsch* in: *Foos*, Eisenbahnrecht und Bahnreform, S. 141 ff.

[372] Die Frage nach dem etwaigen Diskriminierungspotential dieses Trassenpreissystems sei hier noch ausgeblendet.

darauf angewiesen, dass das Schwesterunternehmen die Trasse einkauft, will sie diese überhaupt am Markt platzieren.

Auf diese Weise, das zeigt das Beispiel, kann die Holding auf wirtschaftliche Entscheidungsprozesse der DB Netz Einfluss nehmen. Die Holding verfügt über einen wirkungsvollen Hebel, die Vergabe von Trassen subtil nach Konzerninteressen zu beeinflussen. Eine formale Weisung im Sinne des § 308 AktG ist hierzu überhaupt nicht erforderlich. Durch die Existenz von Beherrschungs- und Gewinnabführungsverträgen wird zudem die wirtschaftliche Unselbstständigkeit der Netzgesellschaft insgesamt begründet. Die den Vertragskonzern kennzeichnende Ausrichtung des wirtschaftlichen Erfolgs allein auf die Konzernobergesellschaft bzw. den Gesamtkonzern erhöht die Gefahr verbotener Quersubventionierungen, da eine Tochtergesellschaft weder über die rechtlichen Möglichkeiten verfügt, noch ein Interesse daran hat, Maßnahmen, die zwar für den Gesamtkonzern von Vorteil, für sie selbst aber nachteilig sind, zu verhindern.[373] Eine ausführliche Darstellung dieser Problematik der fehlenden Unabhängigkeit des Betreibers der Infrastruktur in einem Vertragskonzern mit Gewinnabführungsverträgen erfolgt unter F.VI.2. Ein Aspekt, der das Problem illustriert, kann aber an dieser Stelle schon genannt werden: Die im Vertragskonzern bestehende Verpflichtung der Konzernobergesellschaft zur Übernahme von Verlusten der Tochterunternehmen (§ 302 Abs.1 AktG) verhindert im dargelegten Beispiel zwar die Entstehung eines finanziellen Nachteils für die DB Netz, allerdings liegt die Gefahr auf der Hand, dass diese auch keinerlei Interesse hat, die Vergabe von Trassen nach Gesichtspunkten des Marktes vorzunehmen.[374]

---

[373] Zum Begriff der Quersubvention oben, Teil 1, C.I.4.c.bb.

[374] Daran sieht man schon, dass ein wirksames Unbundling die wirtschaftliche Selbstständigkeit des Netzbetreibers im Sinne einer Ergebnisverantwortung voraussetzt, doch dazu später ausführlich unter F.VI.

## 2. Unterlassener Ausbau bzw. Stilllegung vorhandener Trassen

Eine weitere Möglichkeit für die DB Holding, die gemeinschaftsrechtlich verankerte Unabhängigkeit des Betreibers der Infrastruktur in Fragen der Trassenvergabe und Trassenpreisfestsetzung über die Einflussnahme auf die Netzentwicklung zu beeinträchtigen, lässt sich auch im umgekehrten Fall zum obigen Szenario finden, also im Fall von Vorgaben zum Unterlassen eines Ausbaus bzw. Vorgaben zur Stilllegung von bestehenden Trassen. Hier bestünde für die DB AG grundsätzlich die Möglichkeit, eine Strategie der „Austrocknung" von solchen Konkurrenten zu verfolgen, die etwa nur regional agieren (können) bzw. nur einzelne überregionale Strecken bewirtschaften. Wenngleich auch die DB Netz und damit letztlich der Gesamtkonzern bei dieser Vorgehensweise auf einer bestimmten Strecke nicht die aufgrund der Marktnachfrage möglichen Trassenpreiserlöse erwirtschaften könnte, bestünde für den DB-Konzern aufgrund seiner bundesweiten Aktivitäten die Möglichkeit zur Kompensation, für einen Wettbewerber dagegen wäre es das Aus. Übrig blieben als Nachfrager von Trassen wiederum nur die DB- Betriebstöchter.[375]

### a. Europarechtliche Vorgaben zum Ausbau vorhandener Trassen

Explizit enthalten die Richtlinien des Eisenbahninfrastrukturpakets nur im Hinblick auf den Ausbau von (überlasteten) Fahrwegen Regelungen zur Unabhängigkeit des Netzbetreibers in der Netzentwicklung. Namentlich in den Artikeln 22, 25 und 26 RL 2001/14/EG finden sich vergleichsweise detaillierte Regelungen zu den sog. überlasteten Fahrwegen.[376] Gem. Artikel 22 Abs. 1 RL 2001/14/EG hat der Betreiber der Infrastruktur in Fällen, in denen Anträgen auf die Zuweisung von Fahrwegkapazität nach Koordinierung der beantragten Zugtrassen und nach Konsultation der Antragsteller nicht in angemessenem

[375] Zum grundsätzlich bestehenden Anreiz für das vertikal integrierten Unternehmen zu solchem Verhalten vgl. Teil 1, C.I.4.

[376] Dazu *Holst* in: *Frohnmeyer/Mückenhausen*, § 23 Rn. 17.

Umfang stattgegeben werden kann, den betreffenden Fahrwegabschnitt unverzüglich für überlastet zu erklären. Gleiches gilt gem. Satz 2 für Fahrwege, bei denen abzusehen ist, dass ihre Kapazität in naher Zukunft nicht ausreichen wird. Ist einer der genannten Fälle eingetreten und ist die entsprechende Mitteilung erfolgt, hat der Betreiber der Infrastruktur eine Kapazitätsanalyse durchzuführen, Art. 22 Abs. 2 RL 2001/14/EG. Innerhalb von sechs Monaten nach Abschluss der Kapazitätsanalyse, die ihrerseits innerhalb von sechs Monaten abzuschließen ist, hat der Betreiber der Infrastruktur nach vorheriger Konsultation der Nutzer der betreffenden überlasteten Fahrwege einen Plan zur Erhöhung der Fahrwegkapazität zu erstellen und der zuständigen Eisenbahnaufsichtsbehörde zur Kenntnisnahme vorzulegen. Ziel soll bei entsprechender wirtschaftlicher Vertretbarkeit neben anderen möglichen Maßnahmen der Ausbau der Kapazitäten sein, Artikel 25 Abs. 1, Abs. 2, Artikel 26 Abs. 1, Abs. 2 RL 2001/14/EG.

Dieses Regelungsregime setzt zwingend voraus, dass der Betreiber der Infrastruktur, in Deutschland also zuvörderst die DB Netz, unabhängig in der Netzentwicklung ist. Denn als Betreiberin der Infrastruktur trägt sie die Verantwortung für die ausreichende Bereitstellung von Fahrwegkapazitäten. Ausdrücklich folgt dieses Ergebnis aus dem nunmehr bekannten Wortlaut des Art. 14 Abs. 2 RL 2001/14/ EG: „Ist der Betreiber der Infrastruktur rechtlich, organisatorisch oder in seinen Entscheidungen nicht von Eisenbahnunternehmen unabhängig, so werden die in Absatz 1 genannten *und in diesem Kapitel im weiteren dargelegten Aufgaben* von einer entgelterhebenden Stelle wahrgenommen, …“ Zu diesen weiteren dargelegten Aufgaben des Kapitel III gehört gem. den Artikeln 22 ff. eben auch der Bereich der Netzentwicklung als Teilbereich der Zuweisung von Fahrwegkapazität.

### b. Umsetzung in nationales Recht

Die Umsetzung der Art. 22 ff. RL 2001/14/EG soll nicht im AEG erfolgen, sondern in der neu zu fassenden Eisenbahninfrastrukturbenutzungsverordnung (EIBV).[377]

Aus der Verweisungssynopse in der Begründung des *Referentenentwurfs*[378] zur AEG -Novelle geht hervor, dass Artikel 14 Abs. 2 RL 2001/14/EG durch § 9a AEG umgesetzt wird. Diese Ansicht ist falsch, enthält § 9a AEG (auch in der späteren Fassung des Regierungsentwurfs) doch gerade nicht die entscheidende Verweisung auf die „in diesem Kapitel im weiteren dargelegten Aufgaben". § 9a AEG benennt nur die übergeordneten Aufgabenbereiche der Entscheidung über die Zuweisung von Zugtrassen und die Wegeentgelte. Von einer Umsetzung könnte daher bestenfalls dann gesprochen werden, wenn § 9a AEG, respektive der Aspekt der Zuweisung von Fahrwegkapazitäten so ausgelegt wird, dass die Entwicklung der Infrastruktur, wie es Art. 14 Abs. 2 verlangt, miterfasst wird.

### c. Stilllegung von Strecken: nationale Regelung in § 11 AEG

Die Stilllegung von Trassen ist gemeinschaftsrechtlich nicht explizit geregelt. Eine gesetzliche Regelung hierzu findet sich allerdings auf nationaler Ebene in § 11 AEG (bereits in der am 1.1.1994 in Kraft getretenen Fassung).[379] Diese Norm ist zwar in erster Linie Ausfluss der in Art. 87e Abs. 4 GG grundgesetzlich verankerten Verantwortung des Bundes, für die angemessene Bereitstellung von Schienenwegen zu sorgen, es ist aber gleichwohl anerkannt, dass darüber hinaus Eisenbahnverkehrsunternehmen (Nicht- Konzerntöchter der

---

[377] Dies geht aus der Begründung des Referentenentwurfs, Stand 10.12.2003, S. 20 ff. hervor.

[378] Referentenentwurf eines Dritten Gesetzes zur Änderung eisenbahnrechtlicher Vorschriften, Verweisungsliste Richtlinien, Stand 10.12.2003, S. 7.

[379] Zu dieser Regelung *Geiger* in: *Ronellenfitsch/Schweinsberg*, Aktuelle Probleme des Eisenbahnrechts VI, S. 201 ff.

DB AG) geschützt werden sollen, die auf die Infrastruktur angewiesen sind.[380] In der Vergangenheit ist es des Öfteren vorgekommen, dass die DB Netz die Vorschrift des § 11 AEG umgangen hat, indem Strecken nicht, wie es § 11 Abs. 2 Satz 3 AEG vorschreibt, bis zur Genehmigung der Stilllegung weiter betrieben, sondern schlicht aufgrund „technischer Gründe" gesperrt wurden, was eine faktische Stilllegung bedeutet.[381] Damit wird Dritten auch die ihnen in § 11 Abs. 1 und 1a AEG eingeräumte Möglichkeit zur Übernahme der Infrastruktureinrichtung abgeschnitten. Diese Praxis hat der DB AG folglich auch den Vorwurf eingebracht, die faktische Stilllegung als Instrument zur Verhinderung von Wettbewerb zu missbrauchen.[382]

Auch dieser Aspekt zeigt, wie wichtig die Unabhängigkeit der Netzbetreibergesellschaft von Eisenbahnverkehrsunternehmen bezüglich der Netzentwicklung ist, um die gemeinschaftsrechtlich verlangte Unabhängigkeit im Hinblick auf die Zuweisung von Fahrwegkapazität zu gewährleisten. Im Netzsektor Elektrizität bringt das Gemeinschaftsrecht dies im Übrigen noch weit stärker zum Ausdruck als im Sektor Eisenbahn:

### 3. Gemeinschaftsrechtliche Vorgaben zur Unabhängigkeit des Netzbetreibers bez. der Netzentwicklung im Netzsektor Elektrizitätswirtschaft

Noch deutlicher als im Netzsektor Bahn tritt die Bedeutung der Unabhängigkeit des Infrastrukturbetreibers in der Netzentwicklung im Netzsektor Energiewirtschaft hervor: Dort finden sich in der Elektrizitätsbinnenmarktrichtlinie (RL 2003/54/EG)[383] verschiedene Vorschriften zur Entflechtung vertikal integrierter Elektrizitätsunternehmen (Art. 10 bez.

---

[380] *Frotscher/Kramer*, NVwZ 2001, S. 24 (30), a.A. *Geiger* in: *Ronellenfitsch/Schweinsberg*, Aktuelle Probleme des Eisenbahnrechts VI, S. 201 (211).

[381] *Frotscher/Kramer*, NVwZ 2001, S. 24 (32).

[382] Vgl. dazu die Stellungnahmen auf den Internetseiten von „Mehr Bahnen! Vereinigung für Wettbewerb im Schienenverkehr e.V. " unter: http://www.mehr-bahnen.de/schwarzbuch.php3?id=170&begriff=Stilllegung&start=20&limit=10

[383] EG-Abl. Nr. L 176, S. 37 ff.

Übertragungsnetzbetreibern, Art. 15 bez. Verteilernetzbetreibern, Art. 17 bez. Kombinationsnetzbetreiber). Im Wortlaut sind die genannten Vorschriften nahezu identisch und enthalten folgende Maßgaben, wie exemplarisch anhand von Art. 10 Abs. 1 gezeigt werden soll:

> „Gehört der Übertragungsnetzbetreiber zu einem vertikal integrierten Unternehmen, so muss er zumindest hinsichtlich seiner Rechtsform, Organisation und Entscheidungsgewalt unabhängig von den übrigen Tätigkeitsbereichen sein, die nicht mit der Übertragung zusammenhängen"

In Abs. 2 heißt es weiter:

> „Um die Unabhängigkeit eines Übertragungsnetzbetreibers gem. Absatz 1 sicherzustellen, sind die folgenden Mindestkriterien anzuwenden:
>
> (…)
>
> c) der Übertragungsnetzbetreiber hat in Bezug auf Vermögenswerte, die für den Betrieb, die Wartung oder den *Ausbau* des Netzes erforderlich sind, tatsächliche Entscheidungsbefugnisse, die er unabhängig von dem integrierten Elektrizitätsunternehmen ausübt… Dies erlaubt es dem Mutterunternehmen nicht, *Weisungen bezüglich des laufenden Betriebs oder einzelner Entscheidungen über den Bau oder die Modernisierungen von Übertragungsleitungen zu erteilen,*[384] die über den Rahmen des genehmigten Finanzplans oder eines gleichwertigen Instruments nicht hinausgehen;"

Es zeigt sich mithin sehr deutlich: Die Unabhängigkeit des Netzbetreibers in Fragen der Entwicklung seines Netzes ist ein sektorübergreifender Grundsatz des Europäischen Gemeinschaftsrechts für die Regulierung von Netzwirtschaften.

---

[384] Hervorhebung der Textstelle durch den Verfasser.

### 4. Zwischenergebnis

Die Einflussnahme des herrschenden Unternehmens auf die Netzsparte innerhalb eines vertikal integrierten Eisenbahnunternehmens bezüglich der Infrastrukturentwicklung führt zur fehlenden Unabhängigkeit der Netzsparte in den Entscheidungen über den Trassenzugang.[385] Wettbewerber auf den Verkehrsmärkten finden ein Infrastrukturnetz vor, das im Hinblick auf technologische Ausstattung, Ausbauprioritäten etc. auf die langfristigen Bedarfsanforderungen der konzernangehörigen Transportgesellschaften zugeschnitten ist.[386] Das Europäische Gemeinschaftsrecht erkennt diese Diskriminierungspotentiale, die sich durch den Einfluss des herrschenden Unternehmens auf die Netzentwicklung im vertikal integrierten Unternehmen eines Netzsektors ergeben können. Daher verlangt RL 2001/14/EG die Unabhängigkeit des Betreibers der Infrastruktur in Fragen der Netzentwicklung. In Art. 14 Abs. 2 RL 2001/14/EG kommt dies explizit zum Ausdruck, deutlich präziser allerdings wird der Aspekt der Unabhängigkeit des Netzbetreibers in Fragen der Netzentwicklung in der Elektrizitätsbinnenmarktrichtlinie 2003/54/EG geregelt.

§ 9a AEG greift in seinem Wortlaut diesbezüglich zu kurz. Sollte sich die Zulässigkeit eines Organisationsmodells „modifizierter Vertragskonzern" überhaupt bejahen lassen, so müsste die Anpassung von Beherrschungsverträgen jedenfalls auch ein Verbot von Weisungen bezüglich der Netzentwicklung zum Gegenstand haben.[387]

---

[385] Vgl. *Berschin*, DVBl. 2002, S.1079 (1084).
[386] *Berschin*, DVBl. 2002, S.1079 (1084).
[387] Im Ergebnis auch *Berschin*, DVBl. 2002, S. 1079 (1084).

## E. Ergebnis und weiterer Gang der Untersuchung

Als Ergebnis des Abschnitts lässt sich folgendes Bild festhalten:

Einerseits lässt der Regierungsentwurf die Option für ein Organisationsmodell „Vertragskonzern" (in Form von Beherrschungs- in Verbindung mit Gewinnabführungsverträgen) für vertikal integrierte Eisenbahnunternehmen zu,[388] andererseits werden Kernelemente dieses Instituts durch das Gewerbegesetz AEG überlagert und dadurch stark modifiziert. Namentlich wird das vertragskonzernrechtliche Weisungsrecht der herrschenden Gesellschaft gegenüber der Netzbetreibergesellschaft umfassend eingeschränkt. Teilweise wird dies nicht als besonderes Problem wahrgenommen.[389] Andere sehen in der Einschränkung der Leitungsmacht der Konzernobergesellschaft (bzw. der dem Aktiengesetz vermeintlich immanenten Konzernleitungspflicht) im Vertragskonzern eine schwere Verwerfung im Aktienrecht, die auf eine unter verfassungsrechtlichen Gesichtspunkten problematischen Schaffung einer spezialgesetzlichen Aktiengesellschaft hinauslaufe. Dies führe zu einer Täuschung des Rechtsverkehrs.[390] Diesem Aspekt ist in der weiteren Untersuchung nachzugehen. Folgende Fragen werden zu klären sein:

1. Führt die nach dem Regierungsentwurf mögliche Option für ein Organisationsmodell „modifizierter Vertragskonzern" zu einer

---

[388] A.A. *Gersdorf*, ZHR 168 (2004), S. 576 (594).

[389] Etwa *Ronellenfitsch*, DVBl. 2002, S. 657 (667)

[390] *Berschin*, DVBl. 2002, S. 1079 (1085). Die (grundsätzlich berechtigte) Kritik *Berschins* formuliert allerdings nicht in letzter Klarheit, dass der befürchtete Systembruch vor allem durch die Möglichkeit der Beibehaltung des Vertragskonzernmodells bei gleichzeitiger umfangreicher Einschränkung des Weisungsrechts aus § 308 AktG auftritt. Es wird zwar einerseits von den europarechtlich gebotenen und systematisch bedenklichen erheblichen Eingriffen „im Bezug auf die Einschränkung der Weisungsmöglichkeiten" gesprochen, dabei ist aber stets und undifferenziert vom „Konzern" die Rede. Im faktischen Konzern indes gibt es keine Einflussnahme der herrschenden Gesellschaft durch Weisung. *Gersdorf*, der den Systembruch mit dem Aktiengesetz ebenfalls konstatiert und dabei auf *Berschin* Bezug nimmt, macht den Systembruch an der durch § 9a AEG angeblich untersagten Möglichkeit zum Abschluss eines Beherrschungsvertrags im Fall des Eisenbahnkonzerns fest, *Gersdorf*, ZHR 168 (2004), S. 576 (594). Das ist sicherlich unzutreffend, weil § 9a AEG Beherrschungsverträge nicht in jedem Fall untersagt, dazu oben D.II.

Verwässerung oder sogar zu einem Bruch in der Systematik des „Vertragskonzerns" und in wie fern stellt dies ein Rechtsproblem dar?

Neben dem (den) systematischen Aspekt(en) im deutschen Aktienkonzernrecht ist des Weiteren zu untersuchen, ob

2. auf der Basis eines Vertragskonzerns überhaupt eine ordnungsgemäße Umsetzung der Maßgaben des Eisenbahninfrastrukturpakets gewährleistet werden kann.

## F. Kritische Würdigung der nach dem Regierungsentwurf zur dritten Novelle des AEG möglichen Beibehaltung des Vertragskonzerns als Organisationsmodell für vertikal integrierte Eisenbahnunternehmen

### I. Möglicher Systembruch: Das Prinzip Herrschaft = Haftung

Ein Aspekt, der einem Grundprinzip des Vertragskonzerns entgegenstehen könnte, wurde bereit angedeutet: Die Einschränkung der Leitungsmacht des herrschenden Unternehmens als Verstoß gegen die möglicherweise bestehende Konzernleitungspflicht.[391] Doch bevor hierzu eine eingehende Untersuchung erfolgt, ist zunächst auf einen möglichen weiteren Bruch mit dem System des Vertragskonzerns einzugehen, der im Zusammenhang mit der ebenfalls bereits erwähnten[392] Haftungsfolge des § 302 AktG steht:

Die Systematik des aktienrechtlichen Vertragskonzerns beruht der Sache nach auf dem Prinzip „Herrschaft = Haftung".[393] Jedenfalls findet sich in der Begründung des Regierungsentwurfs zum AktG 1965 hinsichtlich § 302 AktG

---

391 Zur Konzernleitungspflicht unter Bezugnahme auf die Situation im DB Konzern *Berschin*, DVBl. 2002, S. 1079 (1081 f.).

392 Dazu oben D.III.1.

393 *Bitter*, Konzernrechtliche Durchgriffshaftung bei Personengesellschaften, S. 349, m.w.N.

folgende Formulierung: „Wer die Geschicke der Gesellschaft bestimmen kann oder ihren ganzen Gewinn erhält, muss auch für Verluste einstehen.“[394] Die Verlustausgleichspflicht des § 302 AktG stellt somit das Korrelat der umfassenden Eingriffskompetenz des herrschenden Unternehmens im Vertragskonzern dar.[395] Systematische Bedenken bezüglich des gesetzlich teilentherrschten integrierten Bahnkonzerns könnten sich aus folgendem Umstand ergeben:

In der Konzeption des § 9a AEG findet man eine Situation vor, in der die Einflussnahme eines herrschenden Unternehmens in wesentlichen Fragen der Absatz- und Preispolitik öffentlicher Betreiber von Schienenwegen ungeachtet des Willens der beteiligten Unternehmen gesetzlich untersagt ist.[396] Gleichwohl verbleibt es aber bei der umfassenden Verlustausgleichspflicht des § 302 AktG. Ein Ausgleich in Form einer Regelung, die die Haftung des herrschenden Unternehmens entsprechend entfallen lässt, enthält das AEG nicht. Lediglich die organschaftliche Haftung der Mitglieder von Organen des Mutterunternehmens für Vorgänge in Bereichen, auf die diese Mitglieder nach dem AEG keinen Einfluss ausüben dürfen und tatsächlich nicht ausgeübt haben, ist nach § 9a Abs. 6 AEG ausgeschlossen.

Auf der Basis von § 308 Abs. 1 Satz 2 AktG ist zwar die teilweise Einschränkung des Weisungsrechts des herrschenden Unternehmens möglich,[397] auch bleibt es für den Fall einer Einschränkung dennoch beim *strikten* Fortbestehen der Verlustausgleichspflicht,[398] allerdings knüpft § 308 Abs. 1 Satz 2 AktG an eine *vertragliche Übereinkunft* der beteiligten Gesellschaften an („Bestimmt der Vertrag nichts anderes,“). In Fällen, in denen

---

[394] *Kropff*, Textausgabe des AktG 1965, S. 391.

[395] *Altmeppen* in: MünchKommAktG, § 302, Rn. 10; *Emmerich* in: *Emmerich/Habersack*, Konzernrecht, § 302, Rn. 16.

[396] Zur über den Wortlaut hinausgehenden Erfassung des Bereichs der Netzentwicklung siehe oben D.III.

[397] Zulässig ist nach richtiger Ansicht sogar der sog. „Teilbeherrschungsvertrag“, bei dem einzelne unternehmerische Funktionen völlig aus der Weisungsbefugnis herausfallen, vgl. dazu *Altmeppen* in: MünchKomm AktG, § 291, Rn. 85 ff.

[398] *Bitter*, Konzernrechtliche Durchgriffshaftung bei Personengesellschaften, S. 341.

bei einem Eisenbahnkonzern zum Beherrschungsvertrag zusätzlich lediglich ein Teilgewinnabführungsvertrag hinzukommt,[399] erscheint dies als Verstoß gegen das eingangs beschriebene, im AktG angelegte Prinzip „Herrschaft = Haftung".

Das neuere Verständnis der Verlustausgleichspflicht des § 302 AktG basiert allerdings auf der Annahme einer unwiderlegbaren Vermutung der Schädigung der abhängigen durch die herrschende Gesellschaft im Konzerninteresse.[400] Die abhängige Gesellschaft, so die Vermutung, kann im Falle der Leitung durch einen Unternehmensgesellschafter (= das herrschende Unternehmen) nicht mehr eigenständig im Gesellschaftsinteresse (= Interesse aller Aktionäre und Gläubiger) geführt werden, sondern wird im Zweifel „in unkontrollierbarer Weise dem Interesse des herrschenden Unternehmens dienstbar gemacht".[401] Anders ausgedrückt enthält das Gesetz diesem Verständnis zufolge die Vermutung einer Veränderung des *Leitungsmaßstabs*, die mit der Leitungsmacht eines Gesellschafters (des herrschenden Unternehmens) einhergeht. Der nach der Vorstellung des Gesetzgebers ohnehin nicht mehr kontrollierbare Verstoß gegen das Gesellschaftsinteresse hat dazu geführt, dass das Gesetz die Schädigung erlaubt, in Folge dessen aber die Eigenständigkeit der beherrschten Gesellschaft bezüglich ihres Vermögens durch den Verlustausgleich aufgehoben wird.[402] Bei der so verstandenen Konzeption des Gesetzes ist es aber konsequent und stimmig, wenn § 308 Abs. 1 Satz 2 AktG die volle Haftung bei nur eingeschränkter Einflussnahme durch das herrschende Unternehmen auslöst.

---

[399] Die Verlustausgleichspflicht des § 302 AktG, die bekanntlich zwar auch beim bloßen Bestehen eines Gewinnabführungsvertrags greift, entfällt nach h.M. bei Teilgewinnabführungsverträgen, vgl. *Altmeppen*, in: MünchKomm AktG, § 302, Rn. 13. Denkbar wäre also die Konstellation des Bestehens eines Beherrschungsvertrages, der keine umfangreiche Weisungsmöglichkeit bietet (da gesetzlich beschränkt), in Verbindung mit einem Teilgewinnabführungsvertrag, bei gleichzeitiger vollumfänglichen Haftung aus § 302 AktG.

[400] Vgl. dazu *Bitter*, Konzernrechtliche Durchgriffshaftung bei Personengesellschaften, S. 341.

[401] *Bitter*, Konzernrechtliche Durchgriffshaftung bei Personengesellschaften, S. 341.

[402] *Bitter*, Konzernrechtliche Durchgriffshaftung bei Personengesellschaften, S. 341.

## II. Ergebnis

Das heutige Verständnis der Verlustausgleichspflicht basiert auf der Vorstellung, dass eine mehr oder weniger weitgehende Einschränkung der Eingriffsrechte des herrschenden Unternehmens nichts an der Regelaussage ändern kann, dass eine abhängige Gesellschaft im Falle der Leitung durch das herrschende Unternehmen nicht mehr in ihrem ausschließlichen Eigeninteresse geführt werden kann. Ein systematischer Widerspruch entsteht also nicht, wenn § 9a AEG die uneingeschränkte Haftung einer herrschenden Holding bei nur begrenzter Einflussnahme auf die Netztochter vorsieht, auch wenn die beschränkte Einflussmöglichkeit auf einer zwingenden gesetzlichen Regelung, und nicht, wie in § 308 Abs. 1 Satz 2 AktG vorgesehen, auf einer vertraglichen Basis beruht. Allerdings zeigt dieses Verständnis der gesetzlichen Konzeption des AktG noch etwas anderes:

Die Vorstellung, dass mit der Möglichkeit der direkten Einflussnahme eines Gesellschafters auf die Tochtergesellschaft stets eine Vermutung der Schädigung der beherrschten Gesellschaft zu Lasten des Konzerninteresses verbunden ist, scheint denjenigen Recht zu geben, die von der Unmöglichkeit der organisatorischen Unabhängigkeit der DB Netz AG im Vertragskonzern ausgehen, da diese sich dem Konzernwohl unterzuordnen habe.[403] Darauf wird später noch zurückzukommen sein, wenn die Konzeption des Vertragskonzerns als möglicher Verstoß gegen das europäische Recht untersucht wird. Ein systematisches Problem im Hinblick auf das deutsche Aktienrecht besteht jedenfalls bis hierher nicht.

---

[403] *Berschin,* DVBl. 2002, S. 1079 (1082).

## III. Systemkonformität der Einschränkung der vertragskonzernrechtlichen Leitungsmacht des herrschenden Unternehmens

Der Regierungsentwurf zur Novelle des AEG ermöglicht es, dass vertikal integrierte Eisenbahnunternehmen wie die DB AG weiterhin als Vertragskonzern organisiert werden können.[404] Die für diesen Fall vorgesehene umfassende Einschränkung des vertragskonzernrechtlichen Weisungsrechts aus § 308 AktG gegenüber der Netzsparte könnte indes zu einem Bruch mit der Systematik des (Vertrags-) Konzerns führen. Mit anderen Worten stellt sich die Frage, ob der Gesetzgeber beliebig das Weisungsrecht des § 308 AktG einschränken kann, oder ob es hierfür Grenzen gibt, die dem Wesen einer möglichen Institution „Konzern" immanent sind und deren Überschreitung auf eine Täuschung des Rechtsverkehrs hinausliefe, wie es teilweise konstatiert wird.[405] Um eine Aussage zur Systemkonformität der Einschränkung der Leitungsmacht des Vorstands der Obergesellschaft im Vertragskonzern treffen zu können, muss diese „Systematik" des Konzerns zunächst näher definiert werden. Berücksichtigt werden soll dabei sowohl das rechts- als auch das wirtschaftswissenschaftliche Verständnis des Konzerns.

### 1. Ökonomische und rechtliche Betrachtung des Instituts „Konzern"

Dem Institut „Konzern" kann man sich zum einen aus einer rechtlichen, zum anderen aber auch aus einer ökonomischen Perspektive nähern. Mit Letzterem soll begonnen werden, um nach einer Darstellung der Grundlagen des rechtlichen Verständnisses in einem dritten Schritt ein übergreifendes Fazit herausarbeiten zu können.

---

404 Vgl. D.II.

405 So die Formulierung von *Berschin*, DVBl. 2002, S. 1079 (1085).

### a. Der wirtschaftswissenschaftliche Ansatz

Im Grundsatz handelt es sich beim Konzern nach betriebswirtschaftlichem Verständnis um eine Mehrheit von Unternehmen, die wirtschaftlich eine Einheit bilden.[406] Genauer gesagt eine wirtschaftliche Planungs- und Entscheidungseinheit.[407] Wirtschaftliche Autonomie steht nach diesem Verständnis nicht den einzelnen Konzernunternehmen zu, sondern (nur) dem Konzern, der als Konzernunternehmung bezeichnet wird, als Ganzem.[408] Damit einher geht die Vorstellung von einer einheitlichen Konzernunternehmungsführung, die die Bildung, Führung und Auflösung des Konzerns steuert,[409] wobei in der Vergangenheit (und zum Teil bis heute) oftmals die Frage außer Acht gelassen wurde, ob sich die gewünschte wirtschaftliche Organisation im Hinblick auf rechtliche Beschränkungen der Leitungsmacht überhaupt verwirklichen lässt.[410] Leitungsmacht bzw. Konzernführung in diesem Sinne heißt Ausrichtung aller Aktivitäten der Konzernunternehmung auf einheitliche Unternehmensziele durch konzernumfassende Planung, Koordinierung und Ausführung der einheitlichen Konzernstrategie.[411]

Im Vordergrund steht damit für die betriebswirtschaftliche Betrachtung des Konzerns die Suche nach einer optimalen Organisationsform zur Erzielung von Synergieeffekten.[412] Die juristische Differenzierung nach den einzelnen Konzerngesellschaften ist hingegen von untergeordneter Bedeutung. Es ist lediglich ein Zugeständnis an die Juristen und an die von diesen betriebene Zergliederung des Konzerns in seine rechtlich selbständigen Bestandteile, die die Betriebswirtschaftslehre „im Interesse eines interdisziplinären Dialogs“[413]

---

[406] *Theisen*, Der Konzern, S. 16 f.
[407] *Scheffler*, Konzernmanagement, S. 1.
[408] *Theisen*, Der Konzern, S. 17; S. 22.
[409] *Theisen*, Der Konzern, S. 695.
[410] *Kirchner*, Ansätze zu einer ökonomischen Analyse des Konzernrechts, in: *Boettcher/Herder-Dorneich/Schenk*, Jahrbuch für Neue politische Ökonomie 1984, S. 223 (227).
[411] *Theisen*, Der Konzern, S. 199.
[412] Vgl. *Scheffler*, Konzernmanagement, S. 18 ff.
[413] *Theisen*, Der Konzern, S. 18.

dazu veranlasst, eine Differenzierung nach „Konzernunternehmung“ und „Konzernunternehmen“ vorzunehmen. Ansonsten verbleibt es in der betriebswirtschaftlichen Anschauung bei der Bezeichnung „Konzernunternehmung“, die die rechtlichen Begriffe Konzern und Konzernunternehmen umfasst.[414]

Wenngleich die Wirtschaftswissenschaft also durchaus ein Bild davon entwirft, was den Konzern ausmacht und welche Funktion er erfüllen soll, ist dieses Bild doch wenig ausdifferenziert.[415]

### b. Die Grundlagen des rechtwissenschaftlichen Verständnisses des Konzerns

Das Konzernrecht, oder wie es das Gesetz in den §§ 15 und 291 ff. AktG formuliert, das Recht der verbundenen Unternehmen, ist in den Anfängen seiner Entwicklung (und teilweise bis heute) in der Rechtsprechung und der juristischen Literatur in erster Linie als Schutzrecht gegen unkontrollierte Begründung und Ausübung von Konzernherrschaft begriffen worden.[416] Konkret ging und geht es dabei um den Schutz abhängiger Unternehmen, außenstehender Gesellschafter und der Gläubiger.[417] Die Verengung auf diese Aspekte ist historisch zu erklären, sie fußt letztlich auf der überkommenen Vorstellung des Gesellschaftsrechts vom „Typus der autonomen Gesellschaft“.[418] Der autonomen Willensbildung in der Gesellschaft droht – so die Überzeugung – insbesondere in *einer* Konstellation Gefahr von Außen: in der Situation der Abhängigkeit.[419]

---

[414] *Theisen*, Der Konzern, S. 18.
[415] *Theisen*, Der Konzern, S. 21.
[416] *Karsten Schmidt*, Gesellschaftsrecht, § 17 I 1 a.
[417] *Karsten Schmidt*, Gesellschaftsrecht, § 17 II 1 a.
[418] *Karsten Schmidt*, Gesellschaftsrecht, § 17 I 1 a.
[419] *Karsten Schmidt*, Gesellschaftsrecht, § 17 I 1 a.

In der Literatur wird dieser eingeengten Betrachtungsweise seit nunmehr geraumer Zeit entgegengewirkt,[420] indem verstärkt die organisationsrechtlichen Aspekte des Konzernrechts beleuchtet werden.[421] Als konstituierendes Element eines Konzernorganisationsrechts wurde, insbesondere von *Hommelhoff*, das Institut der Konzernleitung bzw. Konzernleitungspflicht herausgearbeitet.[422] Hierauf wird in diesem Abschnitt noch detailliert einzugehen sein. Mit dem Ansatz weg vom reinen schutzrechtlichen hin zu einem organisationsrechtlichen Verständnis des Konzernrechts vollzieht sich ein Paradigmenwechsel: Aus der für den Schutzrechtsansatz charakteristischen Betrachtung der Institution Konzern „von unten" wird verstärkt eine Betrachtung „von oben".[423]

Mittels dieser veränderten Betrachtungsweise wird versucht, sich der auch in der Rechtswissenschaft nach wie vor ungelösten Frage nach dem Wesen des Konzerns zu nähern. Als Extrempositionen bei der Diskussion um das Wesen des Konzerns lassen sich folgende ausmachen: Die eine, die den Konzern als bloßes reales Phänomen bezeichnet, die Rechtspersönlichkeit des Konzerns, der weder über Aktionäre noch über eigene Organe verfüge, aber strikt leugnet[424] und die Gegenposition, die aus der Feststellung, dass der Konzern eine Unternehmung ist, zumindest die Forderung nach einer originären Konzernrechtsform ableitet.[425]

---

420 Zu nennen sind hier insbesondere *Lutter*, *Uwe Schneider*, *Hommelhoff*, *Timm*, vgl. ausführliche Nachweise bei *Karsten Schmidt*, Gesellschaftsrecht, § 17 II 1 a.

421 *Karsten Schmidt*, Gesellschaftsrecht, § 17 II 1 a.

422 *Karsten Schmidt*, Gesellschaftsrecht, § 17 II 1 a.

423 So die Formulierung von *Karsten Schmidt*, Gesellschaftsrecht, § 17 II 1 a.

424 *Küting* in: *Dichtl/Issing*, Wirtschaftslexikon, S. 1198.

425 *Bleicher* in: *Druey*, Das St. Gallener Konzernrechtsgespräch, S. 68 (69); ähnlich *Lutter*, der den Konzern als „eigene und eigentümliche Form Unternehmensorganisation" bezeichnet, *Lutter* in: *Druey*, Das St. Gallener Konzernrechtsgespräch, S. 225 (228).

## 2. Das Verständnis des Instituts „Konzern“ im Spannungsfeld von Ökonomie und Recht als Ausgangspunkt einer Konzernrechtsystematik

Bereits in diesem kurzen Abriss über das Verständnis des Konzerns in der Wirtschaftswissenschaft einerseits sowie in der Rechtswissenschaft andererseits, zeigt sich, dass keine der Wissenschaften ein geschlossenes Modell zum „Phänomen“ Konzern bereitstellt. Vielmehr werden, zum Teil mit unterschiedlichen Schwerpunkten, lediglich einzelne Problemfelder herausgegriffen und näher untersucht. Über einzelne Detailfragen liegen daher sehr genaue Erkenntnisse vor, ein Modell zum Grundverständnis des Konzerns bzw. des Konzernrechts steht hingegen nicht zur Verfügung.[426] Nichtsdestotrotz zeigen sich übereinstimmende Merkmale im Verständnis:

So ist für die Wirtschaftswissenschaft die Ausrichtung des Konzerns an einheitlichen Konzerninteressen unter einer einheitlichen Konzernleitung eine selbstverständliche Angelegenheit, mit der sich die Rechtswissenschaft zwar noch immer schwer tut, weil das traditionelle rechwissenschaftliche Verständnis das Konzernrecht als Schutzrecht gegen übermäßige Einflussnahme auf die abhängigen Gesellschaften begreift. Es zeichnet sich aber dadurch eine Annäherung der Positionen ab, dass die Rechtswissenschaft zunehmend den organisationsrechtlichen Aspekt in den Mittelpunkt des Interesses rückt. Damit wird eine mögliche Aufgabe des Rechts verstärkt wahrgenommen: Die Entwicklung eines Konzernorganisationsstatuts, das die interdisziplinäre Wahrnehmung des „Phänomens“ Konzern stärker berücksichtigt. Der Gesetzgeber hat diese Aufgabe bislang nicht explizit aufgegriffen und ein geschlossenes Konzernorganisationsrecht geschaffen. Es scheint eher das Gegenteil der Fall zu sein, wenn, wie es sich gegenwärtig abzeichnet, durch ein Gewerbegesetz wie dem AEG bestehende konzernrechtliche Regelungen tief greifend modifiziert werden sollen. Gleichwohl kann die Annäherung in Punkto Organisationsrecht als Basis für die Beurteilung der Ausgangsfrage dienen, ob

---

[426] Vgl. *Karsten Schmidt*, Gesellschaftsrecht, § 17 I 2 a.

die Einschränkung der Leitungsmacht des herrschenden Unternehmens im Konzern, insbesondere im Vertragskonzern, der Systematik des Konzernrechts widerspricht.

Konkret bedeutet das: Die Wirtschaftswissenschaft rückt den Konzern deutlich in die Nähe einer eigenständigen Rechtsform. Die Konzernleitung erscheint in diesem Vorstellungsbild gleichsam als *Organ* mit weit reichenden Befugnissen. Sie verfügt über die Kompetenz, um das Unternehmensziel der Verfolgung einheitlicher Konzerninteressen umsetzen zu können (mit dieser Vorstellung konform geht im Übrigen die von der Betriebswirtschaft in den 90er Jahren verstärkt in den Vordergrund gerückte Konzernführungskonzeption des Shareholder Value-[427] orientierten Managements.[428] Kern dieser Führungskonzeption ist die an die Konzernleitung herangetragene Erwartung der Eigenkapitalgeber nach einer kontinuierlichen und risikoadäquaten Rendite für deren eingesetztes Kapital).[429] Die Erwartung der Anteilseigner an die Konzernleitung, den Konzern im Sinne einer Gesamtoptimierungsstrategie zu führen, kann aber mit Berechtigung nur dann an sie herangetragen werden, wenn sich im geltenden AktG Anhaltspunkte dafür finden lassen, dass die Konzernleitung als ein „Organ" des Gebildes „Konzern" zu verstehen ist und dass damit ein Mindestmaß an „Organkompetenzen" verbunden ist, die die Einflussnahmemöglichkeit auf die Konzerngesellschaften rechtlich absichert.[430] Wäre das der Fall, wäre nach dem Gesagten eine umfassende Einschränkung des Weisungsrechts des § 308 AktG, wie sie durch § 9a AEG erfolgt, tatsächlich als systemwidrig zu bezeichnen. Das geltende Recht ist demnach daraufhin zu

---

[427] Grundlegend dazu *Rappaport,* Shareholder Value.
[428] Vgl. *Theisen*, Der Konzern, S. 215 ff.
[429] *Theisen*, Der Konzern, S. 215.
[430] Vor dem Hintergrund des geplanten Börsengangs der DB AG (dazu bereits oben, Teil 1, A.III.2.b) wird der Aspekt, dass einer Konzernleitung gerade im Falle des Vertragskonzerns für einen Konzernteilbereich in weitreichender Form die Einflussnahme auf das operative Geschäft und die Unternehmensentwicklung genommen wird, also zunehmend relevant. Möglicherweise ließe sich tatsächlich von einer „Täuschung" der (zukünftigen) Aktionäre sprechen (erinnert sei hier nochmals an die Formulierung *Berschins*, der von einer „Täuschung des Rechtsverkehrs" spricht, DVBl. 2002, S. 1079 (1085)), soweit diese berechtigterweise im Interesse der Maximierung des Shareholder Value die Ausschöpfung aller verfügbaren Mittel zur Verwirklichung einer Gesamtoptimierungsstrategie erwarten.

untersuchen, ob es – über die verschiedenen Erscheinungsformen des Konzerns hinweg – die Konzernleitung als Konzernorgan mit originären Rechten und Pflichten begreift und ob somit im geltenden Recht Merkmale für ein Konzernverfassungsrecht verankert sind.[431] Der Konzern im aktienrechtlichen Sinne wäre dann als eigenständiges Rechtsinstitut einzustufen, welches in seinen Kernelementen unangetastet bleiben müsste.

Ein dergestalt konstituierendes Merkmal eines Konzernverfassungsrechts bzw. Konzernorganisationsrechts wäre explizit die bereits zur Sprache gekommene Pflicht des Vorstands der Konzernobergesellschaft zur Konzernleitung. Denn genauso, wie die eigenverantwortliche Leitung(-spflicht) gem. § 76 AktG im Organisationsstatut der Aktiengesellschaft anerkanntermaßen ein zentrales Konstruktionselement darstellt,[432] würde entsprechendes für die Konzernebene bezüglich der Konzernleitungspflicht gelten.[433] Die Systemwidrigkeit des § 9a AEG[434] hängt also ummittelbar von der Frage ab, ob eine Pflicht zur Konzernleitung für den Vorstand herrschender Gesellschaften besteht.

Der weitere Gang der Untersuchung ist somit umrissen: Es gilt zu klären, ob die Konzernleitungspflicht im geltenden Recht verankert ist. Zumeist auf der Grundlage des bereits erwähnten Grundlagenwerks von *Peter Hommelhoff*[435] wird dies heute vielfach bejaht.[436] Dem ist vertiefend nachzugehen:

---

[431] Denn im Ergebnis läuft eine Untersuchung, die die Existenz von originären Konzernorganen mit konzernbezogenen Kompetenzen und Verpflichtungen nachweist, wie es *Hommelhoff* in seiner grundlegenden Arbeit zur Konzernleitungspflicht formuliert, auf die Entwicklung eines eigenständigen Konzernverfassungsrechts hinaus, *Hommelhoff*, Die Konzernleitungspflicht, S. 39.

[432] *Hommelhoff*, Die Konzernleitungspflicht, S. 39, *Hüffer*, AktG, § 76, Rn. 4.

[433] *Karsten Schmidt*, Gesellschaftsrecht, § 17 II 1 a; *Hommelhoff*, Die Konzernleitungspflicht, S. 39.

[434] *Berschin* vermutet in diesem Zusammenhang auf der Grundlage der Regelung in Art. 87e Abs. 3 Satz 1 GG sogar ein verfassungsrechtliches Problem, *Berschin*, DVBl. 2002, S. 1079 (1085 f.). Zur Plausibilität dieser Auffassung später.

[435] *Hommelhoff*, Die Konzernleitungspflicht

[436] *Krieger* in: Münch.Hdb.GesR IV, § 68, Rn. 59 m.w.N.; *Semler*, Leitung und Überwachung der Aktiengesellschaft, Rn. 275 ff.

### 3. Die Konzernleitungspflicht im geltenden Aktienrecht als Kern eines „Konzernverfassungsrechts"

Die gesetzlichen Regelungen geben zunächst nur spärliche Hinweise auf ein mögliches Institut „Konzernleitungspflicht": Das AktG definiert den Unterordnungskonzern in § 18 Abs. 1 als Zusammenfassung eines oder mehrerer abhängiger Unternehmen unter der einheitlichen Leitung des herrschenden Unternehmens, wobei gem. Satz 2 für den Fall, dass zwischen Unternehmen ein Beherrschungsvertrag gem. § 291 AktG existiert (oder das eine Unternehmen in das andere eingegliedert ist, § 319 AktG), eine unwiderlegbare Vermutung der Zusammenfassung unter einer einheitlichen Leitung besteht. Als die zentralen Merkmale des Konzernsbegriffs nennt das AktG demnach die „Zusammenfassung mehrerer Unternehmen" sowie „die einheitliche Leitung".[437] Über eine mögliche Pflicht des (Vorstands des) herrschenden Unternehmens zur Konzernleitung sagen diese Regelungen zunächst ebenso wenig aus wie die Vorschrift des § 308 AktG, der lediglich die Möglichkeit zur Weisungserteilung zugunsten des herrschenden Unternehmens statuiert. Eine Pflicht zur Leitung eines Unternehmens enthält zwar § 76 AktG, der allerdings bezieht sich ausdrücklich nur auf die einzelne Gesellschaft, nicht auf eine Mehrheit von Gesellschaften im Sinne des Konzerns. Dies scheint ein klares Argument gegen das Bestehen einer Konzernleitungspflicht zu sein. Anders könnte die Betrachtung ausfallen, wenn die Leitungspflicht des § 76 AktG als Ausfluss der allgemeinen verbandsrechtlichen Zweckverfolgungspflicht zu begreifen ist:

---

[437] *Hommelhoff*, Die Konzernleitungspflicht, S. 36.

## a. Konzernleitungspflicht als Ausfluss des verbandsrechtlichen Grundprinzips der Zweckverfolgung

Eine Konzernobergesellschaft verfolgt einen bestimmten Zweck. Die Zweckverfolgung stellt ein konstitutives Merkmal einer jeden (Außen-) Gesellschaft, letztlich eines jeden privaten Verbands, dar.[438] Der Zweck, den eine Konzernobergesellschaft verfolgt, ist, gemeinsam mit ihren Konzernunternehmen am jeweiligen Markt möglichst erfolgreich tätig zu sein. Also muss der Vorstand als Organ der Gesellschaft die Unternehmung (im betriebswirtschaftlichen Sinn, siehe oben)[439] leiten, um damit zugleich den Gesellschaftszweck der Obergesellschaft zu verwirklichen.[440] Unter Zugrundelegung dieser Feststellung ist es keineswegs mehr eindeutig, dass § 76 AktG nur die Pflicht des Vorstands zur Leitung der (Einzel-) Gesellschaft beinhaltet. Die Argumentation *Hommelhoffs* zur Begründung der Existenz der Konzernleitungspflicht basiert daher auch auf dem fundamentalen Merkmal „Gesellschaftszweck“, der bei einer Aktiengesellschaft zwingend in der Satzung verankert sein muss, § 23 Abs. 3 Nr. 2 AktG.

Die Vorschrift spricht allerdings nicht vom „Zweck“ des Unternehmens, sondern vom „Gegenstand“. Von der herrschenden Meinung werden diese Begriffe (in uneinheitlichen Nuancen) folglich auch differenziert betrachtet.[441] *Hommelhoff* formuliert in diesem Zusammenhang, dass bei Gesellschaften, deren Zweck auf unternehmerische Betätigung gerichtet ist, zwischen dem

---

[438] *Karsten Schmidt*, Gesellschaftsrecht, § 4 II, *Hommelhoff*, Die Konzernleitungspflicht, S. 44.

[439] F.III.1.a.

[440] So mit ähnlicher Begründung auch *Hommelhoff*, Die Konzernleitungspflicht, S. 44 m.w.N.; vgl. auch *Semler,* Leitung und Überwachung der Aktiengesellschaft, Rn. 278.

[441] *Karsten Schmidt*, Gesellschaftsrecht, § 4 II 3: Der Gegenstand des Unternehmens sei enger als der Verbandszweck und definiere den Tätigkeitsrahmen des Unternehmens, der durch qualifizierte Mehrheitsentscheidung geändert werden könne; der Verbandszweck hingegen beinhalte z.B. die übergeordnete Frage, ob der Verband (bzw. das Unternehmen) wirtschaftlich oder etwa karitativ tätig sein solle, eine Entscheidung zur Änderung des Verbandszwecks könne entsprechend des in § 33 Abs. 1 Satz 2 BGB enthaltenen Grundgedankens für das gesamte Verbandsrecht nur mit der Zustimmung aller Mitglieder vorgenommen werden.

formalen und dem sachlichen Unternehmensziel zu unterscheiden sei. Das (übergeordnete) formale Unternehmensziel lege fest, an welchem Verhaltensmaßstab sich die Unternehmensleitung orientieren soll: ob die Betätigung der kurzfristigen Gewinnmaximierung, der mittel- und langfristigen Gewinnoptimierung, der Kosten- oder Bedarfsdeckung oder etwa einer ideellen Zielsetzung diene. Das sachliche Unternehmensziel (=Unternehmensgegenstand) enthalte dagegen die Bestimmung darüber, auf welchem Gebiet (Branche) und auf welche Weise sich die Gesellschaft betätigen soll.[442]

Unabhängig von den im Detail unterschiedlichen Differenzierungsansätzen zwischen „Unternehmenszweck" und „Unternehmensgegenstand", die Satzung muss jedenfalls über alle genannten Aspekte der Unternehmensbetätigung eine Aussage treffen. Ein Vorstand, der den so festgelegten Tätigkeitsbereich der Gesellschaft nicht verfolgt, oder eine andere, nicht dazu gehörige Betätigung, aufnimmt, verstößt gegen die Satzung der Gesellschaft. Dieses Ergebnis lässt sich anhand zweier aufeinander aufbauender Gedankenschritte begründen:[443]

Der erste Schritt belegt anhand des Beispiels der Beteiligungsverwaltung durch eine (Ober-) Gesellschaft, dass eine Gesellschaft zu einer bestimmten Betätigung (im wirtschaftlichen Verkehr) grundsätzlich ausdrücklich durch die Satzung ermächtigt sein muss. Aus einem Verbot von Betätigungen ohne gesonderte Ermächtigung (negative Feststellung) kann aber noch nicht geschlossen werden, wie umfangreich im Gegenzug die positive Handlungspflicht des Vorstands ist, in wie weit also etwa eine (Ober-) Gesellschaft tatsächlichen Einfluss auf die unternehmerische Tätigkeit von Untergesellschaften nehmen muss. Dieser Aspekt wird im zweiten Schritt erörtert.

---

[442] *Hommelhoff*, Die Konzernleitungspflicht, S. 45. Diese Differenzierung erinnert stark an die von *Karsten Schmidt* aufgegriffene Unterscheidung (*Karsten Schmidt*, Gesellschaftsrecht, § 4 II 3.).

[443] So die Vorgehensweise *Hommelhoffs*, vgl. *Hommelhoff*, Die Konzernleitungspflicht, S. 46 ff.

### aa. Der in der Satzung verankerte Unternehmensgegenstand als verbindlicher Handlungsrahmen: Erläuterung am Beispiel der Beteiligungsverwaltung

Die Gesellschaft, die ihre Herrschaftsmacht über eine Untergesellschaft (die im von *Hommelhoff* gebildeten Beispiel im Stahlhandel tätig sein soll) nur dazu nutzt, die Beteiligungen zu verwalten (also in erster Linie Einziehen der Dividenden), könne auf diese Weise zwar das formale Unternehmensziel (wirtschaftliche Tätigkeit/ Erwirtschaften von Gewinn) verfolgen, allerdings sei dies in unternehmensgegenständlicher Hinsicht eine völlig andere Tätigkeit als etwa die konkrete Einflussnahme auf den Stahlhandel. Denn dies würde den Vorstand zwingen, sich die erforderlichen Kenntnisse des Marktes für Stahl anzueignen, um entsprechende unternehmerische Entscheidungen zu treffen. Der Vorstand respektive die Obergesellschaft betätige sich daher selbst im Stahlhandel. Die nur die Beteiligungen verwaltende Gesellschaft sei hingegen in einer ganz anderen Branche tätig: in der der Vermögensanlage. Ihr Vorstand frage (nur) nach Rentabilität der Beteiligung, Risikograd etc. und folgere daraus, ob er die Beteiligung halten oder ggf. durch eine andere austauschen solle.

Die Wahrnehmung von unternehmerischen Einflussmöglichkeiten sei mithin ein ganz anderes (sachliches) Unternehmensziel als die Beteiligungsverwaltung. Dass die Anlage eingelegter Gelder ein eigener Unternehmensgegenstand ist, folge auch aus § 1 Abs. 1 des Gesetzes über Kapitalanlagegesellschaften.[444] Will der Vorstand einer Gesellschaft sich auf diesem (eigenständigen) Betätigungsfeld engagieren, brauche er dazu, so die Schlussfolgerung *Hommelhoffs*, eine ausdrückliche Ermächtigung in der Satzung. Unter bestimmten Voraussetzungen sei zwar das Halten von Kapitalbeteiligungen auch dann möglich, wenn es an einer expliziten Ermächtigung in der Satzung mangele, soweit z.B. Beteiligungen zur Bildung von kurzfristig verfügbaren Liquiditätsreserven gehalten würden.[445] Hierbei handele es sich sogar um ein

---

[444] § 1 Abs. 1 KAGG definiert Kapitalanlagegesellschaften als Kreditinstitute, deren „Geschäftsbereich" die Anlage von Geld in (unter anderem) Unternehmensbeteiligungen ist.
[445] *Hommelhoff*, Die Konzernleitungspflicht, S. 48.

Sorgfaltsgebot eines ordentlichen Geschäftsmannes; *Hommelhoff* bezeichnet diese Handlungsweise als Annex der unternehmerischen Betätigung, der unter Umständen sogar recht weit zu fassen sein könne, falls das originäre Betätigungsfeld einer Gesellschaft dies erfordere (beispielsweise der weit gestreute Beteiligungsbesitz von Banken).[446] Unzulässig sei das Halten von Beteiligungen an Unternehmen unterschiedlichster Art aber, soweit dies über diesen im Einzelfall zu bestimmenden Annexgesichtspunkt hinausgehe. Das gelte insbesondere auch dann, wenn das Halten von Unternehmensbeteiligungen auf in der Praxis durchaus häufig vorkommenden allgemein gehaltenen Formulierungen in der Satzung basiere, die etwa wie folgt lauten: „die Gesellschaft ist berechtigt, sich an anderen Unternehmen zu beteiligen".[447] Den Grund für die restriktive Orientierung der Tätigkeit einer Gesellschaft am satzungsgemäßen Unternehmensgegenstand sieht *Hommelhoff* in der Sicherstellung des Mitspracherechts der satzungsgebenden Hauptversammlung (bei der AG) im Falle etwaiger Umstellungen des Tätigkeitsbereichs.[448]

#### bb. Bewertung

Dieser Ansatz ist einleuchtend, ihm ist ohne weiteres zuzustimmen. Es kann nicht Sache der Geschäftsführung sein, Unternehmenszweck oder Unternehmensgegenstand eigenmächtig zu verändern. Vielmehr gilt das Prinzip der Grundlagenzuständigkeit der Gesellschafter, das sich durch das gesamte Gesellschaftsrecht hindurch zieht. Im Bereich der Personengesellschaften etwa stoßen die Befugnisse des Geschäftsführers einer OHG / KG (oder GbR) dort an ihre Grenzen, wo die Maßnahmen nicht mehr den festgelegten Gesellschaftszweck fördern, sondern auf eine Änderung des Gesellschaftsvertrags hinauslaufen.[449] Entsprechendes gilt für die Kapitalgesellschaften, was für die AG in den § 23 Abs. 3 Nr. 2 und § 179 AktG zum Ausdruck kommt.

---

446 *Hommelhoff*, Die Konzernleitungspflicht, S. 48.
447 *Hommelhoff*, Die Konzernleitungspflicht, S. 47 m.w.N.
448 *Hommelhoff*, Die Konzernleitungspflicht, S. 48.
449 *Kübler*, Gesellschaftsrecht, § 6 III 1 a.

Hiernach liegt die Grundlagenzuständigkeit, zu der auch Fragen der Änderung des Unternehmenszwecks und des Unternehmensgegenstands gehören, bei den Mitgliedern der Aktiengesellschaft, also den Aktionären.[450] Wenngleich die Stellung der Aktionäre in der Verbandsperson Aktiengesellschaft nur im Ansatz mit der eines Gesellschafters eines Personenverbands wie der Personengesellschaft vergleichbar ist, ist die Sicherstellung einer hinreichend konkreten und bestimmten Umschreibung des Unternehmensgegenstands nach der Intention des Gesetzgebers hier wie dort der Schutz vor Beliebigkeit der Aktivitäten des Geschäftsführungsorgans.[451] Gerade bei der Aktiengesellschaft haben die Teilhaber eine Investitionsentscheidung getroffen, in der jeweiligen Branche ihr Geld zu investieren, ohne dass es ihnen ermöglicht würde, unmittelbar Einfluss auf das Tagesgeschäft zu nehmen. Das macht eine Bindung der Geschäftsführung an den von der Satzung gesteckten Rahmen gerade hier erforderlich.[452] Ein plausibler Grund dafür, dass dieser Grundsatz für eine Obergesellschaft in Bezug auf ihre Tochtergesellschaften nicht gelten soll, ist nicht ersichtlich. Auch aus der Satzung der Obergesellschaft muss detailliert hervorgehen, auf welcher Grundlage sie Beteiligungen hält. Die Frage ist nun, in wie weit daraus ein Handlungsgebot des Vorstands einer Obergesellschaft folgt:

### cc. Der Unternehmensgegenstand als positives Handlungsgebot

Die Pflicht zur Verfolgung des Gesellschaftszwecks begründet *Hommelhoff*, ebenso wie die Beschränkung des Tätigkeitsbereichs der Gesellschaft auf den statutarischen Unternehmenszweck bzw. -gegenstand, mit dem Wesen des Gesellschaftszwecks. In der Satzung, respektive in dem in der Satzung enthaltenen Zweck (bzw. Gegenstand) der Gesellschaft, sei konsequenterweise „die für alle Beteiligten rechtsverbindliche Grundnorm der Gesellschaft zu sehen; die Leitlinie, an der sich alles Gesellschaftsgeschehen ausrichten muss

---

[450] *Zöllner* in: KK-AktG, § 179, Rn. 116; *Kort*, Großkomm AktG § 76, Rn. 6.
[451] *Zöllner* in: KK-AktG, § 179, Rn. 119.
[452] So auch *Timm*, Die Aktiengesellschaft als Konzernspitze, S. 24 ff.

und die, solange sie nicht aufgehoben oder abgewandelt wird, alle an der Gesellschaft Beteiligten verpflichte, durch aktive, fördernde Maßnahmen zur Verfolgung und Verwirklichung des Gesellschaftszwecks innerhalb des Rahmens beizutragen, den Gesetz und Statut den einzelnen Beteiligten jeweils vorgeben“.[453] Und weiter heißt es, dass „diese Betrachtungsweise…den Gesellschaftszweck mithin als verpflichtende Handlungsmaxime für die Gesellschaft und die an ihr Beteiligten [begreift]: Der Gesellschaftszweck muss verfolgt werden“, so die Schlussfolgerung.[454]

### dd. Bewertung

Der Gesellschaftszweck muss mehr sein als eine unverbindliche programmatische Äußerung. Das ergibt sich aus seiner konstitutiven Funktion für private Verbände jeder Art. Wie *Wiedemann* in seinem Grundlagenwerk zum Gesellschaftsrecht formuliert, ist der Gesellschaftszweck als verbindliche Anerkennung eines für alle gemeinsamen Zieles und als Zusage, dieses Ziel in dem vereinbarten Umfang zu unterstützen, unabdingbar für den Verbandsschluss.[455] Welcher Art der gemeinsame Zweck ist und mit welchen Mitteln er durchgeführt wird, ist dabei den Gesellschaftern im Rahmen der Rechtsordnung überlassen. Die Gründer können gemeinsam ideelle oder erwerbswirtschaftliche, vorübergehende wie dauernde, punktuelle oder weitgreifende Ziele anstreben und sich verpflichten, diese durch Bareinlagen, Sach- oder Dienstleistungen oder durch ihre bloße Mitgliedschaft zu fördern.[456]

In funktioneller Hinsicht prägt die Zweckabrede das Rechtsverhältnis zwischen Verband und Mitglied einerseits sowie den Mitgliedern untereinander

---

[453] *Hommelhoff*, Die Konzernleitungspflicht, S. 55.
[454] *Hommelhoff*, Die Konzernleitungspflicht, S. 55.
[455] *Wiedemann*, Gesellschaftsrecht, § 1 I 1 b aa mit zahlreichen Nachweisen aus der älteren Rechtsprechung.
[456] *Wiedemann*, Gesellschaftsrecht, § 1 I 1 b aa.

andererseits, was sich in dreierlei Hinsicht konkretisieren lässt:[457] Bezüglich der Mitglieder untereinander bestimmt vorwiegend der Verbandszweck die Treuepflichten. Für die ausführenden Organe enthält der Gesellschaftszweck (der bei Erwerbsgesellschaften durch den formalen und sachlichen Unternehmensgegenstand konkretisiert ist, siehe oben)[458] die Richtlinien der Gesellschaftspolitik; die Geschäftsführung ist gleichsam „auf den Gesellschaftszweck geeicht";[459] die Geschäftsführung lässt sich „als der auf die unmittelbare Verfolgung des Verbandszwecks gerichtete Teil des Soziallebens definieren".[460] Drittens bestimmt der Verbandszweck auch die verschiedenen Lebensstadien (von der Gründungsgesellschaft über die Vollzugsgesellschaft bis zur Liquidationsgesellschaft). Dies führt zu der Konsequenz, dass die Gesellschaft, deren Zweck erreicht ist oder unerreichbar ist – so jedenfalls dem Grundsatz nach –, aufgelöst wird, wenn sich die Gesellschafter nicht auf einen anderen Gesellschaftszweck einigen.

### ee. Zwischenergebnis

Als konstituierendes Element eines jeden Verbands steht der Verbandszweck für die Organe des Verbands nicht zur Disposition. Sie dürfen zum einen nicht eigenmächtig einen anderen als den vereinbarten Zweck verfolgen, sie müssen diesen aber zudem auch aktiv verfolgen. Für die Obergesellschaft eines Konzernverbunds kann nichts anderes gelten. Zur Verfolgung des Unternehmenszwecks/-gegenstands der Obergesellschaft ist der Vorstand (u.a.) mittels Führung der Tochtergesellschaften angehalten.[461] § 76 AktG gilt auch auf der Ebene des Konzerns, da die Konzernleitung durch das herrschende Unternehmen ein Teil der Leitungsaufgabe dieser Gesellschaft selbst ist.[462]

---

[457] *Wiedemann*, Gesellschaftsrecht, § 1 I 1 b bb.
[458] F.III.3.a.
[459] *Wiedemann*, Gesellschaftsrecht, § 1 I 1 b bb.
[460] *Wiedemann*, Gesellschaftsrecht, § 1 I 1 b bb.
[461] So auch *Semler*, Leitung und Überwachung der Aktiengesellschaft, Rn. 275 ff.; *Krieger* in: Münch.Hdb.GesR IV, § 69, Rn. 21.
[462] *Semler*, Leitung und Überwachung der Aktiengesellschaft, Rn. 278.

### b. Argumente gegen das Bestehen einer Konzernleitungspflicht

Das festgestellte Ergebnis ist nur ein vorläufiges und bedarf der weiteren Differenzierung. Es ist die Frage zu erörtern, wie sich die Konzernleitungspflicht zum einen zum Phänomen der „zwecklosen" Gesellschaften, zum anderen zu den sog. „Entherrschungsverträgen" verhält. Des Weiteren sind die verschiedenen Erscheinungsformen des Konzerns differenzierend in die Untersuchung einzubeziehen. Abschließend wird die Konzernleitungspflicht im Lichte der in der Praxis häufig vorzufindenden dezentral geführten Konzerne[463] zu betrachten sein.

#### aa. Unerreichbarkeit und Nichtverfolgung des Gesellschaftszwecks

Gegen die Zweckverfolgungspflicht und damit gegen das Institut der Konzernleitungspflicht könnte sprechen, dass die Aktiengesellschaft, ebenso die GmbH, gerade nicht eo ipso aufgelöst werden, wenn ihr statutarischer Gesellschaftszweck nicht mehr erreicht werden kann (oder schlicht nicht mehr verfolgt wird). Dies folgt aus den Vorschriften der §§ 262 Abs. 1 Nr. 2 AktG bzw. 61 GmbHG. Während der Grundsatz der Zweckverfolgungspflicht in „Reinform" (nur) bei der BGB- Gesellschaft verwirklicht ist, sie wird Kraft Gesetzes aufgelöst, wenn der Zweck der Gesellschaft erreicht ist oder nicht mehr erreicht werden kann, § 726 BGB, kann bei den Personenhandelsgesellschaften in diesem Fall zumindest von jedem Gesellschafter durch gerichtlichen Beschluss die Auflösung aus wichtigem Grund betrieben werden.[464] Bei der GmbH müssen hingegen die klagenden Gesellschafter einen mindestens 10 %igen Anteil des Stammkapitals auf sich vereinigen (§ 61 Abs. 2 GmbHG), während bei der AG die Auflösung sogar nur durch Gesellschafterbeschluss in der Hauptversammlung mit qualifizierter Mehrheit betrieben werden kann, § 262 Abs. 1 Nr. 2 AktG. Daraus kann aber nicht

---

[463] Die gerade nicht nur in Form des faktischen Konzerns auftreten.

[464] *Von Gerkan* in: *Röhricht/Graf von Westphalen*, HGB, § 133, Rn. 15.

gefolgert werden, dass die Kapitalgesellschaften ihren statutarischen Zweck nicht verfolgen müssen. Bei den vielfältigen Erscheinungsformen von (privatrechtlichen) Verbänden mit ihren unterschiedlichen Betätigungsfeldern – von der rein geselligen, über die karitative, bis hin zur wirtschaftlichen Betätigung – liegt die Unmöglichkeit, für alle gleichermaßen geltende Normen aufzustellen, an sich auf der Hand. Das kann sogar für ein alle Verbandsformen umfassendes und grundlegendes Prinzip wie die Pflicht zur Verfolgung des Verbandszwecks gelten. Erforderlich kann hier vielmehr ein System von Abstufungen sein, das die jeweiligen gegenläufigen Faktoren angemessen berücksichtigt:

So ist etwa zu berücksichtigen, dass die Abwicklung einer Aktiengesellschaft zu einer Zerstörung von wirtschaftlichen Werten führen kann. Dies betrifft gleichermaßen Aktionäre wie Gläubiger der Gesellschaft, aber auch die in der Gesellschaft tätigen Arbeitnehmer. Aktionäre können unter Umständen unnötigerweise ihr eingesetztes Kapital verlieren, wenn etwa auf der Grundlage sachfremder Erwägungen die Auflösung durch eine Mehrheit der Aktionäre beschlossen werden könnte. Den Gläubigern droht der Ausfall ihrer Forderung bei vorschneller Abwicklung der Gesellschaft. Arbeitnehmer verlieren durch die Auflösung ihren Arbeitsplatz. Trotz der unterschiedlichen Interessenlagen der beteiligten Personenkreise und der schwerwiegenden Auswirkungen der Auflösung ermöglicht es das Gesetz den Aktionären dennoch, die Auflösung zu betreiben, wenngleich das Gesetz mit § 262 Abs. 1 Nr. 2 AktG eine vergleichsweise hohe Hürde aufstellt.[465] Dieses Modell ist aber auch als eine Chance für die Aktionäre zu sehen, den unmöglich gewordenen Zweck der Gesellschaft den geänderten Verhältnissen anzupassen, ohne vorschnell auf die Auflösung zusteuern zu müssen. Dies vor Augen, ist § 262 Abs. 1 Nr. 2 AktG

[465] Ein Beschluss der Hauptversammlung in dieser Form wird auch nicht zuletzt deshalb für notwendig erachtet, weil es nicht in der Hand einer möglicherweise erpresserischen Minderheit liegen darf, vor den Gerichten eine Auflösungsklage zu betreiben, die an sich schon schweren Schaden für die Gesellschaft bedeutet. Den „Gesellschaftern" einer Aktiengesellschaft ist ein solches Modell, das einen Verzicht auf die Auflösungsklage beinhaltet, auch ohne weiteres zumutbar, da es die Fungibilität der Anteile an einer Aktiengesellschaft grundsätzlich ohne größere Schwierigkeiten ermöglicht, sich von ihnen zu trennen, *Hommelhoff*, Die Konzernleitungspflicht, S. 62.

keineswegs so zu interpretieren, dass es für die Organe der Aktiengesellschaft keine Verpflichtung zur Verfolgung des statutarischen Gesellschaftszwecks gibt.

Bei der GmbH ist die Gemengelage der Interessen nicht unbedingt fundamental anders gelagert. Auch hier kann die Auflösung die Zerstörung erheblicher wirtschaftlicher Werte bedeuten. Dennoch kann gem. § 61 Abs. 2 GmbHG eine Minderheit, „deren Geschäftsanteile zusammen mindestens dem zehnten Teil des Stammkapitals entsprechen", die Auflösungsklage betreiben mit der Begründung, die Erreichung des Gesellschaftswecks sei unmöglich geworden (§ 61 Abs. 1 GmbHG). Die Norm ist – in völligem Gegensatz zum Aktiengesetz, wo es die Auflösungsklage überhaupt nicht gibt – als zwingendes Minderheitenschutzrecht ausgestaltet.[466] Der Grund hierfür ist in erster Linie darin zu sehen, dass die Anteile an einer GmbH nicht annähernd so leicht verkäuflich sind wie die an einer Aktiengesellschaft. Der Gesellschafter kann sich folglich nicht ohne weiteres einer (qualifizierten) Mehrheit (§ 60 Abs. 1 Nr. 2 GmbHG), die sich einer notwendig gewordenen Auflösung ohne sachlichen Grund widersetzt, durch Veräußerung seiner Anteile entziehen.[467] Denn der GmbH- Anteil kann zwar nach dem gesetzlichen Modell im Gegensatz zum Anteil an einer Personenhandelsgesellschaft frei veräußert werden (§ 15 Abs. 1 GmbHG), aber diese Anteile sind eben nicht in einem Wertpapier verbrieft und daher nicht in einer der Aktie vergleichbaren Weise umlauffähig.

Fazit: Bereits bei den Personenhandelsgesellschaften, noch stärker aber bei den Kapitalgesellschaften, ist der Grundsatz des § 726 BGB verwässert. Allerdings wäre es mit den Belangen des Rechtsverkehrs auch schlechterdings nicht vereinbar, wäre die Rechtsfähigkeit des einmal wirksam entstandenen Rechtsubjekts durch den Verbandszweck begrenzt (Relativität der Rechtsfähigkeit).[468] Gleichwohl ist allen Gesellschaftsformen, auch der Aktiengesellschaft und der GmbH, der Grundsatz der Zweckverfolgungspflicht immanent.

---

[466] *Nerlich* in: *Michalski*, GmbHG, § 61, Rn. 5.
[467] *Nerlich* in: *Michalski*, GmbHG, § 61, Rn. 3; *Rasner* in: *Rowedder/Schmidt-Leithoff*, GmbHG, § 61, Rn. 1.
[468] Vgl. *Karsten Schmidt*, Gesellschaftsrecht, § 4 II 2 a.

## bb. Gesellschaftszweck und Mantelgesellschaften

Ein spezielles Problem der „zwecklosen“ Gesellschaft ist die Existenz, die Verwendung und die Gründung von Mantelgesellschaften.[469] Fraglich ist, wie sich das Phänomen der Mantelgesellschaften mit der festgestellten verbandskonstituierenden Funktion des Verbandszwecks vereinbaren lässt. Mantelgesellschaften treten nahezu ausschließlich in Form von Kapitalgesellschaften (und dort vorwiegend im Bereich der Gesellschaften mbH) auf und zeichnen sich dadurch aus, dass sie kein Unternehmen betreiben, sondern als „juristische Person an sich“[470] existieren. Sie sind mithin leere „Hülsen“, die in dieser Phase keinen Zweck verfolgen, in keiner Weise am Geschäftsverkehr teilnehmen und lediglich ihr eigenes Vermögen verwalten.[471] In der Praxis bedeutsam ist die Verwendung von leeren GmbH- Mänteln, um möglichst schnell und unter Vermeidung der relativ zeitaufwendigen und mit Haftungsrisiken verbundenen Gründungsphase einen Unternehmensträger zur Verfügung zu haben.[472] Unter dem Gesichtspunkt der Verbandsrechtsdogmatik ist die Existenz solcher „zwecklosen“ Mantelgesellschaften nach dem bisher Festgestellten überaus problematisch. Wenngleich sie mittlerweile im Grundsatz anerkannt sind, bleiben sie zumindest Fremdkörper im System der Verbände.[473]

Systematisch stimmig wäre es, wenn die Mantelgründung generell als unzulässig betrachtet würde und der Fortbestand eines Mantels, wo dies zur Kenntnis des Gerichts kommt, durch Auflösung von Amts wegen verhindert würde.[474] Tatsächlich gibt es keine gesetzliche Handhabe gegenüber einer Gesellschaft mit nicht zu beanstandender Satzung, die zu ihrer Löschung führte, soweit nicht der Tatbestand der Vermögenslosigkeit vorliegt, §§ 60 Abs. 1 Nr.7 GmbHG i.V.m. 141a FGG. In der früheren Rechtsprechung und Literatur

---

[469] Dazu ausführlich *Karsten Schmidt*, Gesellschaftsrecht, § 4 III.
[470] *Karsten Schmidt*, Gesellschaftsrecht, § 4 III.
[471] Für die GmbH *Michalski* in: *Michalski*, GmbHG, § 3, Rn. 17.
[472] *Michalski* in: *Michalski*, GmbHG, § 3, Rn. 18.
[473] *Karsten Schmidt*, Gesellschaftsrecht, § 4 III 1 b.
[474] *Karsten Schmidt*, Gesellschaftsrecht, § 4 III 2 a.

allerdings wurde sowohl die Mantelgründung (oder auch Vorratsgründung)[475] als auch der Mantelkauf (eines älteren bzw. „gebrauchten" Mantels) als nichtig angesehen. Teilweise wurde dies auf § 134 BGB, teilweise auf § 138 BGB gestützt.[476] Später wurde diese strenge Haltung aufgegeben und die Existenz solcher Mäntel grundsätzlich toleriert. Die sich gerade in aktuellen Entscheidungen verfestigende Rechtssprechung des BGH zur Mantelgründung und Mantelverwendung von Gesellschaften mbH allerdings trägt dem Fremdkörperaspekt (wieder) Rechnung und relativiert den bestehenden Widerspruch:

Für zulässig erachtet der BGH – und zwar ausschließlich – die offene Vorratsgründung.[477] Die Gründung einer Gesellschaft auf Vorrat muss offen zu Tage treten, eine anderweitige Bezeichnung des Unternehmensgegenstands in der Satzung entgegen der tatsächlichen Intention führt zur Nichtigkeit der Gründung der Gesellschaft;[478] dies gilt sogar dann, führt der BGH weiter aus, wenn der angegebene Unternehmensgegenstand nicht in absehbarer Zeit verwirklicht werden soll. Damit hat der BGH aber auch klargestellt, dass die Besorgnis, bei der späteren Verwendung einer Mantelgründung würden die Gründungsvorschriften umgangen, kein generelles, präventiv wirkendes Verbot der Gründung von Vorratsgesellschaften rechtfertigen kann.[479] Denn der Sache nach gehe es weniger um Bedenken, die die Gründung der Gesellschaft betreffen, sondern um Gefahren, „die allein im Zusammenhang mit der späteren Verwendung des Mantels zu besorgen sind".[480] Dem müsse demnach auch (erst) bei der späteren wirtschaftlichen Neugründung Rechnung getragen werden, was durch eine sinngemäße Anwendung der Gründungsvorschriften bei der Mantelverwendung geschehen könne.[481]

---

[475] *Karsten Schmidt*, Gesellschaftsrecht, § 4 III 2 a.
[476] *Karsten Schmidt*, Gesellschaftsrecht, § 4 III 3 a.
[477] Für die AG BGHZ 117, 323.
[478] BGHZ 117, 323 (334), wobei der BGH offen lässt, ob die Nichtigkeit aus § 117 oder § 134 BGB folgt.
[479] BGHZ 117, 323 (330/331).
[480] BGHZ 117, 323 (331).
[481] BGHZ 117, 323 (331).

Das hat der BGH in seinem Beschluss vom 9.12.2002[482] nunmehr ausdrücklich klargestellt: „Die Verwendung des Mantels einer auf Vorrat gegründeten Gesellschaft mit beschränkter Haftung stellt wirtschaftlich eine Neugründung dar“. Ebenfalls ausdrücklich klargestellt wird im Leitsatz 2, was in der Entscheidung aus dem Jahr 1992 lediglich angedeutet wurde: „Auf diese wirtschaftliche Neugründung durch Ausstattung der Vorratsgesellschaft mit einem Unternehmen und erstmalige Aufnahme ihres Geschäftsbetriebes sind die der Gewährleistung der Kapitalausstattung dienenden Gründungsvorschriften des GmbH- Gesetzes einschließlich der registergerichtlichen Kontrolle entsprechend anzuwenden“. Der BGH verlangt daher in analoger Anwendung der §§ 9c, 8 Abs. 2, 7 Abs. 2 und 3 GmbHG von den Geschäftsführern der GmbH im Zeitpunkt der Aktivierung der Vorratsgesellschaft die Versicherung zur Kapitalaufbringung.[483]

Diese Entscheidung ist – zu Unrecht – kritisiert worden.[484] Die Kontrolle der Kapitalausstattung der Gesellschaft werde, so die Kritik, lediglich im Gründungsstadium im Rahmen der Eintragung durch gesetzliche Vorgaben sichergestellt oder später bei Zuführung von Mitteln zur Durchführung von Kapitalerhöhungsbeschlüssen; das Gesetz enthalte dagegen mit Ausnahme von § 19 Abs. 4 GmbHG keine Hinweise auf die Notwendigkeit einer präventiven Registerkontrolle während Zeiten, in denen die Gesellschaft besteht und fortdauert.[485] Diese Annahme greift zu kurz. Motiv für den BGH war zwar primär die Verbesserung des Gläubigerschutzes,[486] die Rechtsprechung zur wirtschaftlichen Neugründung beruht aber auch auf der Überzeugung, dass erst mit der Verwendung der auf Vorrat geschaffenen Gesellschaft für einen operativen Zweck, also mit der erstmaligen Schaffung eines Unternehmensgegenstands, eine gesetzestypische GmbH geschaffen wird, und nicht bereits mit der vorhergehenden Eintragung, mit der eine juristische Person „als solche“

---

[482] BGH NJW 2003, S. 892 (diesmal für die GmbH).
[483] *Altmeppen*, NZG 2003, 145 (146).
[484] *Schaub*, NJW 2003, S. 2125 ff.
[485] *Schaub*, NJW 2003, S. 2125 (2126).
[486] BGH DStR 2003, S. 298 (299); vgl. auch *Ulrich*, WM 2004, S. 915 (916 ff.)

entsteht.[487] Erst zum Zeitpunkt der Verwendung der Vorratsgesellschaft zu einem operativen Zweck wird, wie es *Goette* formuliert, der Gründungsakt zu seinem Abschluss gebracht.[488] Unter verbandsrechts-dogmatischem Gesichtspunkt ist das nach dem bisher zur Zweckverfolgungspflicht Gesagten konsequent und stimmig. Letztlich beruht die Zulassung der Vorratsgründung (lediglich) auf der Anerkennung der wirtschaftlichen Notwendigkeit derselben, verursacht durch die zeitraubenden Gründungsformalitäten, insbesondere der langen Zeitspanne bis zur endgültigen Eintragung.[489] Dieses anerkannte Motiv, den mit einer Neugründung regelmäßig verbundenen Zeitverlust zu vermeiden, wird durch eine registergerichtliche Kontrolle der Kapitalausstattung, wie der BGH ausdrücklich und zutreffend betont, nicht unterlaufen.[490] Denn für den neuen Geschäftsführer ist die Abgabe der Versicherung nach § 8 Abs. 2 GmbHG in der Regel unschwer möglich, da bei der offenen Vorratsgesellschaft ein Kapitalfluss, von etwaigen Gebühren und sonstigen Kosten abgesehen, regelmäßig nicht stattgefunden haben dürfte. Zu einem nennenswerten Zeitverlust kann es daher nur kommen, falls das Mindestkapital nicht mehr gedeckt ist, einer Situation also, in der ohnehin die Ablehnung der Eintragung geboten ist.[491]

Die *gesetzestypische* GmbH ist folglich in jedem Fall diejenige Gesellschaft, die über einen in der Satzung (Gesellschaftsvertrag) verankerten Unternehmensgegenstand – also über einen Zweck im engeren Sinne – verfügt, und eben keine bloße Vorratsgesellschaft, die lediglich einen formalen Gegenstand verfolgt, der regelmäßig als die „Verwaltung eigenen Vermögens“ angegeben wird.[492] Quasi im Gegenzug für die Anerkennung der wirtschaftlichen Erforderlichkeit der Vorratsgesellschaft greifen zum Zeitpunkt der erstmaligen Aktivierung der

---

[487] *Goette*, DStR 2003, S. 300.
[488] *Goette*, DStR 2003, S.887 (890); ähnlich auch *Altmeppen* NZG 2003, 145 (149), der in der Verwendung des „gebrauchten“ Mantels im Gegensatz zur Aktivierung einer Vorratsgesellschaft keinen Zusammenhang mit der Gründung der GmbH mehr erkennen kann.
[489] BGHZ 117, 323, (332).
[490] BGH DStR 2003, S. 298 (300).
[491] BGH DStR 2003, S. 298 (300).
[492] Vgl. *Karsten Schmidt*, Gesellschaftsrecht, § 4 III 2 b bb.

Vorratsgesellschaft, auf den es für den Rechtsverkehr allein ankommt, die vom BGH entwickelten Grundsätze von der wirtschaftlichen Neugründung. Bei der Behandlung der Vorratsgesellschaft durch den BGH, ihre grundsätzliche Akzeptanz, verbunden aber mit den Besonderheiten im Falle ihrer (späteren) Aktivierung, zeigt sich also weniger die Preisgabe des Grundsatzes der Zweckverfolgung im Verbandsrecht, sondern vielmehr seine Anpassung an die faktischen (wirtschaftlichen) Notwendigkeiten bei der Verwendung einer spezifischen Verbandsform.[493]

Die Vorratsgesellschaft ist nur ein Ausschnitt des Problems der Mantelgesellschaft. Bei einer Gesellschaft, die vormals als Unternehmensträger fungierte, dann aber – aus welchen Gründen auch immer – ihre unternehmerische Tätigkeit eingesellt hat und zu einem späteren Zeitpunkt wieder reaktiviert wird, taucht im Zeitraum vor der Reaktivierung das Problem der Existenz ohne (Verbands-) Zweck ebenso auf. Anknüpfend an den Beschluss vom 9.12.2002 hat der BGH mit Beschluss vom 7.7.2003 die dargestellte Rechtsprechung zur analogen Anwendung des Gründungsrechts bei der Aktivierung einer Vorrats- GmbH auf die „Reaktivierung" eines „gebrauchten" GmbH- Mantels übertragen.[494] Auch in dieser Entscheidung war weniger die gegenständliche dogmatische Diskussion von Bedeutung, im Vordergrund stand wieder die Frage der Kapitalaufbringung– bzw. Kapitalerhaltung und somit der Gläubigerschutz.[495] In diesem zweiten Beschluss hat der BGH nicht nur die Übertragung der Rechtsprechung zur wirtschaftlichen Neugründung auf die gebrauchten GmbH- Mäntel festgestellt, er hat auch dezidiert Stellung zu den Haftungsfolgen genommen. Danach sind die zur Unterbilanzhaftung der Gesellschafter einer (Vor-) GmbH entwickelten Regeln entsprechend anzuwenden, außerdem die Handelndenhaftung nach § 11 Abs. 2 GmbHG, wenn der gebrauchte Mantel einem neuen Unternehmenszweck zugeführt wird (gleiches gilt für die erstmalige

---

[493] Ein Aspekt, der oben (aa.) bereits zur Sprache kam.
[494] Vgl. *Altmeppen*, Der Betrieb 2003, S. 2050 (2050).
[495] Vgl. *Ulrich*, WM 2004, S. 915 (920).

Verwendung einer Vorratsgesellschaft), ohne dies dem Registergericht offen zu legen.[496]

Zunächst ist die Übertragung der zur Vorratsgesellschaft entwickelten Grundsätze auf die Wiederverwendung von Altmänteln konsequent, da das Risiko für die Gläubiger, dass das Stammkapital aufgezehrt ist, gerade bei der Verwendung von Altmänteln bestehen dürfte.[497] Zuzugeben ist den Kritikern dieser Entscheidung allerdings, dass der BGH die Konsequenzen der Nichtbeachtung seines Beschlusses in dieser Form wohl nicht gesehen hat und dass diese im Ergebnis auch nicht gerechtfertigt sind: Die Gesellschafter und Geschäftsführer haften, falls der Pflicht zur Offenlegung der Verwendung des Mantels mit der Versicherung nach § 8 Abs. 2 Satz 1 GmbHG[498] – aus welchen Gründen auch immer – nicht nachgekommen wurde, auch dann, wenn sie über Jahre erfolgreich gewirtschaftet haben und es erst in ferner Zukunft zur Insolvenz kommt, bis zur restlosen Befriedigung aller Gesellschaftsgläubiger persönlich und unbegrenzt.[499] Diese Rechtsfolge ließe sich aber leicht korrigieren, indem den Gesellschaftern und Geschäftsführern z.B. ein haftungsbefreiender Entlastungsbeweis dahingehend ermöglicht wird, dass das Stammkapital bei Aufnahme des neuen Unternehmens voll gedeckt war; zu denken wäre auch an eine zeitliche Begrenzung der Haftungsfolge.[500]

Von grundlegenderer Natur ist aber der von *Altmeppen* formulierte Kritikpunkt: Entgegen der Ansicht des BGH könne es nicht auf die Frage ankommen, „ob der GmbH-Mantel eine Weile lang „leer“ gewesen ist, sondern in erster Linie darauf, ob der Mantel – mit oder ohne „Pause“ – ein anderes als das ursprüngliche Unternehmen „bekleiden“ soll“.[501] Konsequenterweise müsse demzufolge auch der Fall der Auswechslung des Unternehmens in die Rechtsprechung einbezogen werden. Stellt man lediglich auf den Aspekt des

---

[496] *Altmeppen*, Der Betrieb 2003, S. 2050 (2050).
[497] BGH, Der Betrieb 2003, 2055 (2056); *Herchen*, Der Betrieb 2003, S. 2211(2212); dazu auch schon *Altmeppen*, NZG 2003, S. 145 (147).
[498] Vgl. *Thaeter*, Der Betrieb 2003, S. 2112 (2113)
[499] *Altmeppen*, Der Betrieb 2003, S. 2050 (2051)
[500] *Altmeppen,* Der Betrieb 2003, S. 2050 (2052)
[501] So *Altmeppen*, Der Betrieb 2003, S. 2050 (2053)

Gläubigerschutzes ab, erscheint es in der Tat zweifelhaft, ob es z.B. in einem Fall, in dem eine Futtermittel- GmbH beschließt, künftig einen Ruderbootsverleih zu betreiben, hinsichtlich der Frage der Anwendung des Gründungsrechts darauf ankommen soll, „wie lange die Gesellschafter ihre GmbH vorübergehend stilllegen".[502] Geht man aber einen Schritt weiter und würdigt die Problematik der Mantelverwendung vor dem übergeordneten Gesichtspunkt der Zweckverfolgungspflicht im Verbandsrecht, kommt es im Ergebnis sehr wohl, wie vom BGH postuliert,[503] auf die Frage der Abgrenzung zwischen Mantelverwendung und Umorganisation einer noch aktiven GmbH an.[504] Ausgehend von der oben zu den Vorratsgesellschaften getroffenen Feststellung, wonach eben nur eine GmbH, die zum einen über einen Unternehmensgegenstand verfügt, den sie zum anderen auch verfolgt, als eine gesetzestypische GmbH anzusehen ist, erscheint die Übertragung der Rechtsprechung zu den Vorratsgesellschaften auf die Verwendung von Altmänteln in der Form, wie durch den BGH in seinem Beschluss vom 7.7.2003 geschehen, grundsätzlich gerechtfertigt.[505]

### cc. Zwischenergebnis

Nach den bisherigen Feststellungen entstammt die Konzernleitungspflicht einem allgemeinen Grundsatz des Verbandsrechts, dem Grundsatz der Zweckverfolgungspflicht. Der Verbandszweck stellt ein konstituierendes Merkmal eines jeden Verbands dar. Die Auflösung von Gesellschaften (als besondere Formen von Verbänden) ex Lege bei Erreichung oder Unerreichbarkeit des Zwecks, ist nur bei der BGB- Gesellschaft vorgesehen (§ 726 BGB). Das liegt

---

502 das Beispiel entstammt *Altmeppen*, Der Betrieb 2003, S. 2050 (2053).
503 BGH, Der Betrieb 2003, 2055 (2056).
504 A.A. *Altmeppen*, Der Betrieb 2003, S. 2050 (2053), der eben nur den Gesichtspunkt des Gläubigerschutzes zugrunde legt und infolgedessen den BGH zur Gleichbehandlung der drei Fälle Vorratsgründung, Mantelverwendung, Auswechslung des Unternehmens, verpflichtet sieht. Diese Gleichbehandlung indes ließe sich sodann aber nicht mehr durch richterliche Rechtsfortbildung rechtfertigen.
505 Über die Begrenzung der Unterbilanzhaftung wird indes nachzudenken sein.

daran, dass es mit den Belangen des Rechtsverkehrs unvereinbar ist, die Grenze der Rechtsfähigkeit stets am Verbandszweck festzumachen (Relativität der Rechtsfähigkeit). Im Übrigen kommt der Grundsatz der Zweckverfolgungspflicht sowohl bei Personenhandelsgesellschaften als auch bei Kapitalgesellschaften zum Tragen. Bei den sog. Vorratsgesellschaften spiegelt sich dieses Prinzip dadurch wider, dass ihre Gründung nach der neueren Rechtsprechung des BGH erst im Moment ihrer erstmaligen wirtschaftlichen „Ingangsetzung“ als abgeschlossen bezeichnet wird. Durch die Übertragung der zunächst zu den Vorratsgesellschaften entwickelten Rechtsprechung von der wirtschaftlichen Neugründung auf die Verwendung von Altmänteln, relativiert sich der den Mantel-/Vorratsgesellschaften immanente Widerspruch zum Grundsatz der Zweckverfolgungspflicht deutlich. Obwohl das Gesetz keine Möglichkeit der Löschung „zweckloser“ Gesellschaften von Amts wegen vorsieht, wenn nicht zusätzlich ein Fall der Vermögenslosigkeit (§ 141a Abs. 1 FGG) vorliegt, kann das Prinzip der Zweckverfolgungspflicht, und davon abgeleitet die Konzerleitungspflicht, nicht wegen fehlender gesetzlicher Regelungen zur zwingenden Auflösung von Gesellschaften bei Zweckerreichung bzw. mangels Zweckverfolgung in Frage gestellt werden.

### dd. Entherrschungsvertrag

Ein weiterer Aspekt, der gegen die Existenz einer im geltenden Aktienrecht verankerten Konzernleitungspflicht sprechen könnte, sind die sog. Entherrschungsverträge.[506] Gegenstand solcher Verträge ist der schuldrechtliche Verzicht des mit Mehrheit beteiligten Unternehmens auf die Ausübung eines Teils seiner Stimmrechte bei der Beteiligungsgesellschaft.[507] In der Praxis werden solche Verträge häufig zur Widerlegung der Abhängigkeitsvermutung des § 17 Abs. 2 AktG verwendet.[508] Um keinen Einfluss auf die

[506] Zum Begriff des Entherrschungsvertrags *Bayer* in: MünchKommAktG, § 17, Rn. 99.
[507] *Emmerich* in: *Emmerich/Sonnenschein/Habersack*, Konzernrecht, § 3 IV 2.
[508] *Emmerich* in: *Emmerich/Sonnenschein/Habersack*, Konzernrecht, § 3 IV 2. Zum Abhängigkeitsbegriff bereits oben, C.II.2.

Zusammensetzung des Aufsichtsrats nehmen zu können, muss das Mehrheitsaktionärs-Unternehmen seine Stimmrechtsmacht auf weniger als die Hälfte der in der Hauptversammlung vertretenen Stimmrechte begrenzen (sog. „Minus-Eins-Regel").[509]

Zwei Fragen sind vor dem Hintergrund der postulierten Konzernleitungspflicht zu klären:

1. Sind Verträge dieser Art überhaupt zulässig?
2. Wenn ja, wie lassen sie sich mit der Konzernleitungspflicht in Einklang bringen?

Die erste Frage ist zu bejahen, was sich anhand des Wortlauts des § 17 Abs. 2 AktG auch leicht begründen lässt. Die Vorschrift enthält im Gegensatz zum ursprünglichen Regierungsentwurf zum Aktiengesetz 1965 eine widerlegbare Vermutung der Abhängigkeit eines in Mehrheitsbesitz stehenden Unternehmens. Ausschlaggebend für den Verzicht auf die im Regierungsentwurf noch enthaltene unwiderlegbare Vermutung war die Überlegung der Bundestagsausschüsse, dass es in der Praxis durchaus vorkomme, dass ein mit Mehrheit beteiligtes Unternehmen sich im Verhältnis zu anderen Gesellschaften verpflichtet, die Verwaltungsrechte nur aus einem Teil seiner Aktien auszuüben.[510] In der Formulierung als widerlegbare Vermutung kommt also die Intention des Gesetzgebers zum Ausdruck, den Abschluss von Herrschaftsmacht ausschließenden Verträgen zu ermöglichen.[511]

---

[509] *Bayer* in: MünchKommAktG, § 17, Rn. 100.

[510] Vgl. *Hommelhoff*, Die Konzernleitungspflicht, S. 83.

[511] *Hommelhoff*, Die Konzernleitungspflicht, S. 83. Die grundsätzliche aktienrechtliche Zulässigkeit solcher Verträge zur Widerlegung der Abhängigkeitsvermutung, insbesondere bei Abschluss mit der Beteiligungsgesellschaft selbst, wird mittlerweile auch von der wohl h.M. bejaht, *Windbichler* in: Großkomm AktG, § 17, Rn. 76; *Debus*, Haftungsregelungen im Konzernrecht, S. 20. *Emmerich* in: *Emmerich/Sonnenschein/Habersack*, Konzernrecht, § 3 IV 2. Die Terminologie ist nicht einheitlich, teilweise werden ausschließlich Verträge des mit Mehrheit beteiligten Unternehmens (Großaktionär) mit dem abhängigen Unternehmen als Entherrschungsvertrag bezeichnet, vgl. etwa *Hentzen*, ZHR 157 (1993), S.65.

Dadurch entsteht aber kein Widerspruch zur konstatierten Konzernleitungspflicht. Die Konzernleitungspflicht entspringt der Verpflichtung des Vorstands (des herrschenden Unternehmens), den in der Satzung verankerten Unternehmensgegenstand – und nur diesen – zu verfolgen. Gibt nun eine Gesellschaft, die die Beteiligungsmehrheit an einer anderen Gesellschaft hält, im Rahmen eines Entherrschungsvertrags die ihr durch die Kapitalmehrheit vermittelte Einflussmöglichkeit bei der abhängigen Gesellschaft auf, verzichtet sie zwar auf die der Einflussmöglichkeit immanenten unternehmerischen Betätigung und beschränkt sich in Bezug auf diese Gesellschaft auf die Verwaltung von kapitalistischen Beteiligungen.[512] Das ist aber unbedenklich, soweit diese geänderte unternehmerische Betätigung (und damit der Abschluss eines Entherrschungsvertrags) vom statutarischen Unternehmensgegenstand gedeckt ist.

So lautet die ausdrückliche Schlussfolgerung *Hommelhoffs*: „Der Gesellschaftszweck[513] der Konzernspitze wird im autonom agierenden Beteiligungsunternehmen nicht mehr verwirklicht. Die Beteiligung ist eine bloße Kapitalanlage der Konzernspitze, Zulässigkeitsvoraussetzung des Entherrschungsvertrags ist deshalb eine entsprechende unternehmensgegenständliche Bestimmung im Statut der Konzernspitze."[514] Dieser Argumentation wird in der Literatur im Grundsatz mittlerweile überwiegend gefolgt.[515] Teilweise wird verlangt,[516] dass statt einer Satzungsermächtigung zur Beteiligungsverwaltung (zumindest) eine im Einzelfall zu erfolgende Zustimmung der Hauptversammlung vorliegen müsse.[517] Eine weitere Ansicht verlangt schließlich eine Satzungsermächtigung und unter bestimmten

---

512 *Hommelhoff*, Die Konzernleitungspflicht, S. 84.
513 Besser wäre vielleicht zu sagen: der Unternehmensgegenstand.
514 *Hommelhoff*, Die Konzernleitungspflicht, S. 103.
515 *Krieger* in: Münch.Hdb.GesR IV, § 68, Rn. 59; *Bayer* in: MünchKommAktG, § 17, Rn. 109; *Koppensteiner* in: KK-AktG, § 17, Rn. 93; *Götz*, Der Entherrschungsvertrag im Aktienrecht, S. 87 *Korsmeier*, Der vertragliche Ausschluss von Abhängigkeit, S. 207 unter Bezugnahme auf *Hommelhoff*.
516 Von *Hommelhoff* indes nur alternativ, *Hommelhoff*, Die Konzernleitungspflicht, S.103. Zudem verlangt er die Eintragung in das Handelsregister, was aber einhellig auf Ablehnung gestoßen ist, *Korsmeier*, Der vertragliche Ausschluss von Abhängigkeit, S. 236.
517 *Korsmeier*, Der vertragliche Ausschluss von Abhängigkeit, S. 205.

Voraussetzungen zusätzlich die Zustimmung der Hauptversammlung auf der Basis der analogen Anwendung von § 293 AktG.[518] Eine Entscheidung für eine der genannten Ansichten erübrigt sich. Ob Satzungsänderung, Einzelfall-abweichung von der Satzung, die von der Hauptversammlung unter Einhaltung der sonst für eine Satzungsänderung erforderlichen Formalitäten beschlossen wird, oder (im Einzelfall) beides, es zeigt sich: Die Zulässigkeit von Entherrschungsverträgen kann nicht als Argument gegen das Bestehen der Konzernleitungspflicht herangezogen werden. Vielmehr fügt sich der Entherrschungsvertrag ohne weiteres in die Konzeption der Konzernleitungspflicht ein, indem der Entschluss des Vorstands eines herrschenden Unternehmens, im Rahmen eines Entherrschungsvertrags eine Tochtergesellschaft autonom agieren zu lassen, entweder durch die Satzung legitimiert wird (der sodann verfolgte Unternehmensgegenstand der bloßen Kapitalbeteiligungsverwaltung muss sich in der Satzung wieder finden), und/ oder durch einen qualifizierten Gesellschafterbeschluss in der Hauptversammlung. Würde der Vorstand hingegen ohne die entsprechende Legitimation handeln, würde er gegen seinen gesetzlichen Leitungsauftrag verstoßen.[519]

### c. Die Konzernleitungspflicht in den verschiedenen Erscheinungsformen des Konzerns

Die Konzernleitungspflicht kann nur dann als tragendes Prinzip im geltenden Aktienkonzernrecht anerkannt werden, wenn sie sich in die verschiedenen Erscheinungsformen des Konzerns mit den jeweils unterschiedlichen Konzernierungsdichten einfügt. Das gilt insbesondere für die lockerste Erscheinungsform, dem faktischen Konzern, aber auch für das Phänomen des Konzerns mit dezentraler Leitungsstruktur, der prinzipiell in jeder Konzernform auftreten kann.

---

[518] *Korsmeier*, Der vertragliche Ausschluss von Abhängigkeit, S. 208 ff.
[519] *Hommelhoff*, Die Konzernleitungspflicht, S. 103.

### aa. Konzernleitungspflicht im faktischen Konzern als ein möglicher Widerspruch

Die gesetzlichen Regelungen zum faktischen Konzern, §§ 311 ff. AktG, oder wie es das Gesetz in der Überschrift zum zweiten Abschnitt ausdrückt, zur „Verantwortlichkeit bei Fehlen eines Beherrschungsvertrags", enthalten in § 311 Abs. 1 AktG zunächst den Grundsatz, wonach ein herrschendes Unternehmen die abhängige Gesellschaft nicht zu für sie nachteiligem Handeln veranlassen darf, es sei denn, die Nachteile werden ausgeglichen. Abs. 2 präzisiert die Ausgleichsmöglichkeit durch das Prinzip des Einzelausgleichs:[520] Jeder Nachteil muss durch einen auf ihn bezogenen Vorteil ausgeglichen werden, wobei ein zunächst unterbliebener Ausgleich bis zum Ende des Geschäftsjahrs nachgeholt werden kann. Sinn und Zweck dieser Regelungen ist der Schutz der Vermögensinteressen der außen stehenden Aktionäre sowie der Gläubiger der abhängigen Gesellschaft.[521] Die Grundlage der Regelung liegt in der Annahme des Gesetzes, dass, sobald ein anderes Unternehmen über beherrschenden Einfluss verfügt, es diesen Einfluss nicht im Interesse der Gesellschaft, sondern zugunsten seiner anderweitigen unternehmerischen Interessen ausübt und dadurch die Interessen der genannten Gruppe von Außenseitern beeinträchtigt, sog. „Konzernkonflikt".[522]

Die Vertreter der Ansicht, die die Konzernleitungspflicht ablehnt, begründen die Ablehnung mit der Existenz dieser Regelungen über den (einfachen) faktischen Konzern und der dort bestehenden deutlichen Begrenzung der Einflussnahme; diese Vorschriften zeigten gerade, dass nicht vom Bestehen einer Konzernleitungspflicht ausgegangen werden könne, § 76 AktG finde auf Konzernebene bestenfalls sehr eingeschränkt Anwendung.[523] Zwar sind die Einflussmöglichkeiten des herrschenden Unternehmens im faktischen Konzern gegenüber dem Vertrags- oder Eingliederungskonzern deutlich begrenzt. Die

---

[520] Vgl. *Habersack* in: *Emmerich/Habersack*, Konzernrecht, § 311, Rn. 9.
[521] *Kropff* in: MünchKommAktG, § 311, Rn. 3.
[522] *Kropff* in: MünchKommAktG, § 311, Rn. 4.
[523] Vgl. *Hüffer*, AktG, § 76, Rn. 17 ff.; *Reuter*, Der Betrieb 1999, S. 2250 (2250 f.).

nachfolgenden Aspekte zeigen aber, dass auf der Grundlage der §§ 311 ff. AktG keineswegs die Leitungspflicht des Vorstands einer herrschenden Gesellschaft in Frage gestellt werden kann:

Die Argumentation mit den Regelungen über den faktischen Konzern als Beleg gegen die Existenz der Konzernleitungspflicht stünde von vornherein dann auf tönernen Füßen, wenn der faktische Konzern selbst vom Gesetz als Ausnahme zu den sonstigen Konzernformen betrachtet würde. Genau das soll, so wird teilweise behauptet, der Fall sein. Der Gesetzgeber von 1965 habe die Strategie verfolgt, den Vertragskonzern für die Unternehmensleitungen und insbesondere die Konzernspitzen attraktiv zu gestalten, den faktischen Konzern aber „strenger und lästiger Regelung zu unterwerfen mit dem Ziel, gewichtigen Druck in Richtung auf den Vertragskonzern auszuüben."[524] *Timm* bezeichnet den faktischen Konzern des Weiteren als ergänzenden Umgehungsschutz zugunsten der Interessen des abhängigen Unternehmens für die Fälle, in denen kein Beherrschungsvertrag abgeschlossen wird.[525]

Aber selbst dann, wenn man der Ansicht von *Lutter* und *Timm* skeptisch gegenüber steht,[526] sind die gesetzlichen Regelungen zum faktischen Konzern in den §§ 311 ff. AktG kein Beleg dafür, dass es die Konzernleitungspflicht nicht gibt. Anders wäre dies möglicherweise zu beurteilen, wenn den Regelungen zum faktischen Konzern ein gänzliches Verbot desselben immanent wäre: Im Falle eines Verbots müsste der Vorstand der Obergesellschaft konsequenterweise von der postulierten Pflicht zur Leitung vollständig entbunden werden, anderenfalls wäre die Leitungspflicht aus § 76 AktG insoweit auf eine verbotene und damit rechtlich unmögliche Handlung gerichtet.[527] Ein derartiges Verbot, die sich bietende (faktische) Einflussmöglichkeit über die Personalpolitik zur Ausübung einheitlicher Leitungsmacht zu nutzen, ließe sich mit dem entwickelten Postulat

---

[524] *Lutter*, SAG 48 (1976), S. 152 (161); nahezu identisch *Timm*, NJW 1992, S. 2185 (2186).
[525] *Timm*, NJW 1992, S. 2185 (2186).
[526] So etwa *Kropff* in: MünchKommAktG, § 311, Rn. 28. Der dezentral geführte faktische Konzern entspricht seiner Ansicht zufolge vielmehr in gleicher Weise wie der Vertragskonzern dem Aktienrecht.
[527] *Hommelhoff*, Die Konzernleitungspflicht, S. 109.

der Konzerleitungspflicht als ein Ausfluss der Zweckverfolgungspflicht nur schwerlich in Einklang bringen. Jedenfalls wäre es ein weit stärkeres Argument gegen die Konzernleitungspflicht insgesamt als die bloße Einschränkung dieser Pflicht in der Konstellation des (zulässigen) faktischen Konzerns. Vom Verbot des faktischen Konzerns kann indes nicht ausgegangen werden:

### (1) Verbot des faktischen Konzerns

Die Vertreter der Ansicht, die von einem Verbot des faktischen Konzerns ausgehen,[528] haben sich (zu Recht) nicht durchgesetzt. An mehreren Stellen innerhalb und außerhalb des Aktiengesetzes kommt zum Ausdruck, dass der faktische Konzern eine rechtlich zulässige Unternehmensverbindung darstellt.

Merkwürdig erschiene es bereits, wenn das Gesetz einerseits nicht von noch weiteren zulässigen Konzernformen ausginge, aber andererseits in § 18 Abs. 1 Satz 2 AktG explizit zwei Konzernformen (Vertrags- und Eingliederungskonzern) für die Vermutungsregel benennt, ohne diese als abschließend zu betrachten; das Gesetz geht also offensichtlich von weiteren möglichen Konzernformen aus, namentlich dem faktischen Konzern.[529] Für die erleichterte Besetzung des Aufsichtsrats in § 100 Abs. 2 Satz 2 AktG wird ebenfalls nicht nach bestimmten Konzernformen differenziert, stattdessen wird pauschal auf das Tatbestandsmerkmal des „herrschenden Unternehmens eines Konzerns" verwiesen. Die bis zum Inkrafttreten des AktG übliche Praxis, die Aufsichtsräte von möglichst vielen Tochtergesellschaften mit Vorstandsmitgliedern des herrschenden zu besetzen, das zeigt diese Regelung, sollte nicht gänzlich verhindert werden.[530] Der Gesetzgeber von 1965 wollte folglich die aktienrechtlich begründete Einflussmöglichkeit der Mehrheitsbeteiligung zumindest nicht verbieten. Eine weitere Merkwürdigkeit stellte die Prämisse des Verbots faktischer Konzernierung schließlich unter dem Gesichtspunkt dar, dass

---

[528] Etwa *Bälz* in: FS für *Raiser*, S. 287 (308 ff.);
[529] *Hommelhoff*, Die Konzernleitungspflicht, S. 110.
[530] Vgl. *Hommelhoff*, Die Konzernleitungspflicht, S. 110.

sodann die §§ 311 ff. AktG lediglich als Reaktion auf einen Unrechtstabestand zu begreifen wären. Hätte der Gesetzgeber den faktischen Konzern tatsächlich verbieten wollen, wäre es doch konsequent gewesen, schlicht alle anderen Formen des Unterordnungskonzerns außer denen des Vertrags- oder Eingliederungskonzerns ausdrücklich einem Verbot zu unterstellen.[531]

Auch außerhalb des AktG finden sich keine Hinweise auf die Unzulässigkeit des faktischen Konzerns, ganz im Gegenteil: So wird etwa weder in § 11 PublG noch in § 5 MitbestG 1976 zwischen einem etwaigen erlaubten Vertrags- und Eingliederungskonzern und einem unzulässigen faktischen Konzern differenziert. Weder das AktG noch sonstige Gesetze, in denen auf die Regelung des § 18 AktG Bezug genommen wird, erwähnen also die Unzulässigkeit des faktischen Konzerns mit einem Wort. Angesichts dessen ist es schlicht unhaltbar, vom Verbot des faktischen Konzerns auszugehen.[532]

### (2) Bloße Duldung oder rechtliche Anerkennung des faktischen Konzerns

Wenngleich dem Gesetz kein Verbot des faktischen Konzerns entnommen werden kann, ist damit noch nichts über die Gewichtung zwischen den beiden Polen „Außenseiterschutz" einerseits und „Möglichkeit der faktischen Konzernleitung" andererseits, gesagt. Auf dieser Basis wird teilweise noch kontrovers diskutiert, ob das geltende Aktiengesetz die faktische Konzernleitung bestenfalls duldet,[533] oder darüber hinaus in einer bestimmten Weise sogar rechtlich anerkennt.[534] Diese Diskussion ist von Bedeutung, da auch eine abgeschwächte Form der „Missbilligung" als Argument gegen die Konzernleitungspflicht (als einem Fundamentalgrundsatz des Konzernrechts) angeführt werden könnte.

---

[531] Vgl. *Nick*, Konzernbetriebsrat und Sozialplan im Konzern, S. 21.
[532] So auch die Schlussfolgerung von *Hommelhoff*, Die Konzernleitungspflicht, S. 112.
[533] In diesem Sinne *Koppensteiner* in: KK-AktG, Vor § 311, Rn. 9 ff.
[534] *Kropff* in: MünchKommAktG, § 311, Rn. 30. Weitere Nachweise zum Diskussionsstand bei *Krieger* in: Münch.HdB. GesR IV, § 69, Rn. 19.

Grundlage für die Behauptung einer bloßen Duldung des faktischen Konzerns müsste richtigerweise doch sein, dass das Gesetz selbst Anhaltspunkte für eine solche Kategorie enthält. Das ist indes zu verneinen. Womit sich das Gesetz in den §§ 311 ff. AktG im Kern auseinandersetzt ist einzig und allein die Frage, wie auf die *Tatsache* der Mehrheitsbeteiligung und die darauf beruhende Einflussmöglichkeit reagiert werden kann. Das Gesetz sieht im faktischen Konzern bzw. der faktischen Abhängigkeit in erster Linie einen Zustand, es setzt die Möglichkeit der Abhängigkeit auf tatsächlicher Grundlage voraus,[535] und es reagiert darauf zum Schutz von Außenseitern mit einem System des Einzelausgleichs.[536] Hingegen finden sich keine Hinweise im Gesetz, wonach faktische Leitung generell unerwünscht oder zu missbilligen ist. Nachteilige Einflussnahmen des herrschenden Unternehmens auf eine abhängige Aktiengesellschaft werden in § 311 AktG (lediglich) einer finanziellen Ausgleichspflicht unterworfen.[537] Soweit mit in diesem Sinn nicht ausgleichspflichtigen, da schon nicht nachteiligen, Maßnahmen der Tatbestand der einheitlichen Leitung verwirklicht wird, besteht von vornherein keine Veranlassung, die faktische Beherrschung zu missbilligen, sie ist vielmehr ohne weiteres zulässig und steht gleichwertig neben der Leitung auf der Basis eines Beherrschungsvertrags.[538] Beispiele für derartige Maßnahmen (oder Rechtsgeschäfte), zu dem das herrschende Unternehmen die abhängige Gesellschaft veranlasst, die auch ein ordentlicher und gewissenhafter Geschäftleiter einer unabhängigen Gesellschaft so getroffen hätte und die dann gem. § 317 Abs. 2 AktG mangels Nachteiligkeit nicht unter die Schadensersatzpflicht gem. § 317 Abs. 1 AktG fallen, die zudem für die Annahme des Tatbestands der einheitlichen Leitung als die planmäßige und permanente Einflussnahme mit Auswirkung auf das gesamte (Konzern-)

---

[535] *Karsten Schmidt*, Gesellschaftsrecht, § 31 IV 2 b. Ähnlich *Kroppf* in: MünchKommAktG, § 311, Rn. 30 m.w.N: „Vielmehr werden Einflussnahmen des herrschenden Unternehmens im Interesse faktischer Konzernleitung auch außerhalb der aktienrechtlichen Zuständigkeitsordnung als Tatsache akzeptiert und haftungsrechtlich einem Sonderregime unterstellt."

[536] *Kropff* in: MünchKommAktG, Vor § 311, Rn. 5; *Semler*, Leitung und Überwachung der Aktiengesellschaft, Rn. 287.

[537] *Krieger* in: Münch.HdB. GesR IV, § 69, Rn. 57.

[538] So im Ergebnis auch *Kropff* in: MünchKommAktG, § 311, Rn. 28.

Unternehmen genügen,[539] lassen sich ohne weiteres finden.[540] Einheitliche Leitung in diesem Sinn ist schon dann möglich, wenn Leitungsmacht ausschließlich innerhalb der aktienrechtlichen Zuständigkeitsordnung ausgeübt wird.[541] Nicht erforderlich ist gerade, dass das abhängige Unternehmen wie eine Betriebsabteilung eines Einheitsunternehmens geführt wird.[542]

Und ein abschließendes Argument: Wenn sich der Interpret schlicht am Wortlaut des § 311 Abs. 1 AktG orientiert, ergibt sich, dass noch nicht einmal nachteilige Maßnahmen im Sinne der §§ 311, 317 AktG generell unzulässig sind. Ganz im Gegenteil. Falls eine abhängige Aktiengesellschaft zu nachteiligen Rechtsgeschäften oder Maßnahmen veranlasst wird, *sind* diese zulässig, soweit die Nachteile ausgeglichen werden.[543] Die Grenze der Rechtswidrigkeit wird erst dort erreicht, wo die Funktionsfähigkeit des gesetzlichen Ausgleichssystems der §§ 311 ff. AktG nicht mehr gewährleistet ist, dazu sogleich unter (3).

Fazit: Die Ansicht, wonach der faktische Konzern verboten ist, ist als überholt zu betrachten. Die einheitliche Leitung einer Gesellschaft auf der Basis faktischer Abhängigkeit ist grundsätzlich zulässig. Auch eine Wertung dahingehend, dass an sich nur der Vertrags- oder Eingliederungskonzern der gesetzlichen Vorstellung entspricht, die auf faktischer Abhängigkeit basierende einheitliche Leitung hingegen nur geduldet ist, findet im Wortlaut des Gesetzes keine Stütze. Die Einflussnahme im faktischen Konzern ist wegen des gesetzlich verfolgten Ziels des Außenseiterschutzes allerdings Begrenzungen unterworfen. Dadurch wird die statuierte Konzernleitungspflicht lediglich modifiziert, aber keineswegs gänzlich in Frage gestellt. Einzuschränken ist das Institut der Konzernleitungspflicht im faktischen Konzern wie folgt:

---

[539] Vgl. zum Begriff der einheitlichen Leitung *Seydel*, Konzernbildungskontrolle bei der Aktiengesellschaft, S. 218 ff.

[540] Vgl. etwa das Beispiel bei *Seydel*, Konzernbildungskontrolle bei der Aktiengesellschaft, S. 225; weitere Beispiele finden sich bei *Koppensteiner* in: KK-AktG, § 311, Rn. 103; dazu auch *Semler*, Leitung und Überwachung der Aktiengesellschaft, Rn. 288.

[541] *Semler*, Leitung und Überwachung der Aktiengesellschaft, Rn. 288.

[542] *Seydel,* Konzernbildungskontrolle bei der Aktiengesellschaft, S. 225 f.

[543] Auch das entspricht der heute h.M., vgl. *Krieger* in: Münch.HdB. GesR IV, § 69, Rn. 20.

### (3) Begrenzte Konzernleitungspflicht im faktischen Konzern

Die Konzernleitungspflicht im faktischen Konzern kann nicht weiter reichen, als dies der gesetzliche Außenseiterschutz zulässt. Begrenzt wird die Leitungsmacht durch die § 311, 317 AktG.[544] Es muss namentlich die Funktionsfähigkeit des Ausgleichsystems der §§ 311 ff. AktG erhalten bleiben.[545] Infolgedessen muss ein Nachteil, den eine Maßnahme oder ein Rechtsgeschäft nach sich zieht, überhaupt quantifiziert werden können; fehlt es daran, ist die Maßnahme von vornherein rechtswidrig.[546] Diese auf den ersten Blick griffige Definition bedarf jedoch für den faktischen Konzern der Differenzierung: Das Nachteilsausgleichsystem greift nicht erst, wenn das Tatbestandsmerkmal der einheitlichen Leitung zu bejahen ist, was für das Bestehen eines faktischen Konzerns Voraussetzung ist. Vielmehr genügt bereits das Bestehen eines Abhängigkeitsverhältnisses; die Nachteilausgleichspflicht setzt folglich schon im „Vorstadium" einer Konzernbildung ein.[547] Die einheitliche Leitung setzt darüber hinaus eine planmäßige und permanente Einflussnahme mit Auswirkung auf das gesamte (Konzern-) Unternehmen voraus.[548] Die Führung eines faktischen Konzerns erschöpft sich entgegen einer verbreiteten Ansicht also nicht in gelegentlichen konkreten Einzelmaßnahmen, die zudem möglichst lückenlos vom Ausgleichssystem der §§ 311, 317 AktG erfasst sein müssen.[549] Wollte man alle Maßnahmen der Einflussnahme der herrschenden Gesellschaft, die letztlich erst konzernstiftend wirken, unter Berufung auf die nur bei Einzelmaßnahmen effektiv wirkenden Ausgleichsmechanismen der §§ 311, 317 AktG untersagen, bliebe überhaupt kein Raum mehr für die Schaffung eines Zustands, der als Konzern bezeichnet werden kann.[550]

---

[544] *Nick*, Konzernbetriebsrat und Sozialplan im Konzern, S. 26.
[545] *Hommelhoff*, Die Konzernleitungspflicht, S. 137.
[546] *Krieger* in: Münch.HdB. GesR IV, § 69, Rn. 70; *Koppensteiner* in: KK-AktG, § 311, Rn. 48.
[547] *Kropff* in: MünchKommAktG, § 311, Rn. 51.
[548] *Seydel*, Konzernbildungskontrolle bei der Aktiengesellschaft, S. 225 f.
[549] *Nick*, Konzernbetriebsrat und Sozialplan im Konzern, S. 27 m.w.N.
[550] Vgl. *Nick*, Konzernbetriebsrat und Sozialplan im Konzern, S. 27.

Es wird daher vorgeschlagen, beim faktischen Konzern zwischen sog. konzernintegrativen Maßnahmen zu unterscheiden, die selbst nicht daraufhin zu würdigen sind, ob sie vor- oder nachteilig im Sinne des § 311 Abs. 1 AktG sind, und den späteren – dann nach § 311 Abs. 1 AktG zu beurteilenden – Veranlassungen der Konzernspitze. Diese konzernintegrativen Maßnahmen werden jedoch durch die zwingende Wahrung des Status der abhängigen Gesellschaft als selbständiger Unternehmensträger begrenzt, da nur so die Beurteilungsmöglichkeit für den Vorstand der abhängigen Gesellschaft besteht, ob eine der Konzernintegration nachfolgende Maßnahme für sie nachteilig ist oder nicht.[551] So verstanden ist der oben genannte Grundsatz der Erhaltung der Funktionsfähigkeit des Ausgleichsystems zutreffend. Die Einschränkung der Konzernleitungsmacht respektive -pflicht erfolgt also aus der Gesamtschau der fortbestehenden Definitionsmöglichkeit des Eigeninteresses der Tochtergesellschaft und der sich daran anschließenden Bewertung auf der Grundlage der §§ 311 ff. AktG. In der Konsequenz verbleibt dann der faktische Konzern als ein Konzern mit stark dezentraler Leitungsstruktur.[552]

Aus diesen abstrakten Grundsätzen, das liegt auf der Hand, lassen sich kaum allgemeingültige und konkrete Aussagen darüber treffen, welche Maßnahmen der Leitungsausübung im faktischen Konzern sich noch in das Modell des stark dezentralisierten Konzerns einfügen. Allerdings wird es unter dem Gesichtspunkt der Erhaltung der Funktionsfähigkeit des Ausgleichsystems der §§ 311 ff. AktG im faktischen Konzern nicht mehr zulässig sein, Tochtergesellschaften bis in den Bereich des laufenden Tagesgeschäfts hinein zu steuern.[553] Aber auch der Bereich der Unternehmenspolitik mit seinen grundlegenden strategischen Entscheidungen, der Bereich also, wo gerade die konzernintegrativen Maßnahmen verortet sind und der daher eine gewisse Reichweite beanspruchen muss,[554] kann, um die Eigenständigkeit des Tochtervorstands noch gewährleisten zu können, nicht uneingeschränkt dem Einflussbereich des

---

[551] *Hommelhoff*, Die Konzernleitungspflicht, S. 138.
[552] *Hommelhoff*, Die Konzernleitungspflicht, S. 138 m.w.N.
[553] *Hommelhoff*, Die Konzernleitungspflicht, S. 146.
[554] *Seydel*, Konzernbildungskontrolle bei der Aktiengesellschaft, S. 225.

herrschenden Unternehmen überantwortet werden.[555] Einzelheiten sollen an dieser Stelle aber nicht weiter erörtert werden.[556]

### bb. Zwischenergebnis

Es kann festgehalten werden, dass der faktische Konzern eine von mehreren rechtlich zulässigen Konzernformen darstellt, bei der allerdings im Gegensatz zum Vertrags- oder Eingliederungskonzern eine stark gelockerte und dezentrale Leitungsstruktur vorherrscht. Insoweit erfährt das Institut der Konzernleitungspflicht Einschränkungen zugunsten des Außenseiterschutzes. Dadurch wird aber, das ist entscheidend, die Konzernleitungspflicht insgesamt nicht in Frage gestellt.

### cc. Vertrags- und Eingliederungskonzern

Beim Vertrags- und Eingliederungskonzern bestehen weitreichende Möglichkeiten für den Konzernvorstand, die Tochtergesellschaften zu leiten. Hier findet das Institut der Konzernleitungspflicht seine stärkste Ausprägung. Dennoch bestehen auch hier Gegenkräfte zur Begrenzung der Leitungsmacht, die wiederum beim Eingliederungskonzern mangels außenstehender Aktionäre weitaus kleiner ausfallen als beim Vertragskonzern.[557] Beim Vertragskonzern ist die Grenze erst da anzusiedeln, wo eine Weisung an den Tochtervorstand entweder nicht mehr vom Unternehmensgegenstand der Tochtergesellschaft gedeckt ist, oder aber die Existenz der Tochter gefährdet wäre.[558] Beim Eingliederungskonzern muss bei der Weisungserteilung nicht einmal auf die

---

555 *Hommelhoff*, Die Konzernleitungspflicht, S. 145.
556 Weitere Beispiele für einheitliche Leitung im faktischen Konzern auch bei *Semler*, Leitung und Überwachung der Aktiengesellschaft, Rn. 285 ff.; *Koppensteiner* in: KK-AktG, § 311, Rn. 103 f.
557 *Hommelhoff*, Die Konzernleitungspflicht, S. 153.
558 *Hommelhoff*, Die Konzernleitungspflicht, S. 149, 150.

Überlebensfähigkeit der Tochter Rücksicht genommen werden, weil die eingegliederte Gesellschaft keine außenstehenden Aktionäre hat. Generell lässt sich daher für den Vertrags- und Eingliederungskonzern feststellen, dass die Einschränkungen der Weisungsbefugnis so marginal ausgestaltet sind, dass der Konzernvorstand rechtlich in der Lage ist, einen zentral strukturierten Konzernverbund einzurichten, bei dem es ihm möglich ist, das Geschehen in der eingegliederten Tochtergesellschaft bis in alle Einzelheiten hinein selbst zu leiten.[559]

#### d. Ergebnis

Das Institut der Konzernleitungspflicht besteht keineswegs in gleichmäßiger Ausprägung über die verschiedenen Erscheinungsformen des Konzerns hinweg. Die Konzernleitungspflicht erfährt mehr oder weniger starke Begrenzungen. Am wenigsten stark ausgeprägt ist sie beim faktischen Konzern, kaum Grenzen findet sie hingegen beim Vertrags- oder gar beim Eingliederungskonzern. Die unterschiedliche Ausprägung kann aber nicht zu dem Ergebnis führen, dass die Leitungspflicht insgesamt nicht besteht.

### 4. § 76 AktG als aktienrechtliche Basis der Konzernleitungspflicht im Widerspruch zum Konzern mit dezentraler Leitungsstruktur

Gegen die Existenz der Konzernleitungspflicht konnten (bislang) keine überzeugenden Argumente gefunden werden. Demnach steht eine umfassende Einschränkung des Weisungsrechts des § 308 AktG, die sich zwingend ergeben würde, falls auf der Basis des § 9a AEG bezüglich der Organisationsstruktur vertikal integrierter Eisenbahnunternehmen zulässigerweise von der Option des

---

[559] *Hommelhoff*, Die Konzernleitungspflicht, S. 153.

Vertragskonzernmodells Gebrauch gemacht würde,[560] in besonderer Weise im Gegensatz zur Systematik des Konzernrechts einerseits, aber auch zur wirtschaftswissenschaftlichen „Verkehrsanschauung“ des Konzerns[561] andererseits. Gleichwohl ist dieses Ergebnis immer noch ein vorläufiges. Denn zum Abschluss dieses Abschnitts steht noch das Problem im Raum, wie sich das Institut der Konzernleitungspflicht zu den in der Praxis (über alle Konzernformen hinweg) häufig vorkommenden Konzernen mit dezentraler Leitungsstruktur verhält.[562]

Der Vorstand einer Konzernobergesellschaft steht bei der Entscheidung für eine bestimmte Führungskonzeption (von jeweils bestehenden rechtlichen Gegebenheiten einmal abgesehen) zunächst vor der Aufgabe, Vor- und Nachteile einer zentralisierten bzw. dezentralisierten Konzernführung im konkreten Fall gegeneinander abzuwägen. Eine Zentralisierung erleichtert zwar regelmäßig die einheitliche Durchführung von Entscheidungen der Konzernführung, andererseits wird so durch die Fülle der Entscheidungen, die der Konzernführung vorgelegt werden muss, der Entscheidungsablauf schwerfällig. Zudem besteht die Gefahr, dass Entscheidungen vergleichsweise weit entfernt vom jeweiligen Marktgeschehen getroffen werden.[563] D.h., unter Umständen ist aufgrund der Dynamik der Märkte eine dezentrale Konzernführung auf Dauer erfolgreicher, weil auf diese Weise (durch ein spezialisiertes Management in den jeweiligen Tochtergesellschaften) marktnahe Entscheidungen getroffen werden können.[564] Da nun die dezentrale Leitungsstruktur gerade auch in der Konstellation des Vertrags- und Eingliederungskonzerns vorkommt und infolgedessen die Freiräume der Tochtervorstände in diesen Fällen weit größer ausfallen, als dies aus Rechtsgründen zwingend wäre,[565] scheint der dem § 9a AEG immanente Bruch mit dem System des AktG in der Realität des Öfteren vorzukommen. Er scheint

---

[560] Vgl. zusammenfassend oben unter E.
[561] Dazu oben unter 2.
[562] Dazu *Hommelhoff,* Die Konzernleitungspflicht, S. 155.
[563] Vgl. *Scheffler*, Konzernmanagement, S. 80.
[564] *Scheffler*, Konzernmanagement, S. 80.
[565] Anders im (einfach) faktischen Konzern, der von vornherein zwingend eine dezentrale Leitungsstruktur aufweist, vgl. oben 3.c.bb.

mithin kein Novum zu sein, das erst durch die im Rahmen der AEG-Novelle geschaffenen Option für ein (modifiziertes) Vertragskonzernmodell begründet wird. Vielmehr scheint § 76 AktG auf der Ebene des Konzerns einer flexiblen Handhabung zu unterliegen, denn anderenfalls dürfte es Konzerne mit dezentraler Leitungsstruktur außer in Form von faktischen Konzernen schlicht nicht geben. Der postulierte Systembruch muss damit im Lichte der Konzerne mit dezentraler Leitungsstruktur nochmals näher präzisiert werden.

### a. Hinführung zur Problemstellung

*Hommelhoff* geht von einem Konzept der umfassenden Konzernleitungspflicht aus, wonach der Konzernvorstand das gesamte Konzerngeschehen bis in alle Einzelheiten der Tochteraktivitäten hinein zu leiten hat.[566] Wird dann von diesem Grundsatz im dezentral geführten Konzern abgewichen, so muss die Abweichung, gleichviel, ob das im Einzelfall einen Eingliederungs-, Vertrags-, oder auch faktischen Konzern betrifft, kenntlich gemacht bzw. legitimiert werden. In sich erscheint diese Konzeption durchaus schlüssig. Denn überträgt man § 76 AktG von der Ebene der Einzelgesellschaft auf die Ebene des Konzerns, was von den Befürwortern des Instituts der Konzernleitungspflicht[567] durchaus mit großer Übereinstimmung angenommen wird,[568] so stellt sich eine dezentrale Leitungsstruktur zunächst als ein Widerspruch zu § 76 AktG dar. Der Überwindung dieses Widerspruchs dient *Hommelhoff* die Konstruktion eines von der Hauptversammlung des herrschenden Unternehmens zu fassenden „Leitungsstrukturbeschlusses".[569] In diesem Beschluss soll eine Aussage darüber getroffen werden, wie die Konzernleitungspflicht konkret wahrgenommen oder auch nicht wahrgenommen wird. Im Eingliederungskonzern müsse der

---

[566] Vgl. *Hommelhoff*, Die Konzernleitungspflicht, S. 43 ff.,165 ff.

[567] Also auch von denjenigen, die die Konzernleitungspflicht in der Ausprägung der umfassenden Leitungspflicht ablehnen.

[568] *Hommelhoff*, Die Konzernleitungspflicht, S. 104 ff. Vgl. ferner *Semler*, Leitung und Überwachung der Aktiengesellschaft, Rn. 278; *Wiesner* in: Münch.Hdb.GesR IV, § 19, Rn. 12 m.w.N.

[569] Zum Begriff *Hommelhoff*, Die Konzernleitungspflicht, insbesondere S. 324 und 396.

Leitungsstrukturbeschluss im Eingliederungsbeschluss gem. § 319 Abs. 2 AktG, im Vertragskonzern im Beherrschungsvertrag gem. § 291 Abs. 1 AktG enthalten sein.[570]

Diese Konzeption wird konsequent auch auf den faktischen Konzern angewendet, was im ersten Moment überrascht, ist der faktische Konzern wie festgestellt ja bereits von Gesetzes wegen zwingend ein Konzern mit dezentraler Leitungsstruktur.[571] Obwohl die umfassende Leitungspflicht aus Rechtsgründen überhaupt nicht wahrgenommen werden kann, sei dennoch eine Legitimation der Reduktion des Leitungsauftrags erforderlich.[572] Im Recht des faktischen Konzerns, bei dem es anders als für den Vertrags- oder Eingliederungskonzern kein vom Aktiengesetz bereits vorgegebenes Rechtsinstitut gibt, das „konzernverfassungsrechtlich angereichert werden könnte“[573] (Beherrschungsvertrag bzw. Eingliederungsbeschluss), müsse der korrespondierende Leitungsstrukturbeschluss der Hauptversammlung eben im Rahmen der eigens dafür entwickelten sog. „Konzernierungserklärung“ erfolgen.[574] Im Kern verlangt diese Konzeption also vom Vorstand einer Konzernobergesellschaft, der seine Leitungspflicht nur eingeschränkt wahrnehmen will, etwa als Konsequenz der Etablierung eines dezentral strukturierten Konzerns wie dem faktischen Konzern, vorab die Herbeiführung einer Legitimation in Form eines Zustimmungsbeschlusses der Hauptversammlung (der herrschenden Gesellschaft). Den konzernverfassungsrechtlichen Rahmen bilden hierbei die genannten, von *Hommelhoff* entwickelten Institute.

Gegen die von *Hommelhoff* entwickelte Konzeption der umfassenden Leitungspflicht wird in der Literatur vorgebracht, sie stehe im Widerspruch gerade zu den §§ 311 ff. AktG. Dieser Widerspruch müsse sodann mit Hilfe der frei erfundenen Konstruktion der „Konzernierungserklärung“ in Verbindung mit dem „Leitungsstrukturbeschluss der Hauptversammlung“ überwunden werden.

---

570 *Hommelhoff*, Die Konzernleitungspflicht, S. 363, bzw. 323/344.
571 Oben 3.c.bb
572 Vgl. dazu die kritische Würdigung bei *Kropff*, ZGR 1984, S. 112 (119).
573 *Hommelhoff*, Die Konzernleitungspflicht, S. 424.
574 *Hommelhoff*, Die Konzernleitungspflicht, S. 377 ff. bzw. 408 ff.

Tatsächlich stünde dem Vorstand Leitungsermessen zu.[575] Dieser Kritikansatz trifft nicht den Kern des Problems, denn *Hommelhoff* versucht mit den genannten Instituten nicht, einen Widerspruch zwischen der Konzeption der umfassenden Leitungspflicht und den §§ 311 ff. AktG zu überwinden. Insbesondere mit der „Konzernierungserklärung" wird lediglich die These, dass die Einschränkung des Leitungsauftrags nicht zur Disposition des Vorstands einer herrschenden Konzerngesellschaft steht, im faktischen Konzern organisationsrechtlich verankert. Dass der faktische Konzern bereits de lege lata zwingend ein dezentral zu organisierender Konzern ist, wird von *Hommelhoff* indes sehr wohl zur Kenntnis genommen, ja sogar ausführlich beschrieben.[576]

Eine schlüssige Kritik kann sich nicht einfach auf die Negierung der umfassenden Leitungspflicht beschränken. Sie muss vielmehr eine Erklärung dafür finden, weshalb es (insbesondere) in einem Vertrags-/ Eingliederungskonzern Leitungsermessen des Konzernvorstands geben kann, ohne dass damit die Konzernleitungspflicht auf der Basis des § 76 AktG nicht insgesamt wieder in Frage gestellt wird. Sie muss auch erklären, wie es in zulässiger Weise zu der im dezentral organisierten Konzern häufig zu beobachtenden Übertragung von Kernelementen der Leitung auf nachgelagerte Instanzen (etwa auf Tochtervorstände) in einem Umfang kommt, wie es auf Ebene der Einzelgesellschaft nicht mehr mit § 76 AktG vereinbar wäre.[577] *Hommelhoffs* Konzept von der Legitimation der Leitungsverkürzung durch einen Hauptversammlungsbeschluss böte sich in diesem Zusammenhang durchaus an. Lehnt man es ab, etwa aufgrund fehlender Anhaltspunkte für den

---

[575] *Götz*, Der Entherrschungsvertrag im Aktienrecht, S. 100; *Mertens* in: KK-AktG, § 76, Rn. 54 f. Kritik an der Konzeption der umfassenden Konzernleitungspflicht üben neben den genannten *Götz* und *Mertens* auch *Semler*, Leitung und Überwachung der Aktiengesellschaft, Rn. 278 (Fn. 410); *Hüffe*r, AktG, § 76, Rn. 17; *Rittner*, AcP 1983, S. 295 (300); *Kropff*, ZGR 1984, S. 112 (120 ff).

[576] *Hommelhoff*, Die Konzernleitungspflicht, S. 418.

[577] Soweit ersichtlich, widmet sich neben *Hommelhoff* nur *Semler,* Leitung und Überwachung der Aktiengesellschaft, Rn. 280, etwas ausführlicher diesem Problem. Die Lösung klingt indes auch bei *Mertens* in: KK-AktG, § 76, Rn. 54 an, wenn er darauf hinweist, dass abhängige Unternehmen eigene Organe mit eigener Leitungsverantwortung haben, so dass die „Leitungsabstinenz" im Verhältnis zu ihnen wesentlich weiter gehen darf als dies nach § 76 AktG bezogen auf die konzernfreie Gesellschaft der Fall ist.

„Leitungsstrukturbeschluss“ oder die „Konzernierungserklärung“ im Gesetz, muss eine Alternativlösung entwickelt werden.

Um die aufgeworfene Problemstellung im Detail nachvollziehen zu können, ist es erforderlich, Inhalt und Umfang der Konzernleitungspflicht auf der Grundlage der Leitungspflicht in konzernfreien Aktiengesellschaften eingehend zu beleuchten.

### b. Inhalt und Umfang der Konzernleitungspflicht auf der Grundlage der Leitungspflicht in konzernfreien Aktiengesellschaften

Ausgangspunkt für die Bestimmung des Inhalts und Umfangs der Konzernleitungspflicht ist, in diesem Punkt herrscht unter den Befürwortern dieses Instituts wie erwähnt[578] noch große Einigkeit, § 76 AktG. Die Vorschrift gilt auch auf Konzernebene. Ausgangspunkt des Umfangs und Inhalts der Konzernleitungspflicht ist somit Inhalt und Umfang der Leitungspflicht auf Ebene der Einzelgesellschaft, also der nicht konzernverbundenen Aktiengesellschaft.

#### aa. Allgemein anerkannter Umfang und Inhalt der Leitungspflicht gem. §76 AktG in der konzernfreien Gesellschaft

Gem. § 76 Abs. 1 AktG hat der Vorstand die Gesellschaft unter eigener Verantwortung zu leiten. Die erste Schwierigkeit, die sich zeigt, ist die Erfassung des Begriffs der „Leitung“. Teilweise wird vertreten, der Begriff der „Leitung“ müsse zu dem der „Geschäftsführung“, wie er in den §§ 77 und 111 Abs. 1 AktG verwendet wird, abgegrenzt werden. Demnach gehe der Begriff der Geschäftsführung weiter und umfasse jede tatsächliche und rechtsgeschäftliche

[578] 4.a.

Tätigkeit für die Gesellschaft, wohingegen bei der Leitung nur ein Ausschnitt aus der Geschäftsführung, namentlich die Führungsfunktion des Vorstands, erfasst werde.[579] Andere verstehen die Begriffe „Leitung“ und „Geschäftsführung“ synonym.[580] Im Ergebnis ziehen die Vertreter beider Ansichten im Grundsatz identische Schlussfolgerungen: Beide definieren einen Kern von Führungsaufgaben, derer sich der Vorstand einer Aktiengesellschaft nicht begeben darf, mit dem Unterschied, dass diese Aufgaben von den Vertretern der erstgenannten Ansicht eben dem Begriff der „Leitung“ zugeordnet werden.[581]

Der Grund für die differenzierte Behandlung der Aufgabenbereiche liegt in der Erkenntnis, dass die Führung einer Gesellschaft (im weitesten Sinne) eine Vielzahl von Tätigkeiten und Aufgaben umfasst, die der Vorstand nicht alle als Organ selbst wahrnehmen kann.[582] Als Instrument zur Bewältigung der Aufgabenfülle steht ihm daher neben der Delegation von Aufgabenbereichen auf einzelne Vorstands-mitglieder grundsätzlich auch die Verlagerung auf nachgeordnete Mitarbeiter zur Verfügung.[583] Um der in § 76 Abs. 1 AktG gesetzlich angeordneten Verpflichtung zur Leitung der Gesellschaft entsprechen zu können, muss jedoch ein Kernbereich von Führungsaufgaben zwingend dem Vorstand selbst zugeordnet bleiben. Welche Aufgaben das sind, lässt sich dem Gesetz ausdrücklich nur in Ansätzen entnehmen, etwa die Zuweisung von Aufgaben an den Vorstand als Kollegialorgan nach den §§ 83, 90,91, 92, 110 Abs. 1, 118 Abs. 2, 121 Abs. 2, 170, 245 Nr. 4 AktG.[584] Daneben wurden in der Literatur weitere „originäre Führungsaufgaben“ herausgearbeitet:[585]

---

[579] *Wiesner* in: Münch.Hdb.GesR IV, § 19, Rn. 12 m.w.N.
[580] *Semler*, Leitung und Überwachung der Aktiengesellschaft, Rn. 6.
[581] *Wiesner* in: Münch.Hdb.GesR IV, § 19, Rn. 12. Für die andere Ansicht, die die Begriffe synonym versteht *Semler*, Leitung und Überwachung der Aktiengesellschaft, Rn. 11 ff., 21 ff.
[582] *Semler*, Leitung und Überwachung der Aktiengesellschaft, Rn. 10.
[583] *Semler*, Leitung und Überwachung der Aktiengesellschaft, Rn. 10; ähnlich *Wiesner* in: Münch.Hdb.GesR IV, § 19, Rn. 16; *Hüffer*, AkG, § 76, Rn. 8.
[584] *Hefermehl/Spindler* in: MünchKommAktG., § 76, Rn. 16.
[585] *Semler*, Leitung und Überwachung der Aktiengesellschaft, Rn. 11, ähnlich *Hefermehl/Spindler* in: MünchKommAktG., § 76, Rn. 16 f.

- die Zielsetzung und mittel- und langfristige Festlegung der Unternehmenspolitik (Unternehmensplanung)
- die Organisation und die Koordinierung der mit Führungsaufgaben ausgestatteten Teilbereiche des Unternehmens (Unternehmenskoordinierung)
- die laufende und nachträgliche Kontrolle von Durchführung und Erfolg delegierter Geschäftsführungsaufgaben (Unternehmenskontrolle)
- Besetzung von Führungsstellen im Unternehmen (Führungspostenbesetzung).

Diese Aufzählung hat offensichtlich sehr abstrakten Charakter, was aber angesichts der nahezu unbegrenzten Vielfalt an Unternehmen, was den Tätigkeitsbereich, Größenstruktur, nationale/ internationale Ausrichtung etc. betrifft, kaum verwundern kann. Entscheidend ist, dass der Vorstand einer Gesellschaft eben nicht jedwede Verwaltungstätigkeit oder Leitungsaufgabe im weitesten Sinne in eigener Zuständigkeit vornehmen muss. Die Delegation von Funktionen der Geschäftsführung an einzelne Vorstandsmitglieder (die Überantwortung einzelner Teilbereiche wie z.B. Vertrieb oder Rechnungswesen auf ein einzelnes Mitglied entspricht im Kollegialorgan Vorstand gängiger Praxis)[586] oder sogar an nachgelagerte Führungsebenen findet aber da ihre Grenzen, wo die Wahrnehmung organschaftlicher Mindestzuständigkeiten nicht mehr gewährleistet wäre.[587] Die Ausübung originärer Führungsaufgaben im dargelegten Sinn hat der Vorstand zum einen als Gesamtorgan zu treffen, diese sind zum anderen (das versteht sich dann an sich von selbst) auch nicht auf Dritte übertragbar. Aber auch im Falle der zulässigen Delegation von Aufgaben, worunter neben der Übertragung des laufenden Tagesgeschäfts auch die Delegation der Vorbereitung und der Ausführung von Führungsentscheidungen fallen kann, bleibt doch der Vorstand als Organ verantwortlich für die delegierten Aufgaben, was ihn neben der ständigen Kontrolle auch zum

---

[586] *Mertens* in: KK-AktG, § 76 Rn. 49.
[587] *Semler*, Leitung und Überwachung der Aktiengesellschaft, Rn. 22.

Eingreifen und wieder an sich ziehen von Aufgaben im Falle von Fehlentwicklungen verpflichtet.[588]

Innerhalb dieses abgesteckten Rahmens ist dem Vorstand richtigerweise ein großer Ermessensspielraum zuzugestehen, wie er seine ihm vom Gesetz zugewiesenen Leitungsaufgaben wahrnimmt. Der Vorstand ist in diesem Sinne der Unternehmer, der seinen Sachverstand und die ihm zur Verfügung stehenden personellen und sachlichen Ressourcen zur bestmöglichen Verwirklichung des Unternehmensgegenstands einzusetzen hat.[589]

### bb. Übertragung des Ergebnisses auf die Ebene des Konzerns

Ausgehend von den Grundsätzen zu Umfang und Inhalt der Leitungspflicht des § 76 AktG in der nicht konzernverbundenen Gesellschaft ist die Analyse *Hommelhoffs* zu Umfang und Inhalt der Konzernleitungspflicht zu würdigen. Unter § 8 seiner Untersuchung zur Konzernleitungspflicht[590] entwickelt *Hommelhoff* eine (sehr umfangreiche) „Grundaussage" zu Inhalt und Umfang der Konzernleitungspflicht, die den dargestellten Grundsätzen zu § 76 AktG sehr nahe kommt. Er betont eingangs insbesondere, dass kein Vorstand „die Fülle von Entscheidungen und Maßnahmen, die im Unternehmen – und im Konzern – fortlaufend wahrgenommen werden müssen, mit eigenen Händen erledigen [kann]."[591] Würde man das vom Vorstand verlangen, würde man Übermenschliches und damit rechtlich Unmögliches verlangen. So lautet die Schlussfolgerung: Der Vorstand müsse Führungsaufgaben – zumindest in einem gewissen Umfang – delegieren können.[592]

---

[588] *Semler*, Leitung und Überwachung der Aktiengesellschaft, Rn. 23.
[589] *Mertens* in: KK-AktG, § 76, Rn. 10 ff.; *Wiesner* in: Münch.Hdb.GesR IV, § 19, Rn. 16.
[590] *Hommelhoff*, Die Konzernleitungspflicht, S. 165-191.
[591] *Hommelhoff*, Die Konzernleitungspflicht, S.179, eine ähnliche Formulierung bei *Wiesner* in: Münch.Hdb.GesR IV, § 19, Rn. 16.
[592] *Hommelhoff*, Die Konzernleitungspflicht, S.179 f.

*Hommelhoff* geht nun noch einen Schritt weiter und folgert darüber hinaus sogar, quasi im Umkehrschluss, dass der Vorstand eines Unternehmens, wenn er schon nicht in der Lage ist, sämtliche Führungsaufgaben in eigener Zuständigkeit zu erfüllen, rechtlich zur Delegation *verpflichtet* sei, wo das Delegieren von Aufgaben auf nachgeordnete Mitarbeiter – etwa aufgrund deren spezielleren Kenntnisse und Fähigkeiten – tunlich erscheint. Diese Delegationspflicht bestehe auf Konzernebene in gleicher Weise wie auf Ebene der einzelnen Gesellschaft, d.h., der Konzernvorstand *dürfe* sich nach diesem Verständnis gar nicht um alle Einzelheiten des Konzerngeschehens selbst kümmern, er habe vielmehr den Vorständen von Tochtergesellschaften Führungsaufgaben zu überlassen.[593] Die Leitungspflicht des Konzernvorstands bestehe daher vor allem darin, die Gesamtverantwortung für den Konzern wahrzunehmen, was sich z.B. in der Organisation der Führungsstruktur in den Tochtergesellschaften und der Kontrolle der Tochtervorstände niederschlage. Auch müsse der Konzernvorstand im Falle von Fehlentwicklungen in den Tochtergesellschaften lenkend eingreifen, dann unter Umständen sogar bis in Detailfragen des Tagesgeschäfts hinein.[594]

Bis hierhin sind keine Differenzen zu der vorherrschenden Auffassung zu Inhalt und Umfang des § 76 AktG in der nicht konzernverbundenen Gesellschaft ersichtlich (abgesehen natürlich vom Aspekt der Übertragung von Aufgaben auf Tochtervorstände). Im weiteren Verlauf der Untersuchung (S. 192 ff.) kommt der eingangs (oben a) bereits genannte konzernspezifische Aspekt hinzu, der sich nicht ohne weiteres mit § 76 AktG in Einklang bringen lässt: das Spannungsverhältnis zu § 76 AktG im so bezeichneten „dezentral organisierten Konzern“. Wie bereits erläutert, pflegen Konzernvorstände in der Praxis – das gilt unabhängig von der rechtlichen Ausgestaltung als Eingliederungs-, Vertrags-, oder faktischer Konzern – nur in Ausnahmefällen das gesamte Konzerngeschehen bis in alle Einzelheiten der Tochtergesellschaften hinein selbst zu leiten.[595] Gerade in den großen Konzernen wird die Leitung der

---

[593] *Hommelhoff,* Die Konzernleitungspflicht, S. 181 f.
[594] *Hommelhoff*, Die Konzernleitungspflicht, S. 182 ff.
[595] *Scheffler*, Konzernmanagement, S. 81 f., dazu bereits oben unter a.

Konzerntöchter vielmehr regelmäßig durch einen mehr oder weniger eigenständig agierenden Tochtervorstand übernommen. Der Konzern-vorstand konzentriert sich auf die grundsätzliche Oberleitung der Konzernaktivitäten und deren Koordinierung und überlässt die Leitung der Töchter im Übrigen deren Leitungsorganen.[596] *Hommelhoff* grenzt dabei, ausgehend von den tatsächlichen Gegebenheiten, drei Erscheinungsformen von Leitungsverzicht ab, die zu einem derartigen dezentralisierten Konzern führen:[597]

- Verzicht auf die Leitung des Tagesgeschäfts
- Verzicht auf einzelne Führungsentscheidungen
- Verzicht auf die Bestimmung der kurz- oder mittelfristigen Unternehmenspolitik in der Konzerntochter.

Der Verzicht auf die Leitung des Tagesgeschäfts beinhaltet nach dieser Diktion die eigenverantwortliche Entscheidung des Tochtervorstands über Geschäftsabschlüsse und deren Bedingungen, Absatzstrategien, Einsatz der Produktionsmittel etc. im Rahmen (bloßer) unternehmenspolitischer Vorgaben des Konzernvorstands.[598] Es kann sogar so weit führen, dass Konzernvorstände im Bereich der Tochtervorstände „Kreativitäts- und Initiativzentren" entstehen (oder gewähren) lassen, infolgedessen die originären (tochterbezogenen) Führungsentscheidungen nicht mehr im Konzernvorstand getroffen werden, sondern Letzterer sich darauf beschränkt, unter völligem Verzicht auf die Koordination der kurz- und mittelfristigen Unternehmenspolitik der Konzerntöchter, nur noch die langfristige Unternehmenspolitik zu konzipieren und deren Umsetzung zu gewährleisten.[599]

Inhaltlich stellen diese Formen des realen Verzichts auf die Konzernleitung sehr weitgehende (Selbst-) Beschränkungen der rechtlich gegebenen Leitungsmacht dar. Das gilt natürlich insbesondere für den Eingliederungs- oder Vertragskonzern. Aber auch in der Konstellation des faktischen Konzerns kann es in einem Ausmaß zur Dezentralisierung durch Übertragung von

---

[596] *Hommelhoff*, Die Konzernleitungspflicht, S. 155.
[597] *Hommelhoff*, Die Konzernleitungspflicht, S. 157.
[598] *Hommelhoff*, Die Konzernleitungspflicht, S. 157.
[599] *Hommelhoff*, Die Konzernleitungspflicht, S. 159 ff.

Leitungsaufgaben auf die Tochter-vorstände kommen, die in Ansehung des Inhalts und Umfangs der Leitungspflicht, wie sie für die Einzelgesellschaft definiert wurde, als unzulässige Preisgabe originärer Führungsaufgaben qualifiziert werden müsste. Vollkommen richtig ist demnach, wie es *Semler* formuliert, dass die nicht vorhandene uneingeschränkte Führungsfunktion des Konzernvorstands nur teilweise eine Folge rechtlicher Ausgestaltung von Leitungsmacht und Verantwortlichkeit im Konzern ist, zum Teil jedenfalls beruht dies auch auf einer Führungsentscheidung der Konzernspitze.[600]

### cc. Zwischenergebnis

Die in der Praxis über alle Konzernformen hinweg vorkommende Etablierung dezentraler Leitungsstrukturen führt häufig in einem Umfang zur Verlagerung von Leitungsaufgaben auf Tochtervorstände, wie es auf Ebene der konzernfreien Aktiengesellschaft gegen § 76 AktG verstoßen würde. Es stellt sich daher die Frage, ob die Einrichtung dezentraler Leitungsstrukturen durch Vorstände von Konzernobergesellschaften in deren Ermessen steht, oder ob es hierfür zumindest einer besonderen Legitimation bedarf.[601]

---

[600] *Semler*, Leitung und Überwachung im Konzern, Rn. 280. Konzerninterne Delegation und Einrichtung einer dezentralen Leitungsstruktur, die zu Bereichen partieller Eingriffsfreiheit auf Ebene der Konzerntochter führen, stellen folglich nicht dieselben Vorgänge dar, weshalb *Hommelhoff* diese Institute auch konsequent voneinander abgrenzt, Die Konzernleitungspflicht, S. 193.

[601] Käme man zum Ergebnis, dass Leitungsermessen besteht, würde sich die Frage stellen, was von der behaupteten *Pflicht* zur Leitung letztlich übrig bleibt, wenn sie eigentlich *Konzernleitungsermessen* ist.

### c. Zulässigkeit der eingeschränkten Ausübung der Konzernleitung

Während *Hommelhoff* die eingeschränkte Ausübung der Konzernleitung zwingend der Legitimation durch die Hauptversammlung der herrschenden Gesellschaft unterwerfen will, geht die absolut herrschende Ansicht von Leitungsermessen des Vorstands einer herrschenden Gesellschaft aus.

#### aa. Die Ansicht *Hommelhoffs*

Nach der Ansicht *Hommelhoffs* muss die eingeschränkte Ausübung der Konzernleitung in jeder Konzernform durch einen sog. „Leitungsstrukturbeschluss"[602] der Hauptversammlung der herrschenden Gesellschaft organisationsrechtlich verankert werden. Der Leitungsstrukturbeschluss soll eine Aussage darüber treffen, wie die Konzernleitungspflicht konkret wahrgenommen, oder auch nicht wahrgenommen wird.

##### (1) Der Leitungsstrukturbeschluss und dessen organisationsrechtliche Einbettung im Vertrags-, Eingliederungs- und faktischen Konzern

Eingebettet ist der Leitungsstrukturbeschluss im Fall des Vertragskonzerns in den Beherrschungsvertrag. Nach *Hommelhoffs* Überzeugung kann dieser nicht nur die Unterstellung des einen Unternehmens unter die Leitung des anderen beinhalten, sondern es muss für den Fall der Errichtung eines Vertragskonzerns mit dezentraler Leitungsstruktur zwingend auch die eingeschränkte Wahrnehmung des gesetzlichen Leitungsauftrags aus § 76 AktG festgeschrieben (und damit durch die Hauptversammlung legitimiert) werden.[603] Im Beherrschungsvertrag müssen die jeweiligen Entscheidungsbereiche für den

---

[602] Vgl. zum Begriff bereits oben unter a.; *Hommelhoff*, Die Konzernleitungspflicht, insbesondere S. 324 und 396.

[603] *Hommelhoff*, Die Konzernleitungspflicht, S. 323/344.

Konzern- und den Tochtervorstand dezidiert definiert werden.[604] Im Eingliederungskonzern stellt der korrespondierende „Leitungsstrukturbeschluss" der Eingliederungsbeschluss gem. § 319 Abs. 2 AktG dar. Falls dem Vorstand des eingegliederten Unternehmens ein breiterer unternehmerischer Gestaltungsfreiraum verbleibt, als das von Gesetzes wegen im Eingliederungskonzern erforderlich ist, muss dies durch den Eingliederungsbeschluss entsprechend legitimiert sein.[605]

Die Verkürzung des Leitungsauftrags ist also jeweils in ein organisationsrechtliches „Vehikel", dem Beherrschungsvertrag einerseits, dem Eingliederungsbeschluss anderseits, eingebettet. Um nun eine entsprechende Legitimation der Verkürzung des Leitungsauftrags des Konzernvorstands beim faktischen Konzern zu erreichen (ja sogar eine Legitimation der Entstehung eines faktischen Konzerns überhaupt), der keine dem Beherrschungsvertrag oder Eingliederungsbeschluss vergleichbare Entstehungsgrundlage kennt, muss – in dieser Systematik ist das durchaus konsequent – eben ein vergleichbares „Vehikel", um bei diesem Begriff zu bleiben, „erfunden" werden. Geboren ist damit das Institut der „Konzernierungserklärung" beim faktischen Konzern, in der der abhängigen Gesellschaft durch einseitige Erklärung des Konzernvorstands das konzernorganisatorische Grundkonzept erläutert werden soll.[606] Denn warum, so könnte sich noch einigermaßen folgerichtig fragen lassen, sollte der Vertrags- und Eingliederungskonzern einer konzernverfassungsrechtlichen Fundierung bedürfen, die Entstehung des faktischen Konzerns und damit die Frage des Umfangs der Wahrnehmung des Leitungsauftrags aus § 76 AktG in diesem Fall aber in das Belieben des Konzernvorstands gestellt sein?[607]

---

[604] *Hommelhoff*, Die Konzernleitungspflicht, S. 323.
[605] *Hommelhoff*, Die Konzernleitungspflicht, S. 363.
[606] *Hommelhoff*, Die Konzernleitungspflicht, S. 408, 409.
[607] *Hommelhoff*, Die Konzernleitungspflicht, S. 364. Zu den erheblichen praktischen Schwierigkeiten – die ganz abgesehen von der zweifelhaften Herleitung der sogleich zu erörternden „Verfassungsgrundsätze" bestehen – nimmt *Kropff,* ZGR 1984, S. 112 (120/121), Stellung.

### (2) „Verfassungsgrundsätze" des § 292 Abs. 1 Nr. 3 AktG als vermeintlicher Ursprung des „Leitungsstrukturbeschlusses"

Der Ursprung des Leitungsstrukturbeschlusses soll in den „Verfassungsgrundsätzen" des Konzerns liegen, die in erster Linie in den „leitungsstrukturellen Momenten" der §§ 292 Abs. 1 Nr. 3, 293 Abs. 1 AktG niedergelegt seien.[608] Der gleiche Grund, der den Abschluss „anderer Unternehmensverträge" im Sinne des § 292 Abs. 1 Nr. 3 AktG[609] von der Zustimmung der Hauptversammlung abhängig macht (§ 293 Abs. 1 AktG), bildet auch die Grundlage für den Leitungsstrukturbeschluss:

Sämtliche Verträge führen zu einer dezentral organisierten Leitungseinheit, der Aufgabenbereich des Vorstands der überlassenden Gesellschaft beschränkt sich auf die Bestimmung der Unternehmenspolitik, während der Übernehmer im Übrigen das überlassene Unternehmen eigenverantwortlich leitet. Es handelt sich also um „das Organisationsstatut der Aktiengesellschaft verändernde Verträge".[610] Die Unterwerfung unter den Zustimmungsvorbehalt der Hauptversammlung ist Ausdruck des Konzernverfassungsgrundsatzes, wonach die Reduktion des gesetzlichen Leitungsauftrags nur durch eine Zustimmung der Hauptversammlung mit qualifizierter Mehrheit möglich ist.[611]

---

[608] *Hommelhoff*, Die Konzernleitungspflicht, S. 365/286 ff.

[609] Also dem Betriebspachtvertrag, dem Betriebsüberlassungsvertrag und dem nicht ausdrücklich im Gesetz genannten Betriebsführungsvertrag, wobei bei Letzterem strittig ist, ob auf ihn § 292 Abs. 1 Nr. 3 direkt oder analog anzuwenden ist, vgl. *Krieger* in: Münch.HdB. GesR IV, § 72, Rn. 41 ff.

[610] Betriebspachtvertrag: *Hommelhoff*, Die Konzernleitungspflicht, S. 278; Betriebsüberlassungsvertrag: S. 282/283; Betriebsführungsvertrag: S. 285; zusammenfassend für alle Vertragstypen: S. 286-288.

[611] *Hommelhoff*, Die Konzernleitungspflicht, S. 286.

**bb. Bewertung**

Nach ganz überwiegender Auffassung sind die Verträge im Sinne des § 292 AktG im Gegensatz zu den Unternehmensverträgen des § 291 AktG schon keine Organisationsverträge, sondern Verträge rein schuldrechtlicher Art.[612] Die Regierungsbegründung spricht bei den Verträgen des § 292 AktG ausdrücklich von im Gegensatz zu den Unternehmensverträgen des § 291 AktG schuldrechtlichen Verträgen mit Austausch von Leitung und Gegenleistung.[613] Über den Grund für die Unterwerfung gerade der Verträge nach Nr. 3 unter die Zustimmung der Hauptversammlung sagt die Regierungsbegründung zugegebenermaßen wenig aus.[614] Die überwiegende Ansicht sieht den Grund in der einschneidenden wirtschaftlichen Bedeutung dieser Verträge, die Leitungszuständigkeit des Vorstands werde durch sie aber nicht überlagert.[615] Betont wird die fehlende Möglichkeit der Aktionäre, abgesehen vom Pachtzins, die Gewinnverteilung zu beeinflussen.[616]

Aber selbst dann, wenn man den Betriebspacht- und Überlassungsverträgen aufgrund der Herabstufung der überlassenden Gesellschaft zur „Rentnergesellschaft" organisationsrechtlichen Charakter zugestehen will,[617] bleibt doch zweifelhaft, ob daraus der von *Hommelhoff* postulierte „Verfassungsgrundsatz" abgeleitet werden kann, wonach die Verkürzung des gesetzlichen Leitungsauftrags der Konzernspitze, so wie es für die Situation der dezentralen Leitungsstruktur typisch ist, stets einen Hauptversammlungsbeschluss voraussetzt. Die historische Betrachtung, worauf die Behauptung *Hommelhoffs* letztlich beruht,[618] ist jedenfalls wenig ergiebig. Warum soll das Gesetz, oder wenigstens die Regierungsbegründung einen derartig gewichtigen „Verfassungsgrundsatz" nicht ausdrücklich benennen?[619] Warum soll es bei

---

612 *Altmeppen* in: MünchKommAktG, § 292, Rn. 7.
613 *Kropff*, Textausgabe des AktG 1965, S. 378.
614 *Koppensteiner* in: KK-AktG, § 292, Rn. 15.
615 *Hüffer*, AktG, § 292, Rn. 2.
616 *Hüffer*, AktG, § 292, Rn. 2.
617 So etwa auch *Emmerich* in: *Emmerich/Habersack*, Konzernrecht, § 292, Rn. 39a.
618 *Hommelhoff*, Die Konzernleitungspflicht, S. 280 f.
619 In diesem Sinne auch *Kropff*, ZGR 1984, S. 112 (120 f.).

vagen und verklausulierten Andeutungen eines Grundsatzes bleiben? Das will nicht einleuchten. Und wenn der Gesetzgeber diesen vermeintlichen Grundsatz weder mit einem Wort erwähnt, geschweige denn im Rahmen des faktischen Konzerns in ein organisationsrechtliches „Vehikel“ einbettet, lässt das doch nur den Schluss zu, dass es einen „Verfassungsgrundsatz“ in der von *Hommelhoff* postulierten Weise schlicht nicht gibt.[620]

Auch die bislang ausgeblendete dritte Gruppe der Unternehmensverträge des § 292 Abs. 1 Nr. 3 AktG, die nicht ausdrücklich im Gesetz genannten Betriebsführungsverträge,[621] enthalten den behaupteten „Verfassungsgrundsatz“ nicht. Beim Betriebsführungsvertrag erteilt ein Unternehmen (Eigentümerunternehmen) einem anderen Unternehmen (Betriebsführungsunternehmen) den Auftrag, seinen Betrieb namens und für Rechnung des Eigentümerunternehmens zu führen.[622] Beim typischen Betriebsführungsvertrag ist es – da gewöhnlicher Geschäftsbesorgungsvertrag – nun aber so, dass der Betriebsführer verpflichtet ist, im Sinne des § 665 BGB nach den Weisungen des Eigentümers zu handeln.[623] Wird die Betriebsführung weitgehend dem Betriebsführungsunternehmen überlassen, gleicht die Situation im Prinzip derjenigen im dezentral organisierten Konzern (jedenfalls soweit es sich um einen Vertrags- oder Eingliederungskonzern handelt). Daher fragt man sich in der Tat, warum auch ein solcher Vertrag der Zustimmung der Hauptversammlung unterworfen ist. Auf den ersten Blick scheint es so zu sein, als käme § 293 AktG nur deshalb zur Anwendung, weil der Leitungsauftrag des Vorstands des Eigentümerunternehmens verkürzt wird und er darüber nicht selbst befinden können soll.[624] Das würde *Hommelhoffs* These bestätigen, wonach die Einrichtung eines dezentralisierten Konzerns stets der Legitimation durch die Hauptversammlung unterliegt. Allerdings ist die generelle Einordnung der Betriebsführungsverträge als Unternehmensvertrag unstimmig. Richtigerweise wird man danach

[620] Ähnlich *Rittner*, AcP 183, S. 295 (304 f.).
[621] *Krieger* in: Münch.HdB. GesR IV, § 72, Rn. 41 ff.
[622] *Altmeppen* in: MünchKommAktG, § 292, Rn. 143.
[623] *Altmeppen* in: MünchKommAktG, § 292, Rn. 146.
[624] So etwa auch *Altmeppen* in: MünchKommAktG, § 292, Rn. 150, der dem Modell der umfassenden Konzernleitungspflicht an sich aber eher zurückhaltend gegenüber steht, vgl. Einl. §§291 ff., Rn. 29.

unterscheiden müssen, ob die durch § 76 AktG gewährleistete Autonomie des Eigentümerunternehmens gewahrt ist oder nicht. Wird der Betrieb nach Weisung des Eigentümerunternehmens geführt, so liegt in Wirklichkeit gar kein Unternehmensvertrag, sondern ein ohne weiteres zulässiger schuldrechtlicher Vertrag vor; wird das Weisungsrecht hingegen ausgeschlossen und der Betrieb nur noch für Rechnung des Eigentümerunternehmens geführt, ist der Betriebsführungsvertrag nur als Unternehmensvertrag, allerdings in Form des Beherrschungsvertrags, zulässig.[625] Damit bleibt es dabei: Der von *Hommelhoff* proklamierte „Verfassungsgrundsatz" des § 292 Abs. 1 Nr. 3 AktG findet sich im Gesetz nicht wieder, er stellt eine bloße Fiktion dar.

Ohne die behaupteten „Verfassungsgrundsätze" der §§ 292 Abs. 1 Nr. 3, 293 Abs. 1 AktG zerbricht auch die Basis für ein stets durch die Hauptversammlung zu fassenden „Leitungsstrukturbeschluss". Tatsächlich ist dergleichen im Gesetz nicht enthalten und könnte daher nur durch den Gesetzgeber eingeführt werden. De lege ferenda lässt sich die Festschreibung eines detaillierten konzernverfassungsrechtlichen Organisationsstatuts im Sinne *Hommelhoffs* zwar durchaus diskutieren, allerdings sollte im Rahmen einer solchen Diskussion nicht außer Acht gelassen werden, dass die völlige Einschränkung des Leitungsermessens des Konzernvorstands (durch detaillierte ex ante- Festlegung mit Zustimmung der Hauptversammlung) kaum mit den wirtschaftlichen Bedürfnissen an eine flexible Optimierung der Leitungsstruktur in Einklang zu bringen wäre. Wenn sich der Konzernvorstand z.B. einmal für die Festlegung einer dezentralen Leitungsstruktur entschieden hat, sollte für die Revidierung oder auch nur Modifizierung einer solchen Entscheidung kein kompliziertes und zeitraubendes (Zustimmungs-) Verfahren bemüht werden müssen. Daher sollte sich eine gesetzliche Regelung, wenn überhaupt, auf einzelne, klar definierte Aspekte, beschränken.[626]

---

[625] So völlig zutreffend *Karsten Schmidt*, Gesellschaftsrecht, § 31 III 1b.
[626] Dazu *Kropff*, ZGR 1984, S. 112 (131 f.).

## cc. Die vorherrschende Gegenansicht

Nach alledem erweist sich die vorherrschende Gegenansicht[627] zu *Hommelhoff* als richtig. Es steht im Ermessen eines Konzernvorstands auch eines Vertrags- oder Eingliederungskonzerns, sich für die dezentrale Leitungsstruktur zu entscheiden, wofür er dann allerdings die volle Verantwortung übernehmen muss. Dies schlägt sich etwa in einer angemessenen Kontrolle der Geschäfts- und Ergebnisentwicklung bei der Tochter nieder.[628] Damit aber scheint es so zu sein, dass aus der Konzernleitungspflicht ein Konzernleitungsermessen wird, außerdem kann § 76 AktG im dezentral geleiteten Konzern ohne gesonderte Legitimation Einschränkungen unterworfen werden, wie sie für die nicht konzernverbundene Gesellschaft nicht zulässig wären.[629] Doch stellt dies keinen Widerspruch zum Institut der Konzernleitungspflicht insgesamt dar:

Der entscheidende Aspekt, der alle Erscheinungsformen des Konzerns umspannt und der auch den substantiellen Unterschied zur Delegation von Führungsaufgaben im Einheitsunternehmen ausmacht, ist, dass die Tochter(aktien)gesellschaften bis hin zum Eingliederungskonzern weiterhin über ein eigenes Leitungsorgan „Vorstand" verfügen, der seinerseits einem gesetzlichen Leitungsauftrag gem. § 76 AktG unterliegt.[630] Fehl ginge daher die Annahme, diese Organe würden zum bloßen Selbstzweck, ohne Organfunktionen wahrzunehmen, beibehalten.[631] Man betrachte nur den Wortlaut des § 308 AktG, der dem herrschenden Unternehmen ein (umfassendes) Weisungsrecht gegenüber Tochtervorständen gewährt; die Rede ist von Weisungen „hinsichtlich der Leitung der Gesellschaft". Das setzt aber voraus, dass der Tochtervorstand überhaupt leitet. Der Tochtervorstand wird nicht durch den Konzernvorstand ersetzt, Letzterer kann (lediglich) die Bahnen

---

[627] *Mertens* in: KK-AktG, § 76, Rn. 54; *Krieger* in: Münch.HdB. GesR IV, § 69, Rn. 20; *Semler,* Leitung und Überwachung der Aktiengesellschaft, Rn. 280,

[628] Vgl. *Mertens* in: KK-AktG, § 76, Rn. 54.

[629] Auf diese Problematik weist wie erwähnt auch *Semler,* Leitung und Überwachung der Aktiengesellschaft, Rn. 280, hin.

[630] Dies wird auch von *Mertens* in: KK-AktG, § 76, Rn. 54, angedeutet.

[631] Dies wird auch von *Hommelhoff*, soweit völlig richtig, festgestellt; Die Konzernleitungspflicht, S. 227.

festlegen, innerhalb derer der Tochtervorstand seine Leitungsaufgabe eigenverantwortlich wahrnehmen soll.[632]

Die Folge der als gängige Praxis beschriebenen Etablierung von Konzernen mit dezentraler Leitungsstruktur durch Konzernvorstände ist, dass die unternehmerische Leitung nicht mehr vom Konzernvorstand allein bewerkstelligt, sondern der Auftrag zur Leitung im Sinne von § 76 AktG gemeinsam mit den Vorständen der Tochterunternehmen wahrgenommen wird; „aus der Einzahl autonomer Entscheidungsträger… ist im Konzern eine reale Vielzahl geworden".[633] Die Organqualität der Tochtervorstände rechtfertigt aber entgegen der Ansicht *Hommelhoffs* das Leitungsermessen des Vorstands der Konzernobergesellschaft. Durch ein System des harmonisierenden Abgleichs lässt sich das Spannungsverhältnis von „einheitlicher Leitung" einerseits und den selbstständigen Organisationseinheiten der Tochtergesellschaften andererseits, zu einem Ausgleich bringen.[634] § 76 AktG wird auf der Konzernebene in die eine Richtung – in der Intensität von der Konzernform abhängig – durch das Recht der jeweiligen Konzerntochter begrenzt, in die andere Richtung durch das Tatbestandsmerkmal der „einheitlichen Leitung". Innerhalb dieses abgesteckten Feldes besteht das grundsätzliche Leitungsermessen des Konzernvorstands.

## 5. Präzisierung des dem § 9a AEG immanenten Systembruchs mit dem geltenden Aktienrecht trotz bestehendem Leitungsermessen

Wie im vorherigen Abschnitt gezeigt werden konnte, steht dem Vorstand einer Konzernobergesellschaft trotz der grundsätzlichen Pflicht zur Konzernleitung Leitungsermessen zu. D. h., die Konzernleitung kann von der in den verschiedenen Konzernformen unterschiedlich ausfallenden Leitungsmacht

---

[632] Auch insoweit völlig zutreffend *Hommelhoff*, Die Konzernleitungspflicht, S. 217.
[633] *Hommelhoff*, Die Konzernleitungspflicht, S. 192, 193.
[634] *Hommelhoff*, Die Konzernleitungspflicht, S. 260 f.

zurückhaltend Gebrauch machen. Damit ist die Existenz etwa von dezentral organisierten Vertragskonzernen nicht weiter ungewöhnlich und vom AktG gedeckt. Derartige Vertragskonzerne gleichen, zumindest auf den ersten Blick, einem vertikal integrierten Eisenbahnkonzern, bei dessen Strukturierung die von § 9a AEG gewährte Option zur Beibehaltung der Vertragskonzernstruktur ausgeübt wird.[635] Die in diesem Fall notwendige umfassende Einschränkung des vertragskonzernrechtlichen Weisungsrechts (§ 308 AktG) gegenüber der Netzbetreibergesellschaft macht den Vorstand dieser Gesellschaft ebenso wie den Tochtervorstand in einem gewöhnlichen dezentral organisierten Vertragskonzern in weiten Bereichen zu einem autonom agierenden Entscheidungsträger.

Allerdings gibt es einen entscheidenden Unterschied zum „normalen“ Vertragskonzern: Dort kann der Vorstand der Obergesellschaft jederzeit seine Entscheidung für eine dezentrale Leitungsstruktur revidieren, wenn er dazu eine entsprechende Veranlassung sieht. Er muss dies auch tun, wenn anderenfalls die Interessen des Gesamtkonzerns beeinträchtigt würden. Einer Konzernleitung in einem Vertragskonzern diese Möglichkeit umfassend abzuschneiden, lässt sich nicht in das bestehende System des Aktienkonzernrechts einfügen. Eine Regelung wie der § 9a AEG ist folglich als systemwidrig abzulehnen.

## IV. Ergebnis zu III. und weitere Schlussfolgerungen für eine zu entwickelnde System- und richtlinienkonforme Konzernorganisationsstruktur vertikal integrierter Eisenbahnunternehmen

Die Konzernleitungspflicht ist, auch ohne detaillierte Definition und organisationsrechtliche Ausgestaltung wie sie das *Hommelhoffsche* Modell vorsieht, im gegenwärtigen Aktiengesetz als tragendes konzernverfassungsrechtliches Fundament verankert. Sie entstammt einem originären Prinzip des Verbandrechts, wonach die Organe eines Verbands verpflichtet sind,

---

[635] Dazu oben E.

den Verbandszweck aktiv zu verfolgen. Verankert ist die Konzernleitungspflicht im Aktiengesetz in § 76 AktG. Die Vorschrift gilt auch auf Konzernebene. Der Konzernvorstand hat danach in abgestufter Form – abhängig von der Konzernform – die Gesamtinteressen des Konzerns durch einheitliche Leitung zu verfolgen. Da auch Tochtergesellschaften weiterhin über Vorstände mit Organfunktion verfügen, kann dem Konzernvorstand grundsätzlich anheim gestellt werden, wie er der Verpflichtung zur Konzernleitung nachkommt, es besteht insoweit Leitungsermessen.

Daraus folgt für die Konzeption des § 9a AEG: Die notwendige umfassende Einschränkung des Weisungsrechts der Obergesellschaft eines (vertikal integrierten) Eisenbahnkonzerns für den Fall der Beibehaltung der Vertragskonzernstruktur stellt eine systemwidrige Beschränkung der Konzernleitungspflicht als einem tragenden Element eines im gegenwärtigen Aktienrecht angelegten Konzernorganisationsrechts dar. Ein Fremdkörper im System stellt es namentlich dar, wenn dem Vorstand der herrschenden Gesellschaft das Leitungsermessen von vornherein umfassend entzogen wird. Eine derartige Regelung ist daher bereits aufgrund systematischer Aspekte abzulehnen.

Unter C.III. wurde das vorläufige Ergebnis formuliert, dass eine Organisationsstruktur vertikal integrierter Eisenbahnunternehmen, die Merkmale des Konzerns im aktienrechtlichen Sinne aufweist, grundsätzlich richtlinienkonform zu sein scheint. Aufgrund der in diesem Abschnitt F.III. gewonnen Erkenntnisse könnte sich § 9a AEG möglicherweise in die Systematik des geltenden Aktienkonzernrechts einfügen, wenn als organisationsrechtliches Modell der faktische Konzern zugrunde gelegt würde. Denn der faktische Konzern zeichnet sich insbesondere dadurch aus, dass das herrschende Unternehmen gerade keinen Einfluss auf das laufende Tagesgeschäft nehmen darf,[636] sondern sich auf konzernstiftende Vorgaben in Einzelbereichen zu

---

[636] *Hommelhoff*, Die Konzernleitungspflicht, S. 141.

beschränken hat, wie etwa Konzernkoordinierung oder Konzernplanung.[637] Zumindest stimmt somit das Leitbild des faktischen Konzerns weit eher mit dem überein, was das Europäische Recht im Hinblick auf die Trennung der Bereiche Netz und Betrieb verlangt, als das vom Vertragskonzern als Basis eines Organisationsmodells gesagt werden kann. Genaueres muss indes die weitere Untersuchung zeigen.

Schließlich lässt sich das wirtschaftswissenschaftliche Verständnis vom Konzern, um darauf nochmals zurückzukommen,[638] letztlich auch nur mit dem Vertrags- und Eingliederungskonzern in Einklang mit geltendem Recht bringen. Der wirtschaftswissenschaftlichen Definition vom Konzern als wirtschaftlicher Einheit liegt ein enger Konzernbegriff zugrunde,[639] dem so nicht gefolgt werden kann. Bezogen auf die Erscheinungsformen Vertrags- und Eingliederungskonzern ist das Rechtsinstitut „Konzern“ nichtsdestotrotz durch § 9a AEG in einem Kernelement betroffen.

## V. Systemwidrigkeit des § 9a AEG bedeutet nicht Verfassungswidrigkeit

Mehr als die Forderung, einen derartigen systemwidrigen Eingriff zu unterlassen bzw. zu korrigieren, kann auf der Basis der unter III. gewonnenen Erkenntnisse allerdings nicht an den Gesetzgeber herangetragen werden. Ein verfassungsrechtlicher Konflikt, wie er teilweise postuliert wird,[640] ist bestenfalls auf den ersten Blick gegeben: Der am 21.12.1993 in Kraft getretene Art. 87e Abs. 3 Satz 1 GG verlangt die Führung von Bundeseisenbahnen als Wirtschaftsunternehmen in privater Rechtsform.[641] Daraus wird vielfach geschlossen, das Grundgesetz verlange die Führung der Bundeseisenbahnen in Organisationsformen, die von der für jedermann geltenden Privatrechtsordnung

---

[637] Vgl. *Hommelhoff*, Die Konzernleitungspflicht, S. 146, ähnlich *Semler*, Leitung und Überwachung der Aktiengesellschaft Rn. 316 ff./324.
[638] Vgl. III.1.a.
[639] Vgl. *Bayer* in: MünchKommAktG § 18, Rn. 28.
[640] *Berschin,* DVBl. 2002, 1079 (1085), dazu bereits unter E.
[641] Vgl. Teil 1, A.III.2.a.

zur Verfügung gestellt werden und im allgemeinen Rechtsverkehr zugelassen sind.[642] Da im vorherigen Abschnitt die Möglichkeit der Etablierung einer stark modifizierten Form des Vertragskonzerns eindeutig als ein Systembruch im Aktienkonzernrecht herausgearbeitet werden konnte, liegt der Schluss auf eine Verletzung dieses Postulats des Art. 87e Abs. 3 Satz 1 GG tatsächlich nahe.[643]

Allerdings hält dieses Ergebnis einer genaueren Überprüfung nicht Stand, da es einer formalen Betrachtungsweise gleichkommt, die den Hintergrund der verfassungsrechtlichen Regelung in keiner Weise berücksichtigt. Ausgangspunkt der grundlegenden Reform der bundeseigenen Eisenbahnen weg von der behördlich strukturierten Staatsbahn hin zu einem marktwirtschaftlich ausgerichteten Unternehmen war (neben dem zunehmenden Druck von Seiten des Europäischen Gemeinschaftsrechts) primär die sich immer mehr zuspitzende Finanzsituation der damaligen Deutschen Bundesbahn; diese entwickelte sich zunehmend zu einem unkalkulierbaren Haushaltrisiko für den Bund.[644] Der vom Verfassungsgeber verfolgte Strukturwandel unter Abkehr vom bisherigen System, wonach die Bundesbahn als Sondervermögen des Bundes unter bundeseigener Verwaltung geführt wurde, findet seinen Ausdruck in dem Gebot zur Aufgaben- und Organisationsprivatisierung der Eisenbahnen des Bundes und sichert diesen Verfassungsauftrag für die Zeit nach Erreichen der Vorgabe in Form einer Einrichtungsgarantie.[645] Es soll dauerhaft sichergestellt werden, dass Eisenbahnen des Bundes einerseits nicht lediglich als rechtsfähige Anstalt des öffentlichen Rechts, andererseits aber auch nicht in Form einer privatrechtlichen Sonderorganisationsform geführt werden, bei denen staatliche Einflussnahmen auf die unternehmerischen Entscheidungen quasi durch die Hintertür wieder ermöglicht werden.[646] Was sich also hinter dem Gebot der Führung von

---

[642] So die Formulierung von *Windthorst* in: *Sachs*, Grundgesetz, Art. 87e, Rn. 33; sehr ähnlich *Gersdorf* in: *v. Mangoldt/Klein/Starck*, GG, Art. 87e, Rn. 42; *Hommelhoff/Schmidt-Aßmann,* ZHR 160 (1996), S. 521 (532 f.).

[643] So offenbar *Berschin,* DVBl. 2002, 1079 (1085).

[644] *Hommelhoff/Schmidt-Aßmann,* ZHR 160 (1996), S. 521 (523) m.w.N.; dazu auch oben, Einleitung.

[645] *Windthorst* in: *Sachs*, Grundgesetz, Art. 87e, Rn. 31.

[646] *Windthorst* in: *Sachs*, Grundgesetz, Art. 87e, Rn.33; *Hommelhoff/Schmidt-Aßmann,* ZHR 160 (1996), S. 521 (537).

Eisenbahnen des Bundes als Wirtschaftsunternehmen in privater Rechtsform verbirgt, ist der Schutz der Unabhängigkeit der Geschäftsführung vor staatlichen Eingriffen; vor Eingriffen in die unternehmerische Verpflichtung, Eisenbahnen des Bundes nach kaufmännischen Geboten wettbewerbs- und gewinnorientiert zu führen, und nicht etwa unter Verfolgung von Allgemeinwohlaspekten.[647]

Der Gesetzgeber hat sich seinerzeit für die Strukturierung der Deutschen Bahn als Aktiengesellschaft entschlossen, andere (gängige) Formen wären grundsätzlich ebenfalls zulässig gewesen.[648] Allerdings dürfte sich die Aktiengesellschaft vor dem Hintergrund des Unabhängigkeitserfordernisses der Geschäftsleitung,[649] der Größe des Unternehmens und der Möglichkeit des Börsengangs bei weitem am besten eignen.[650] Mit der Möglichkeit der Etablierung einer „Sondervertragskonzernform" im Zuge der Novellierung des AEG gefährdet der Gesetzgeber die genannten verfassungsrechtlichen Vorgaben nicht. Innerhalb des Konzernverbunds „Deutsche Bahn AG" werden lediglich die Kompetenzen des Vorstands der Holding zugunsten des Vorstands der DB Netz AG verschoben, eine Erhöhung der Gefahr staatlicher Einflussnahme ist damit nicht verbunden. Es bleibt mithin bei der (bloßen) Systemwidrigkeit des geplanten gesetzgeberischen Vorgehens.

## VI. Fehlende Unabhängigkeit des Betreibers der Infrastruktur als Verstoß gegen die Maßgaben des Eisenbahninfrastrukturpakets

Unter aktienrechtssystematischen Gesichtspunkten ist die Möglichkeit der Beibehaltung des Organisationsmodells „Vertragskonzern" für vertikal integrierte Eisenbahnunternehmen bei gleichzeitiger umfassender Einschränkung des Weisungsrechts aus § 308 AktG, was gem. § 9a AEG die

---

[647] *Windthorst* in: *Sachs*, Grundgesetz, Art. 87e, Rn.37 ff; *Hommelhoff/Schmidt-Aßmann,* ZHR 160 (1996), S. 521 (537 ff.).

[648] Vgl. die ausführliche Darstellung bei *Hommelhoff/Schmidt-Aßmann,* ZHR 160 (1996), S. 521 (537 ff.).

[649] *Windthorst* in: *Sachs*, Grundgesetz, Art. 87e, Rn.36.

[650] *Hommelhoff/Schmidt-Aßmann,* ZHR 160 (1996), S. 521 (539 f.).

Folge der Entscheidung für die Vertragskonzernstruktur wäre, abzulehnen. Das konnte im vorherigen Abschnitt F.III. belegt werden. In diesem Abschnitt wird der Frage nachgegangen, ob das Modell des (modifizierten) Vertragskonzerns darüber hinaus auch gegen die Maßgaben des Eisenbahninfrastrukturpakets bezüglich der Unabhängigkeit der Netz- von den Verkehrssparten verstößt.

In diesem Zusammenhang wird ein mögliches alternatives Organisationskonzept vor dem Hintergrund der gemeinschaftsrechtlichen Vorgaben gewürdigt, das Modell des wirtschaftlich selbstständigen Infrastrukturbetreibers. Unter dem Begriff des wirtschaftlich selbstständigen Unternehmens wird fortan ein rechtlich selbstständiges Unternehmen verstanden, dessen Selbstständigkeit im wirtschaftlichen Bereich rechtlich gesichert ist. Die rechtliche Absicherung der Selbstständigkeit im wirtschaftlichen Bereich bedeutet zwingender Ausschluss sowohl von Beherrschungs- als auch Gewinnabführungsverträgen (eine Eingliederung, § 317 AktG, scheidet dann natürlich ebenso aus). Der so verstandene Begriff des wirtschaftlich selbstständigen Unternehmens basiert auf *Spoerr*,[651] der ihn in ähnlicher Form für den Netzsektor Telekommunikation prägte.[652]

Ob sich dieses Organisationsmodell für vertikal integrierte Eisenbahnunternehmen möglicherweise als gemeinschaftsrechtlich geboten erweist, hängt von Inhalt und Reichweite des Unabhängigkeitserfordernisses (des Betreibers der Infrastruktur von Eisenbahnunternehmen) ab, das in den Art. 4 Abs. 2 und Art. 14 Abs. 2 RL 2001/14/EG enthalten ist.[653] Unter zwei Aspekten könnte der Unabhängigkeitsbegriff dem nach dem AEG möglichen Vertragskonzernmodell entgegenstehen: Zunächst könnte sich das Tatbestandsmerkmal der

---

[651] *Spoerr* in: *Trute/Spoerr/Bosch*, TKG, § 14, Rn. 20; vgl. bereits oben C.II.2.

[652] Problematisch erscheint allerdings, wenn *Spoerr* bei Fehlen der rechtlich gesicherten wirtschaftlichen Selbstständigkeit die rechtliche Selbstständigkeit als solche verneint. Hier muss richtigerweise nach rechtlicher einerseits, nach wirtschaftlicher Selbstständigkeit andererseits, differenziert werden. Allerdings hängt dieses Begriffsverständnis mit dem Wortlaut des § 14 TKG zusammen. Zutreffend ist es, das Erfordernis der wirtschaftlichen Unabhängigkeit des Netzbetreibers abzulehnen. Denn wirtschaftliche Abhängigkeit ist kein rechtlicher, sondern ein faktischer Umstand; so kann auch ein in jeder Hinsicht selbstständig agierender Zulieferer eines Automobilherstellers wirtschaftlich von diesem abhängig sein.

[653] Vgl. oben B.

Unabhängigkeit (rechtlich, organisatorisch und in den Entscheidungen) bereits in seiner Reichweite nicht nur auf die Entscheidungsbereiche Trassenvergabe und Trassenpreisfestsetzung beziehen, wie es der gängigen Auslegung der RL 2001/14/EG entspricht, sondern es könnte davon vielmehr ein umfassendes Spektrum unternehmerischer Entscheidungen beim Betreiber der Infrastruktur erfasst sein. Die Folge wäre, dass die bloße Einschränkung des Weisungsrechts des herrschenden Unternehmens im vertikal integrierten Eisenbahnkonzern aus § 308 AktG im Hinblick auf Trassenvergabe und Trassenpreissetzung ungenügend wäre. Möglich wäre aber auch, dass sich das Unabhängigkeitserfordernis zwar nur auf die Bereiche Trassenvergabe und Trassenpreissetzung bezieht, die Unabhängigkeit in diesen Bereichen sich indes auf der Basis des Vertragskonzerns inhaltlich nicht erreichen lässt. Zum Inhalt des Begriffs der Unabhängigkeit sogleich, zunächst aber zu dessen Reichweite:

### 1. Die Reichweite der Unabhängigkeit des Infrastrukturbetreibers auf der Grundlage des Wortlauts der Artikel 4 Abs. 2 und 14 Abs. 2 RL 2001/14/EG: Unabhängigkeit nur in Bezug auf Trassenvergabe und Trassenpreisfestsetzung oder der Netzbetreiber als wirtschaftlich selbständiges Unternehmen

Folgende beiden Auslegungsvarianten des Unabhängigkeitsbegriffs in Art. 4 Abs. 2 und 14 Abs. 2 der RL 2001/14/EG stehen im Raum: Entweder, die Unabhängigkeit des Betreibers der Infrastruktur (rechtlich, organisatorisch und in seinen Entscheidungen) bezieht sich lediglich auf Trassenpreisfestsetzung (Art. 4 Abs. 2) und Trassenvergabe (Art. 14 Abs. 2). Ist die Unabhängigkeit diesbezüglich gewährleistet, ist den Anforderungen des Gemeinschaftsrechts Genüge getan. Oder aber es verhält sich wie folgt: Die Bereiche Trassenvergabe und Trassenpreisfestsetzung bilden nur die Mindestanforderung an die Unabhängigkeit des Betreibers der Infrastruktur. Tatsächlich muss der Betreiber der Infrastruktur in einem umfassenden (nicht näher eingegrenzten) Spektrum von unternehmerischen Entscheidungen unabhängig sein. Fehlt es daran, so ist die Rechtsfolge, dass die Trassenvergabe und die Trassenpreisfestsetzung nicht mehr vom Betreiber der Infrastruktur wahrgenommen werden darf, sondern auf eine unabhängige Stelle außerhalb des vertikal integrierten Eisenbahnkonzerns (eine Behörde oder ein Unternehmen) zu übertragen ist.

Nach der Lesart der Bundesregierung, das folgt aus dem Wortlaut des § 9a Abs. 1 Satz 1 AEG, haben öffentliche Betreiber der Schienenwege lediglich rechtlich, organisatorisch und in ihren Entscheidungen von Eisenbahnverkehrsunternehmen unabhängig zu sein, soweit es Entscheidungen über die Zuweisung von Zugtrassen und über die Wegeentgelte betrifft.[654] Das entspricht offensichtlich der ersten Auslegungsvariante. Zur Gewährleistung der Unabhängigkeit in diesen Punkten werden in § 9a Abs.1 Nr. 1-6 AEG die oben dargelegten[655] Maßnahmen, wie etwa die Einschränkung des Weisungsrechts, zur Trennung der Bereiche Netz und Betrieb verbindlich verankert. Nach der Interpretation der Bundesregierung genügt das, um den Anforderungen des Eisenbahninfrastrukturpakets zu entsprechen.[656] Diese Auslegung basiert auf der Prämisse, dass Art. 4 Abs. 2 der RL 2001/14/EG das Tatbestandsmerkmal der rechtlichen und organisatorischen Unabhängigkeit sowie der Unabhängigkeit in den Entscheidungen mit der Unabhängigkeit in Bezug auf „die in diesem Kapitel dargelegten Aufgaben“ (Trassenpreisfestsetzung/Trassenpreiserhebung) gleichsetzt. Entsprechendes gilt für die Auslegung von Art. 14 Abs. 2 für „die in Absatz 1 genannten und in diesem Kapitel im weiteren dargelegten Aufgaben“ (Zuweisung von Fahrwegkapazität).[657] Auf der Grundlage dieser Auslegung wäre etwa im Falle der Vertragskonzernstruktur jede Weisung an die Netzgesellschaft, die über diese Bereiche hinausgeht, von der Weisungskompetenz des herrschenden Unternehmens (§ 308 AktG) gedeckt. Im deutschen Konzernrecht bestünde dann insoweit grundsätzlich sogar die Pflicht

---

[654] Vgl. oben D.II, dazu auch *Gersdorf,* ZHR 168 (2004), S. 576 (591).
[655] Vgl. oben D.II.
[656] Begründung des Regierungsentwurfs zu § 9a, BT-Drs. 15/3280, S. 16.
[657] Dies entspricht im Übrigen der gängigen Interpretation des Richtlinienpakets, vgl. etwa *Ende/Kaiser,* WuW 2004, S. 26 (28).

des herrschenden Unternehmens, die Tochtergesellschaft im Sinne einer Konzernoptimierungsstrategie zu leiten.[658]

Wie unter B. dargestellt, präzisieren die Art. 4 Abs. 2 und 14 Abs. 2 der RL 2001/14/EG „die erforderlichen Maßnahmen" des Art. 6 Abs. 3 der RL 2001/12/EG.[659] Sie enthalten konkretisierende Maßgaben, *wie* die Mitgliedstaaten dafür Sorge zu tragen haben, dass „die Funktionen nach Anhang II"[660] nicht von Anbietern von Eisenbahnverkehrsdienstleistungen erbracht werden: Für den Fall, dass die rechtliche und organisatorische Unabhängigkeit sowie die Unabhängigkeit des Betreibers der Infrastruktur in seinen Entscheidungen nicht gesichert ist, dürfen die in Art. 4 Abs. 2 und Art. 14 Abs. 2 genannten Aufgaben zwingend nicht mehr vom Betreiber der Infrastruktur selbst wahrgenommen werden, sie müssen vielmehr auf eine unabhängige Stelle (ein Unternehmen oder eine Behörde) übertragen werden.

Auf der Basis einer wortlautorientierten Auslegung der RL 2001/14/EG spricht einiges dafür, dass es nicht allein damit getan ist, nur die genannten Aufgaben dem Einflussbereich von Eisenbahnunternehmen durch entsprechende Einschränkung der Weisungskompetenz etc. zu entziehen. Vielmehr liegt es nahe, die organisatorische Unabhängigkeit und die Unabhängigkeit in den Entscheidungen[661] als Tatbestandsmerkmal (in dem Sinne, dass „Unabhängigkeit" auf ein ganzes Spektrum unternehmerischer Entscheidungen bezogen ist) zu begreifen, dessen Fehlen die Rechtsfolge „Übertragung der Aufgaben an eine unabhängige Stelle" nach sich zieht (Auslegungsvariante 2). Die Auslegung des Wortlauts der Richtlinie, wie sie die Bundesregierung vornimmt, würde doch eine etwa wie folgt lautende Formulierung des Art. 4 Abs. 2 RL 2001/14/EG voraussetzen: „Ist der Betreiber der Infrastruktur in den in diesem Kapitel dargelegten Aufgaben nicht rechtlich, organisatorisch und in

---

[658] Siehe obige Ausführungen zur Konzernleitungspflicht F.III.3;4.
[659] Artikel 6 Abs. 3 RL 2001/12/EG, EG-Abl. Nr. L 75 vom 15.3.2001, S. 3
[660] Artikel 6 Abs. 3 RL 2001/12/EG, EG-Abl. Nr. L 75 vom 15.3.2001, S. 3
[661] Die rechtliche Unabhängigkeit ist zwar verwirklicht, auf diese kommt es aber im Vertragskonzernverbund nicht an, vgl. oben D.II.

seinen Entscheidungen von Eisenbahnunternehmen unabhängig, so sind diese Aufgaben von einer entgelterhebenden Stelle wahrzunehmen, die…“.

Die Übertragung der im Anhang II des Art. 6 Abs. 3 der RL 2001/12/EG genannten Aufgabenbereiche an Stellen oder Unternehmen, die selbst keine Eisenbahnverkehrsleistungen erbringen, wird vom europäischen Gesetzgeber als „für einen gerechten und nichtdiskriminierenden Zugang zur Infrastruktur ausschlaggebend“[662] erachtet. Im Zusammenspiel mit der Formulierung in Art. 4 Abs. 2 bzw. 14 Abs. 2 RL 2001/14/EG erscheinen diese Aufgabenbereiche als ein *Mindestmaß* an Unabhängigkeit der Netzsparte im vertikal integrierten Eisenbahnunternehmen. Zu einem ganz anderen Ergebnis kommt indes *Holst,* dessen Auslegung allerdings in der konkreten Begründung nicht zu überzeugen vermag: Er geht einerseits davon aus, dass die Trennung der Rechnungsführung ausreichend sei, insbesondere sei die institutionelle, aber auch die organisatorische Trennung der Bereiche Fahrweg und Betrieb lediglich fakultativ. Strengere Anforderungen als die bloße bilanzielle Trennung der Bereiche Netz und Betrieb, die Art. 6 Abs. 1 RL 2001/12/EG normiert,[663] bestünden lediglich hinsichtlich der Funktionen nach Anhang II, (Art. 6 Abs. 3 RL 2001/12/EG).[664] Andererseits aber konstatiert *Holst*, dass hinsichtlich der Unabhängigkeit von Netz und Betrieb im Sinne von Art. 14 RL 2001/14/EG „die Definition der RL 91/440/EWG[665] [gilt]“.[666] Der Rückverweis auf die Definition (welche?) in der RL 91/440/EWG (in der Fassung der RL 2001/12/EG) ist irreführend, weil Art. 14 RL 2001/14/EG (und Art. 4 Abs. 2) erst die Konkretisierung des Unabhängigkeitserfordernisses enthält.

Die also angesichts des Wortlauts der Art. 6 Abs.1 und Abs. 3 RL 2001/12/EG sowie der Art. 4 Abs. 2 bzw. 14 Abs. 2 RL 2001/14/EG stringentere

---

[662] Das ist die Formulierung des Artikel 6 Abs. 3 RL 2001/12/EG, EG-Abl. Nr. L 75 vom 15.3.2001, S. 3, der auf den Anhang II verweist, welcher wiederum u.a. die Entscheidungen über die Trassenzuweisung und die Wegeentgelte beinhaltet.

[663] Vgl. oben D.II.

[664] *Holst* in: *Frohnmeyer/Mückenhausen*, § 21, Rn. 17.

[665] Gemeint ist RL 91/440/EWG in der Fassung der RL 2001/12/EG.

[666] *Holst* in: *Frohnmeyer/Mückenhausen*, § 23, Rn. 11.

Auslegungsvariante 2 ergibt folgendes Bild: Wenn die Mitgliedstaaten von der Möglichkeit Gebrauch machen, keine vollständige vertikale Separation vorzunehmen, entscheidet die Verwirklichung der rechtlichen und organisatorischen Unabhängigkeit sowie der Unabhängigkeit des Netzbetreibers in den Entscheidungen darüber, von welcher Stelle die Entscheidungen über die Wegeentgelte und die Trassenzuweisung getroffen werden. Das in dieser Auslegung angelegte „Mehr" an (unternehmerischer) Unabhängigkeit des Infrastrukturbetreibers verlangt sodann nach dessen wirtschaftlicher Selbstständigkeit gem. der entwickelten Definition. Grundsätzlich wäre die richtlinienkonforme Konzernorganisationsstruktur vertikal integrierter Eisenbahnunternehmen demnach der faktische Konzern (ohne Gewinnabführungsverträge).

Allerdings: Auszuschließen ist auch bei isolierter Wortlautauslegung nicht, dass es sich bei der Benennung der Aufgabenbereiche Trassenzuweisung bzw. Entgelterhebung der Art. 4 Abs. 2, respektive 14 Abs. 2, um notwendige, aber auch hinreichende Bedingungen der Unabhängigkeit handelt, oder anders ausgedrückt: Die organisatorische Unabhängigkeit und die Unabhängigkeit in den Entscheidungen könnten sich tatsächlich nur auf die Bereiche Trassenvergabe und Trassenpreissetzung beziehen. Dies könnte mit dem Hinweis auf die Stellung der Regelungen unter der Überschrift „Festsetzung, Berechnung und Erhebung von Entgelten" (Art. 4) bzw. „Zuweisung von Fahrwegkapazität" (Art. 14) untermauert werden, womit zum Ausdruck kommen könnte, dass eben nur diese Bereiche angesprochen sind. Letztlich könnte dafür auch Art. 6 Abs. 1 RL 2001/12/EG sprechen, der nur die buchhalterische Trennung der Bereiche Fahrweg und Betrieb verlangt. Es würde sich dann eben nur um eine wenig gelungene Formulierung handeln, deren Inhalt aber nichtsdestotrotz mit der Interpretation der Bundesregierung übereinstimmte.

Tatsächlich bestätigt auch die Auffassung der Europäischen Kommission die gängige Auslegung des Richtlinienpakets, wonach sich die Unabhängigkeit des Betreibers der Infrastruktur lediglich auf die wesentlichen Funktionen des Art.

6 Abs. 3 RL 2001/12/EG, also insbesondere die Trassenpreissetzung und die Trassenvergabe,[667] zu beschränken hat (Auslegungsvariante 1). So hat die Europäische Kommission der Bundesregierung bestätigt, dass die Beibehaltung einer Holding zulässig sei, sofern der Betreiber der Infrastruktur hinsichtlich der besagten wesentlichen Funktionen über eine hinreichende Unabhängigkeit verfüge.[668] Im Hinblick auf die Reichweite des Begriffs der Unabhängigkeit ist daher trotz des missglückten Wortlauts von der bloßen Erfassung der wesentlichen Funktionen, insbesondere also Trassenvergabe und Trassenpreisfestsetzung, auszugehen. Damit steht allerdings noch nicht fest, ob die Unabhängigkeit für den Fall der (auf der Basis des § 9a AEG zulässigen) Beibehaltung des Vertragskonzernmodells inhaltlich überhaupt gewährleistet werden kann, was im Folgenden zu untersuchen sein wird.

## 2. Die inhaltliche Verwirklichung der Unabhängigkeit des Betreibers der Infrastruktur auf der Basis des Vertragskonzernmodells

Was Unabhängigkeit inhaltlich bedeutet, kann den Richtlinien mittelbar entnommen werden. Demnach hat sich der Betreiber der Infrastruktur wirtschaftlich zu verhalten, im Grunde genommen wie ein unabhängiges am Markt operierendes Unternehmen.[669] Das folgt aus den dezidierten weiteren Maßgaben des Eisenbahninfrastrukturpakets, die gleichsam als tragende Säulen zur Schaffung von Wettbewerb im Bahnsektor bezeichnet werden können. Diese sind:

---

[667] Zu den weiteren Funktionen nach Anhang II oben B. Diese ebenfalls in Anhang II enthaltenen Funktionen (Erteilung von Genehmigungen über die Zulassung von Eisenbahnunternehmen und die Überwachung und Einhaltung von Verpflichtungen zur Bereitstellung „bestimmter Dienstleitungen für die Allgemeinheit") werden öffentlich rechtlich geregelt. Auf sie bezieht sich die vorliegende Diskussion also von vornherein nicht.

[668] *Gersdorf,* ZHR 168 (2004), S. 576 (588), Fn. 61; *Freise*, TranspR 2003, S. 265 (274).

[669] Zur ähnlichen Formulierung der „Task force Zukunft der Schiene" oben, C.I.

(1) Die Sicherstellung des diskriminierungsfreien Zugangs zur Infrastruktur[670]

und ganz entscheidend:

(2) bei gleichzeitiger Verpflichtung zur effizienten Verwaltung des Schienennetzes.[671]

Was unter einer effizienten Nutzung des Netzes im Sinne der Vorschriften des Eisenbahninfrastrukturpakets zu verstehen ist, ist explizit zwar nicht formuliert. Aus dem Gesamtzusammenhang ergibt sich jedoch, dass die Effizienz vor dem verkehrspolitischen Ziel, mehr Verkehr auf die Schiene zu bringen, zu sehen ist. Deutlich hervor tritt dieses Verständnis von Effizienz etwa in Art. 12 RL 2001/14/EG:

„Die Betreiber der Infrastruktur können ein angemessenes Entgelt für Fahrwegkapazität erheben, die beantragt, aber nicht in Anspruch genommen wurde. Mit diesem Entgelt sollen Anreize für die effiziente Nutzung der Fahrwegkapazität geboten werden."[672]

---

[670] Vgl. Artikel 6 Abs. 3 RL 2001/12/EG, EG-Abl. Nr. L 75, S. 3 sowie Art. 5 Abs. 1 RL 2001/14 EG, EG-Abl. Nr. L 75 vom 15.3.2001, S. 34.

[671] Vgl. Art. 7 Abs. 4 RL 2001/12/EG, in dem es heißt, dass „Bei der Planung…die Gewährleistung einer optimalen, effizienten Nutzung und Entwicklung der Infrastruktur angestrebt [wird]." Vgl. zudem die Abschnitte (34) und (40) der Erwägungsgründe zu RL 2001/14/EG (EG-Abl. Nr. L 75 vom 15.3.2001, S. 31): „Investitionen in die Eisenbahninfrastruktur sind wünschenswert, und Wegeentgeltregelungen sollten den Betreibern der Infrastruktur Anreize geben, entsprechende Investitionen zu tätigen, wo diese wirtschaftlich sinnvoll sind." Außerdem: „Der Fahrweg stellt ein natürliches Monopol dar. Es ist deshalb erforderlich, den Betreibern der Infrastruktur Anreize zur Kostensenkung und zur effizienten Verwaltung ihrer Fahrwege zu geben." Zu diesen Erwägungsgründen korrespondierende Normen bilden z.B. Artikel 11 Abs. 1 und Artikel 12 der RL 2001/14/EG, EG-Abl. Nr. L 75 vom 15.3.2001, S. 36 (vgl. dazu auch *Epiney* in: *Dauses*, Handbuch des EU-Wirtschaftsrechts, L 416 und *Holst* in: *Frohnmeyer/Mückenhausen*, § 23, Rn. 8): „Die Entgeltregelungen für die Fahrwegnutzung müssen durch leistungsabhängige Bestandteile den Eisenbahnunternehmen und den Betreibern der Infrastruktur Anreize zur Minimierung von Störungen und zur *Erhöhung der Leistung des Schienennetzes bieten"* (Art. 11). Zu Art. 12 sogleich.

[672] EG-Abl. Nr. L 75 vom 15.3.2001, S. 36.

Dem Netzbetreiber soll mit dieser Vorschrift ein Instrumentarium gegen willkürliche Beantragung von Strecken an die Hand gegeben werden, die nur dazu dienen soll, andere Interessenten bereits im Vergabeverfahren zu verdrängen (dieses Verhalten ähnelt den Sperraufkäufen von Trassen). Die Begründung des *Referentenentwurfs* zu § 13 EIBV,[673] der Art. 12 umsetzen soll, führt dazu aus: „Es soll ausgeschlossen werden, dass ein Zugangsberechtigter eine Zugtrasse über einen längeren Zeitraum nicht nutzt und zugleich für weitere Interessenten blockiert, andernfalls könnte das verkehrspolitische Ziel, mehr Verkehr auf die Schiene zu bringen, unterlaufen und Konkurrenten vom Markt verdrängt werden." Der Infrastrukturbetreiber hat mithin die ausdrückliche Erlaubnis, das Entgelt für beantragte aber dann nicht genutzte Strecken so zu bemessen, dass möglichst kein Anreiz für Anbieter von Verkehrsleistungen für ein solches Verhalten besteht.

Wenn also fortan von effizienter Netzverwaltung gesprochen wird, ist damit die bestmögliche Auslastung des Schienennetzes durch Erschließung von Mehrverkehren gemeint. Erfüllt der Betreiber der Infrastruktur beide eingangs genannten Vorgaben (effiziente Netzverwaltung in Verbindung mit der Möglichkeit für konzernfremde Anbieter von Verkehrsdienstleistungen, diskriminierungsfrei Zugang zum Netz zu bekommen), handelt der Infrastrukturbetreiber vergleichbar einem konzernfreien Unternehmen, er ist also im Sinne der Richtlinien unabhängig. Wäre diese Situation im Rahmen einer vertragskonzernrechtlichen Organisationsstruktur mit Beherrschungs-[674] und Gewinnabführungsverträgen zu gewährleisten, entspräche diese nach dem AEG zulässige Organisationsstruktur vertikal integrierter Eisenbahnen den Maßgaben des Eisenbahninfrastrukturpakets. Wäre das hingegen zu verneinen, wäre das Organisationsmodell nicht nur aus aktienrechts-systematischen Gründen abzulehnen, sondern überdies als Verstoß gegen das Gemeinschaftsrecht zu werten.

---

[673] Entwurf einer Verordnung über den diskriminierungsfreien Zugang zur Eisenbahninfrastruktur und über die Grundsätze zur Erhebung von Entgelt für die Benutzung der Eisenbahninfrastruktur, Stand:10.12.2003, S. 17 i.V.m. der Verweisungsliste S. 7.
[674] Wenngleich mit gesetzlich eingeschränktem Weisungsrecht.

Der Schlüssel zur Erfüllung beider Voraussetzungen liegt in der Gestaltung eines Trassenpreissystems[675] durch den Betreiber der Infrastruktur, das die Diskriminierungsfreiheit und die Anreizsetzung zum Erschließen von Mehrverkehren beinhaltet. Diesem (nur) auf den ersten Blick völlig anderen Aspekt „Trassenpreissystem des etablierten Netzbetreibers“ kommt bei der Liberalisierung des Schienenverkehrs eine entscheidende Rolle zu, da es, je nach Ausgestaltung, diskriminierend wirken, aber auch Anreize zur Erhöhung der Nachfrage nach Trassen setzen kann[676] (bereits im ersten Teil der Arbeit wurde auf die Bedeutung der Entgeltregulierung bei der Regulierung monopolistischer „Bottleneck-Einrichtungen“, neben der Öffnung der Netze für Dritte, hingewiesen).[677] Man kann sagen, dass die Zulässigkeit eines Vertragskonzernverbunds von Netz und Betrieb letztlich davon abhängt, ob die Netzbetreibertochter eines vertikal integrierten Eisenbahnunternehmens in einer solchen Konstellation

1. ein Interesse an einem Trassenpreissystem hat, das sowohl als diskriminierungsfrei bezeichnet werden kann, als auch Anreize setzt, die Nachfrage nach Trassen zu erhöhen, um somit eine effiziente Nutzung der Schieneninfrastruktur zu sichern, und
2. ob der Netzbetreibertochter die Möglichkeit gegeben ist, entsprechend diesem Interesse zu handeln. Dieser Aspekt ist, wie zu zeigen sein wird, letztlich eng mit der Frage verbunden, ob etwaiges diskriminierendes Verhalten überhaupt nachgewiesen werden könnte.

Das nachfolgende ökonomische Modell von *Hedderich* belegt anschaulich das Diskriminierungspotential von Trassenpreisen vertikal integrierter Eisenbahnunternehmen. Aus rechtwissenschaftlicher Sicht wird das Modell allerdings erst plausibel, wenn das zugrunde gelegte Verständnis zweier Begriffe, die zur Beschreibung des Modells verwendet werden, nachvollzogen wird.

---

[675] Also das Preissystem, auf dessen Grundlage der Netzbetreiber das Nutzungsentgelt für Trassennachfrager (konzernzugehörig oder außenstehend) berechnet.
[676] Ausführlich dazu sogleich.
[677] Vgl. Teil 1 C.I.4.c.aa.

Dies ist zum einen der Begriff der vertikalen Integration: Die Definition des Begriffs wurde zwar bereits vorgestellt. Danach ist unter vertikaler Integration die Zusammenfassung wirtschaftlicher Komplementärbereiche in einem Unternehmen zu einer wirtschaftlichen Einheit zu verstehen.[678] Dieser ökonomische Definitionsansatz ist aber in keine eindeutige rechtliche Kategorie einzuordnen. Da eine Unternehmens- oder Konzernverbindung rechtlich kein homogenes Gebilde darstellt,[679] muss also zunächst festgelegt werden, welche Form der Unternehmensverbindung im nachfolgenden Modell mit vertikaler Integration gleichgesetzt werden kann. Die im Modell beschriebenen Effekte treten jedenfalls im Einheitsunternehmen (das natürlich keine Unternehmensverbindung darstellt) auf, sie sind aber auch in einer engen Konzernstruktur wie dem Eingliederungs- oder Vertragskonzern denkbar. Im einfachen faktischen Konzern ohne Gewinnabführungsverträge wäre das hingegen zweifelhaft. Ein vertikal Integriertes Unternehmen ist damit wie der Konzern kein homogenes Gebilde und daher differenziert zu betrachten.

Der zweite Begriff, den es näher zu bestimmen gilt, ist der im Rahmen dieser Arbeit bereits häufig aufgetauchte Tatbestand der Diskriminierung: Darunter kann im Rahmen der Regulierung von Netzindustrien zunächst – wie es dem gängigen juristischen Verständnis entspricht[680] – die formale Ungleichbehandlung (hier) von unternehmensinternen und -externen Nachfragern nach Netzkapazitäten verstanden werden.[681] Das allein wäre allerdings zu kurz gegriffen. Vor dem Hintergrund der Schaffung von funktionsfähigem und chancengleichem Wettbewerb in einem Netzsektor muss das Diskriminierungsverbot mit einer umfassenden Verpflichtung zur Gewährung von fairen Zugangsbedingungen zur Netzinfrastruktur gleichgesetzt werden, was vor allem ein angemessenes (nicht überhöhtes) Zugangsentgelt beinhaltet.[682]

---

[678] *Kruse* in: *Kruse/Stockmann/Vollmer*, S. 247; vgl. oben Teil 1, C.I.4.c.aa.

[679] Vgl. dazu schon die Ausführungen in der Einleitung zu dieser Arbeit, detailliert im Abschnitt über die Konzernleitungspflicht F.III.

[680] Dazu *Emmerich*, Kartellrecht, § 20.1.

[681] Vgl. mit Beispielen für verschiedene sektorspezifische Regelungen *Kühling,* Sektorspezifische Regulierung von Netzwirtschaften, S. 275 ff.

[682] Ausführlich dazu *Kühling,* Sektorspezifische Regulierung von Netzwirtschaften, S. 275 ff., insbesondere S. 277/279.

### a. Trassenpreisproblematik im vertikal integrierten Eisenbahnunternehmen

Als ein wichtiger potentieller Hebel für das vertikal integrierte Eisenbahnunternehmen zur Durchsetzung der eigenen Interessen wird regelmäßig die Ausgestaltung des Trassenpreissystems angesehen.[683] Für Wettbewerber des integrierten Eisenbahnunternehmens auf den Verkehrsmärkten werden insbesondere „diskriminierende" Trassenpreissysteme als gefährlich erachtet. Wie soeben gezeigt, kann sich Diskriminierung insbesondere in überhöhten Zugangsentgelten niederschlagen. Folgerichtig wird unter den Tatbestand der Diskriminierung in der Literatur häufig die Preisdifferenzierung zugunsten von Großabnehmern und die Quersubventionierung[684] zwischen Transportbetrieb und Infrastruktur, wodurch Kosten der Transportsparten unbemerkt der Infrastruktur zugerechnet werden, subsumiert.[685]

Die Feststellung eines überhöhten Preises setzt an sich die Kenntnis des „richtigen" Preises voraus. Diesen zu bestimmen, ist wiederum nur schwer möglich.[686] Gefährlich ist für die Wettbewerber von integrierten Eisenbahnunternehmen die Schwierigkeit der Bestimmung des „richtigen" Preises deshalb, weil es für die Verkehrssparten eines vertikal integrierten Eisenbahnunternehmens aus ökonomischer Sicht überhaupt keine Rolle spielt, wenn das Trassenpreissystem des Schwesterunternehmens diskriminierende Elemente enthält. Das gilt insbesondere auch für den Fall, in dem das Trassenpreissystem sowohl für die Wettbewerber als auch für die

---

683 Dazu bereits oben im 1. Teil, A.III.2.c.; *Hedderich*, Vertikale Desintegration im Schienenverkehr, S. 240 ff; *Aberle/Brenner/Hedderich,* Trassenmärkte und Netzzugang, S. 45 ff.; *Gersdorf*, ZHR 168 (2004), S. 576 (605).

684 Zum Begriff der Quersubventionierung ausführlich später unter d.

685 *Aberle/Brenner/Hedderich*, Trassenmärkte und Netzzugang, S. 47 ff.; *Hedderich*, Vertikale Desintegration im Schienenverkehr, S. 243 ff., ausführlich dazu sogleich.

686 Was ursächlich mit der Schwierigkeit, Quersubventionen aufzudecken, zusammenhängt, vgl. *Hedderich*, Vertikale Desintegration im Schienenverkehr, S. 245 (insb. Fn. 85).

Verkehrssparten des eigenen Unternehmens Anwendung findet. Dazu folgende Abbildung und Modellüberlegung nach *Hedderich:*[687]

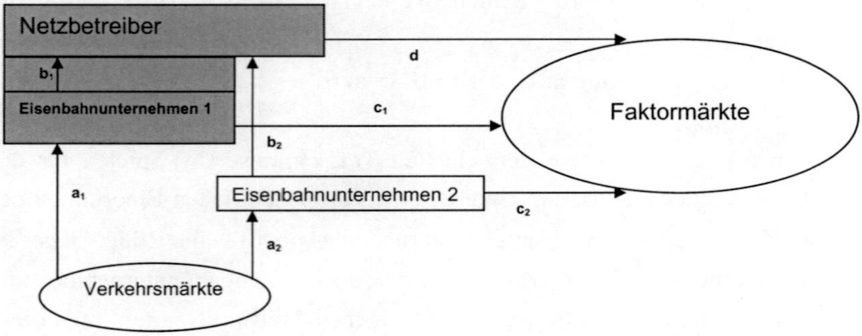


*Abb. 1 (Quelle: Hedderich, Vertikale Desintegration im Schienenverkehr, S. 244)*

Das Eisenbahnunternehmen 1 ist mit dem Netzbetreiber vertikal integriert. Der Netzbetreiber gibt Trassen sowohl an das Eisenbahnunternehmen 1 als auch an konkurrierende Eisenbahnunternehmen ab, die in dem repräsentativen Eisenbahnunternehmen 2 zusammengefasst sind. Die von den Eisenbahnunternehmen entrichteten Nutzungsentgelte werden mit $b_1$ und $b_2$ bezeichnet, wobei von der Geltung des gleichen Preissystems für alle Nachfrager von Trassen ausgegangen werden soll. Aus den Erlösen bestreitet der Netzbetreiber seine Faktorkosten d.

Die Eisenbahnunternehmen bieten Verkehrsleistungen an und setzen diese auf den Verkehrsmärkten ab. Sie erzielen Erlöse in Höhe von $a_1$ und $a_2$. Neben den Entgelten, die für Infrastrukturleistungen zu entrichten sind ($b_1$ und $b_2$), entstehen den Eisenbahnunternehmen Kosten für die sonstigen eingesetzten Produktionsfaktoren, die durch $c_1$ und $c_2$ angegeben werden. Die Gewinnfunktion des Eisenbahnunternehmens *i* lautet demnach:

$$G_i = a_i - b_i - c_i$$

[687] *Hedderich*, Vertikale Desintegration im Schienenverkehr, S. 244.

Der Netzbetreiber realisiert bei vertikal desintegrierter Betrachtung die Gewinnfunktion

$$G_N = b_1 + b_2 - d$$

Für das vertikal integrierte Schienenverkehrsunternehmen gilt damit die Gewinnfunktion

$$G_V = a_1 - b_1 - c_1 + b_1 + b_2 - d = a_1 + b_2 - c_1 - d$$

Daraus aber folgt: Die intern verrechneten Trassenpreise ($b_1$) spielen für das Gesamtergebnis des integrierten Unternehmens (zur rechtlichen Einordnung des in diesem Sinne vertikal integrierten Unternehmens oben) keine Rolle. Daher ist es völlig unerheblich, wenn den konkurrierenden Eisenbahnunternehmen die gleichen Preise berechnet werden wie den eigenen Transportsparten, falls diese diskriminierende Elemente enthalten. „Die Aussage, ein vertikal integrierter Netzbetreiber gewähre konkurrierenden Eisenbahnunternehmen zu gleichen Trassenpreisen wie den eigenen Transportsparten Netzzugang, ist daher ökonomisch ohne Gehalt.“[688] Ein überhöhtes Trassenpreisniveau beeinflusst lediglich die Entscheidungskalküle konkurrierender Eisenbahnunternehmen, nicht das der eigenen Transportsparten.[689]

Das nachfolgende Szenario, das sich tatsächlich ereignet hat, bestätigt das Modell: Das Eisenbahn-Bundesamt (EBA) als die zuständige Aufsichtsbehörde zur Sicherstellung des diskriminierungsfreien Netzzugangs hat es der Deutschen Bahn AG mit Bescheid vom 26.9.2003 untersagt, nicht konzerneigenen Eisenbahnverkehrsunternehmen für netzzugangsrelevante Informationen und Dienstleistungen höhere Preise zu berechnen als den konzerneigenen Gesellschaften.[690] Die DB Netz AG gibt für bestimmte Leistungen ein sog. Artikelverzeichnis heraus, in dem die Preise für bestimmte netzzugangsrelevante Dienstleistungen wie Signalbücher, Fahrdienstvorschriften, Handbücher und Verzeichnisse festgelegt werden. Die Ermittlungen des EBA haben ergeben,

---

[688] *Hedderich*, Vertikale Desintegration im Schienenverkehr, S. 244.
[689] *Hedderich*, Vertikale Desintegration im Schienenverkehr, S. 244.
[690] Presseerklärung des Eisenbahn- Bundesamtes vom 3.11.2003, abrufbar auf der Internetseite des EBA unter: http://www.eisenbahn-bundesamt.de/aktuelles/presse/pm_trassen_03.htm

dass die DB Netz AG von Eisenbahnverkehrsunternehmen, die nicht zum DB Konzern gehören, hierfür ein um zum Teil mehr als 100 % höheres Entgelt als von den konzerneigenen Unternehmen verlangt, was nach Auffassung des Amtes ein Verstoß gegen das Recht auf diskriminierungsfreie Benutzung der öffentlichen Eisenbahninfrastruktur darstellt.[691] Die DB AG könnte dem Bescheid auf zwei Arten Folge leisten: Entweder sie senkt die Preise für Wettbewerber entsprechend, oder sie erhöht die Preise für konzerneigene Gesellschaften. Nach den soeben erfolgten Ausführungen wäre zu erwarten, dass die DB Netz AG den Bescheid hinnimmt und schlicht die Preise für die konzerneigenen Eisenbahnverkehrsunternehmen auf das gleiche Niveau anhebt. Der Ungleichbehandlung von Wettbewerbern wäre (formal) abgeholfen und für das Ergebnis des Gesamtkonzerns würde dies keine Rolle spielen. Genau das ist geschehen.[692] Wäre das Preisniveau insgesamt „zu hoch", würde die formale Gleichbehandlung der Wettbewerber dem Problem der Diskriminierung in keiner Weise abhelfen.

„Überhöhte Preise" würden sich als ein Problem für die Regulierung des Verkehrsmarktes „Bahn" im Sinne der dargestellten Modellüberlegung *Hedderichs* von vornherein nur stellen, wenn für das im Sinne des Modells integrierte Eisenbahnunternehmen überhaupt Anreize bestünden, Wettbewerber auf den Verkehrsmärkten zu diskriminieren. Erst dann wäre zu befürchten, dass sich diese Anreize in der Folge in diskriminierenden (weil überhöhten) Trassenpreisen niederschlagen. Zu fragen ist im zweiten Schritt also nach – aus Sicht des vertikal integrierten Eisenbahnunternehmens – ökonomisch nachvollziehbaren Gründen für die Diskriminierung von Wettbewerbern auf den nachgelagerten Verkehrsmärkten.

---

[691] Presseerklärung des Eisenbahn- Bundesamtes vom 3.11.2003.

[692] Das wurde dem Verfasser von der Pressestelle des EBA auf entsprechende Nachfrage am 25.6.2004 schriftlich mitgeteilt.

### b. Diskriminierungsanreiz des integrierten Eisenbahnunternehmens und die „Umsetzung“ durch ein zweistufiges Trassenpreissystem

Indiz *für* das Bestehen von Diskriminierungsanreizen könnte neben dem obigen Beispiel „Artikelverzeichnis“ die durch das Bundeskartellamt erfolgte Einstufung des Trassenpreissystems aus dem Jahre 1998 (sog. „TPS´98“) als wettbewerbswidrig sein. Nach Auffassung des Amtes hat das damalige Trassenpreissystem der Deutschen Bahn AG gegen das Missbrauchsverbot des § 20 Abs. 1 GWB verstoßen.[693] Das Trassenpreissystem war zweistufig ausgestaltet und bestand aus einem nutzungsunabhängigen fixen Preisbestandteil (sog. Infracard) und einer relativ niedrigen variablen Preiskomponente.[694] Durch die fixe Eintrittsgebühr sinkt mit steigender Nutzungsintensität von Trassen der durchschnittliche Trassenpreis (sog. Degressionseffekt); unterschiedlich große Nachfrage hat so unmittelbar verschieden hohe Durchschnittskosten der Trassennutzung zur Folge.[695] Das Bundeskartellamt hat anhand von acht Projekten, die im Schienenpersonennahverkehr vergeben worden sind, die Auswirkungen des TPS´98 auf den Wettbewerb untersucht und kam zu folgendem Ergebnis: Das DB AG- eigene Verkehrsunternehmen DB Regio hatte im Durchschnitt 25 % und in der Spitze 40 % niedrigere Trassen-(durchschnitts-)kosten als seine privaten Konkurrenten.[696] Die DB Töchter konnten demnach, wie es das ökonomische Modell der zweistufigen Trassenpreissysteme im Übrigen auch erwarten lässt,[697] als größte Transportanbieter den Degressionseffekt am besten in Anspruch nehmen.

Zur Feststellung eines Verstoßes gegen § 20 Abs. 1 GWB durch das TPS´98 kommt schließlich auch das OLG Düsseldorf in seinem Urteil vom 19.3.2003;[698]

---

693 Pressemeldung des Bundeskartellamtes vom 8.9.2000, abrufbar im Internet unter: http://www.bundeskartellamt.de/wDeutsch/archiv/PressemeldArchiv/2000/2000_09_08.shtml

694 Presseerklärung des Eisenbahn- Bundesamtes vom 3.11.2003; *Berndt/Kunz* in: *Knieps/Brunekreeft*, S. 189 ff.

695 *Berndt*, Diskussionsbeitrag Nr. 72, S. 5.

696 Presseerklärung des Eisenbahn- Bundesamtes vom 3.11.2003.

697 Vgl. *Berndt*, Diskussionsbeitrag Nr. 72, S. 5 mit dem Zahlenbeispiel 2 im Anhang.

698 Az. U(Kart) 20/02, WuW 2003, S. 1310 ff.

dazu sogleich im Zuge der Darstellung des rechtswissenschaftlichen Verständnisses des Begriffs der Diskriminierung. Dass im Zusammenhang mit den Entscheidungen des Bundeskartellamts bzw. des OLG Düsseldorf nicht vom Diskriminierungstatbestand, sondern nur von der zweiten Tatbestandsvariante – der unbilligen Behinderung – die Rede ist, erklärt sich aus dem oben bereits erläuterten Begriffsverständnis.[699] Eine im Zusammenhang mit der Netzzugangsproblematik sinnvolle Verwendung des Begriffs der Diskriminierung kann sich, wie gezeigt, nicht in der formalen Ungleichbehandlung erschöpfen (den man der DB AG ja hier nicht vorwerfen kann). Sie setzt vielmehr ein weitergehendes Verständnis im Sinne einer unbilligen Behinderung von Wettbewerbern durch „unfaire" Zugangsbedingungen zum Netz voraus.[700] Dieses Verständnis dürfte auch der wirtschaftswissenschaftlichen Verwendung des Begriffs der Diskriminierung entsprechen.[701]

Die vermeintlich klare Sachlage darf nun aber nicht darüber hinwegtäuschen, dass in der wissenschaftlichen Diskussion weder über die Frage Einigkeit herrscht, ob ein zweistufiges bzw. degressives, oder ein lineares[702] Trassenpreissystem aus wett-bewerbspolitischer Sicht zu bevorzugen ist, noch, ob die Deutsche Bahn AG als vertikal integriertes Bahnunternehmen überhaupt Anreize hat, Wettbewerber auf den Verkehrsmärkten zu diskriminieren. Um den Stand der Diskussion nachzeichnen zu können, muss zunächst geklärt werden, *woran* der Tatbestand der Diskriminierung bzw. der unbilligen Behinderung in der Rechts- bzw. Wirtschaftswissenschaft im Zusammenhang mit der Ausgestaltung von Trassenpreisen konkret festgemacht wird.

---

[699] vor 2.a.

[700] In der Presseerklärung des Bundeskartellamtes vom 8.9.2003 wird denn auch mal von einer unbilligen Behinderung von privaten Eisenbahnen gesprochen, mal wird Kartellamtspräsident *Böge* mit den Worten zitiert: „dass Herr *Mehdorn* den Forderungen…nach einem diskriminierungsfreien Trassenpreissystem nunmehr Rechnung trägt".

[701] Vgl. etwa *Aberle/Brenner/Hedderich*, Trassenmärkte und Netzzugang, S. 26, wo es heißt: „Werden Eisenbahnunternehmen durch solche Verträge in ihrem *wettbewerblichen Entfaltungsspielraum* behindert, kann dies einen *Diskriminierungstatbestand* erfüllen".

[702] Ein solches Preissystem basiert auf den Durchschnittskosten und enthält daher keinen Degressionseffekt, vgl. *Berndt*, Internationales Verkehrswesen 2001, S. 199 (200).

### aa. „Diskriminierung“ nach rechtswissenschaftlichem Verständnis

Hauptproblem eines zweistufigen Preissystems ist wie gezeigt der Umstand, dass der mit dem Netzbetreiber verbundene „Platzhirsch“ im Wettbewerb um Mehrverkehr mit dem niedrigen variablen Trassenpreis kalkulieren kann, was dem Newcomer aufgrund seiner geringen Nachfrage regelmäßig nicht möglich sein wird.[703] Hieran lässt sich zwar eine Diskriminierung festmachen, wie es das Bundeskartellamt und das OLG Düsseldorf auch getan haben. Dennoch ist der Tatbestand der Diskriminierung in diesem Zusammenhang keineswegs eindeutig erfüllt, denn: Die Vergabe von Rabatten an einen Großabnehmer stellt im wirtschaftlichen Verkehr einen an sich normalen Vorgang dar. Der Nachfrager, der dem Produzenten einer Ware oder Anbieter einer Dienstleistung einen Großteil der Produktion abnimmt, sichert dem Anbieter eine Grundauslastung.[704] Aufgrund dessen wird der Produzent versuchen, über entsprechende Rabatte einen Anreiz für potentielle Abnehmer zu setzen, eine möglichst große Menge des Gutes nachzufragen. Ein solches Vorgehen ist daher auch aus wettbewerbsrechtlicher Sicht grundsätzlich unbedenklich und (grundsätzlich) nicht als Verstoß gegen § 20 Abs. 1 GWB zu werten.[705] Die Gewährung von begünstigenden Konditionen für Tochterunternehmen durch die Mutter im konzerninternen Verkehr ist im Rahmen des § 20 Abs. 1 GWB schon deshalb regelmäßig unproblematisch, weil es sich eben nicht um einen gleichartigen Unternehmen üblicherweise zugänglichen Geschäftsverkehr handelt.[706]

---

[703] Vgl. *Ewers/Ilgmann*, TPS´98, S. 11, abrufbar im Internet unter: http://wip.tu-berlin.de/de/publikationen/2000/ewers_illgmann_2000-trassenpreissystem_tps98_der_db_ag.pdf

[704] *Aberle/Brenner/Hedderich*, Trassenmärkte und Netzzugang, S. 58. Zur Klarstellung: dem Newcomer wird zwar ebenfalls die Möglichkeit eingeräumt, die Infracard zu erwerben, daher besteht von vornherein keine formale Diskriminierung, allerdings lohnt sich das für einen kleinen Wettbewerber nicht.

[705] *Markert* in: *Immenga/Mestmäcker*, § 20, Rn. 179 f.

[706] *Emmerich*, Kartellrecht, § 20.12.

Das bereits angesprochene Urteil des OLG Düsseldorf vom 19.3.2003[707] setzt sich mit dem zuletzt genannten Aspekt der grundsätzlich legitimen konzerninternen Bevorzugung auseinander, kommt aber für die gegenständliche Konstellation zur Gleichartigkeit außenstehender Eisenbahnverkehrsunternehmen: „Die Beklagte[708] fragte ebenso wie die anderen Eisenbahnverkehrsunternehmen die Überlassung der Infrastruktureinrichtungen der Klägerin nach, um Eisenbahnverkehrsdienste anbieten und erbringen zu können, war folglich wie jene eine gewerbliche Nachfragerin der Infrastruktureinrichtungen und damit auf derselben Wirtschaftsstufe wie die übrigen Eisenbahnverkehrsunternehmen tätig. Das reicht für die Bejahung der Gleichartigkeit aus.“[709] Dieses Ergebnis ist im Rahmen des Verkehrsmarktes „Bahn“ schon deshalb richtig, da mit den Vorschriften des AEG (insb. § 9) und der EIBV (insb. § 8) (sowie letztlich auch durch § 19 Abs. 4 Nr. 4 GWB) der Nachfragemarkt für Bahntrassen durch die gesetzliche Verankerung eines diskriminierungsfreien Zugangsrechts für außenstehende Eisenbahnverkehrsunternehmen explizit eröffnet wurde.[710]

Ähnlich wie das Bundeskartellamt sieht das OLG Düsseldorf die Behinderung von Wettbewerbern darin, dass letztlich nur die Konzerntochter der DB, in diesem Fall die DB Cargo, aufgrund ihrer hohen Zugzahlen in der Lage war, den Degressionsvorteil der Infracard auszunutzen.[711] Die im Rahmen des § 20 Abs. 1 GWB erforderliche Abwägung der Interessen der Beteiligten führt nach Auffassung des Gerichts überdies nicht zu einer sachlichen Rechtfertigung.[712]

---

[707] U(Kart) 20/02, WuW 2003, S. 1310 ff.; das vollständige Urteil ist abrufbar im Internet unter: http://www.bslaw.de/OLG_DusseldorfUKart20-02.pdf

[708] Ein nicht zum DB-Konzern gehöriges Transportunternehmen; dieses verweigerte angesichts der festgestellten Diskriminierungswirkung des TPS´98 durch das Bundeskartellamt und der daraufhin angekündigten Ablösung des Preissystems durch die DB AG die Zahlung der auf der Grundlage des TPS´98 berechneten Netznutzungsentgelte. Das Unternehmen wurde daraufhin von der DB Netz AG in erster Instanz vor dem LG Düsseldorf verklagt. Vgl. dazu *Bartosch/Jaros*, WuW 2005, S. 15 (24).

[709] Volltext S. 9

[710] Ausdrückliche Feststellung der Gleichartigkeit auf Volltext S. 14. Auch der Verstoß gegen § 19 Abs. 4 Nr. 4 GWB bejaht das Gericht ausdrücklich, wenngleich in einem Nebensatz, WuW 2003, S. 1310 (1314).

[711] Volltext S. 9 ff.

[712] WuW 2003, S. 1310 (1312 ff.).

Gestützt wird diese Auffassung auf den Wortlaut des § 7 Abs. 3 EIBV (i.d.F. vom 17.12.1997). Danach sind streckenbezogene Mengennachlässe nur dann erlaubt, „wenn das Eisenbahninfrastrukturunternehmen im Einzelfall nachweisen kann, dass durch die Vergabe einer bestimmten Anzahl von Zugtrassen an ein Eisenbahnverkehrsunternehmen oder an Zusammenschlüsse von Eisenbahnverkehrsunternehmen geringere Kosten entstehen als durch die Einzelvergabe an mehrere Eisenbahnverkehrsunternehmen. Das gleiche gilt für die Kosten der Benutzung von Strecken. Der streckenbezogene Mengennachlass darf die nachgewiesene Kostenminderung nicht überschreiten. Der Nachweis ist durch das Testat eines Wirtschaftsprüfers oder einer Wirtschaftsprüfungsgesellschaft zu führen."[713]

Den Einwand der DB Netz, der bundesdeutsche Verordnungsgeber habe die in Art. 7 der RL 95/19 EG[714] über die Zuweisung von Fahrwegkapazität und die Berechnung von Wegeentgelten normierten Vorgaben überschritten, weil in Satz 3 das Gebot enthalten ist, dem Eisenbahninfrastrukturunternehmen die effiziente Vermarktung der verfügbaren Fahrwegkapazität zu ermöglichen, wurde vom OLG als schon im Ansatz fehlgehend gewertet.[715] Die Möglichkeit der effizienten Vermarktung betreffe ausschließlich die grundsätzliche Preisbildungsfreiheit, befreie das Infrastrukturunternehmen aber selbstverständlich nicht von der in Art. 7 Satz 1 der Richtlinie festgeschriebenen Vorgabe, die Nutzungsentgelte diskriminierungsfrei zu erheben.[716] Damit steht für das Gericht offensichtlich fest (im Einklang mit den vom deutschen Gesetzgeber vorgenommenen Wertungen), dass immer schon dann eine Diskriminierung vorliegt, wenn ein streckenbezogener Mengenrabatt sich nicht exakt mit einer Kostenersparnis im Sinne des § 7 Abs. 3 EIBV (i.d.F. vom 17.12.1997) begründen lässt.

[713] BGBl 1997 I S. 3154.
[714] EG-Abl. Nr. L 143, S. 75 ff. (Vorgängerrichtlinie der RL 2001/14/EG, die durch Letztere abgelöst wurde).
[715] WuW 2003, S. 1310 (1313 f.).
[716] WuW 2003, S. 1310 (1314).

Ob dem OLG – bzw. dem der Entscheidung zugrunde liegenden Verständnis des Gesetzgebers vom Tatbestand der „Diskriminierung“ – so zugestimmt werden kann, ist allerdings zweifelhaft. Denn bei genauerer Betrachtung ist der Einwand der DB AG nicht ganz von der Hand zu weisen. Einerseits soll die DB Netz AG das Schienennetz „effizient“ im Sinne der hier verwendeten Definition verwalten,[717] was aber gerade mit dem zweistufigen Preissystem, das nach den Erkenntnissen der Wettbewerbsökonomie Anreize zur Erschließung von Mehrverkehren enthält, ermöglicht würde. Andererseits wird ihr beim Versuch der Umsetzung dieser einen Maßgabe (Effizienz) die Verletzung der anderen (Diskriminierung) vorgeworfen.

Nach einem in der Wirtschaftswissenschaft verbreiteten Verständnis des Diskriminierungstatbestands läge in der differenzierenden Preisgestaltung durch Mengenrabatte noch kein zu beanstandendes Verhalten (dazu sogleich). Das Problem liegt also im Verständnis des Tatbestands der Diskriminierung. Entweder ist das beschriebene rechtswissenschaftliche Verständnis zu weitgehend, oder aber es wird vom vertikal integrierten Eisenbahnunternehmen schlicht Unmögliches verlangt. Jedenfalls soweit es keine gesetzliche Öffnungsklausel bei der Trassenpreisregulierung zur Erschließung von Mehrverkehren gibt.

### bb. „Diskriminierung“ nach wirtschaftswissenschaftlichem Verständnis

Auch in der Wettbewerbsökonomie wird formuliert, dass Preisunterschiede nur bei Vorliegen von Kostendifferenzen beim Netzbetreiber gerechtfertigt werden können.[718] Die Differenzierung bei der Spitzenlastpreisbildung solle aber von vornherein aus dem Begriff der Differenzierung herausgenommen werden, da ein Verzicht auf eine Spitzenlastpreisbildung zugunsten etwa einer

---

[717] Siehe oben eingangs zu 2.

[718] *Aberle/Brenner/Hedderich*, Trassenmärkte und Netzzugang, S. 55. Zur entsprechenden Formulierung in § 7 Abs. 3 EIBV i.d.F. vom 17.12.1997 siehe oben unter aa

Durchschnittskostenpreisbildung zu keinem ökonomisch sinnvollen Ergebnis führe.[719] Auch hier besteht im Ergebnis noch Übereinstimmung mit dem juristischen Verständnis. Denn gem. Art. 7 Abs. 4 RL 2001/14/EG[720] kann das Wegeentgelt einen Entgeltbestandteil umfassen, der die Knappheit der Fahrwegkapazität in Zeiten der Überlastung widerspiegelt.

Von einer tatsächlichen Preisdifferenzierung, die durch Kostenvorteile legitimiert werden kann, soll nach *Aberle/Brenner/Hedderich* grundsätzlich bei Vorliegen einer der folgenden Fallgruppen ausgegangen werden können:[721]

- im Falle der Übernahme von zusätzlichen Leistungen durch das Eisenbahnunternehmen (dadurch Kostenersparnisse),
- bei Kostenvorteilen durch größeres Verhandlungsvolumen,
- bei Erhöhung der Auslastungssicherheit für einen Großteil der Trassen.

Allerdings, so geben die genannten Autoren zu bedenken, sei eine exakte Quantifizierung der Kosteneinsparungen bei diesen angesprochenen Punkten nicht möglich. Dadurch bestehe die Gefahr, dass sich das vertikal integrierte Unternehmen den nicht unerheblichen Spielraum, andere Eisenbahnunternehmen durch nicht gerechtfertigte Preisdifferenzen bewusst zu benachteiligen, zunutze macht.[722] Soweit der Netzbetreiber nicht die Möglichkeit erhalte, durch Preisdifferenzierungen eine bewusste Benachteiligung von Konkurrenten der nicht konzernzugehörigen Transportunternehmen[723] zu betreiben, sei die Implementierung von Preisdifferenzierungen in einem Trassenpreissystem auf der Grundlage obiger Fallgruppen aber angezeigt.[724] Das vorgeschlagene und auf den obigen

[719] *Aberle/Brenner/Hedderich*, Trassenmärkte und Netzzugang, S. 45 f. (Fn. 2 S. 46).
[720] EG-Abl. Nr. L 75 vom 15.3.2001, S. 34.
[721] *Aberle/Brenner/Hedderich*, Trassenmärkte und Netzzugang, S. 56.
[722] *Aberle/Brenner/Hedderich*, Trassenmärkte und Netzzugang, S. 60.
[723] Gesprochen wird in diesem Zusammenhang explizit von Konkurrenten der DB AG Transportsparten.
[724] Vgl. *Aberle/Brenner/Hedderich*, Trassenmärkte und Netzzugang, S. 61.

Überlegungen aufbauende Preissystem enthält die folgenden Preiselemente, aus denen sich der Gesamtpreis für die Trassennutzung zusammensetzen soll:[725]

- Nutzungsgrundpreis,
- Beeinträchtigungszuschläge,
- Knappheitszuschläge,
- Systembeiträge.

Unproblematisch sind die ersten drei Preiselemente, Nutzungsgrundpreis, Beeinträchtigungszuschläge und Knappheitszuschläge. Der Nutzungsgrundpreis orientiert sich an den Marginalkosten der Inanspruchnahme des Netzes; der Grundpreis einer einmaligen Zugdurchfahrt entspricht demnach den zusätzlichen Kosten, die dem Betreiber des Netzes durch das einmalige Befahren der Strecke entstehen.[726] Die Beeinträchtigungszuschläge werden nach diesem Preismodell erhoben, wenn ein Zug „die Normgeschwindigkeit der Strecke nicht einhält und in der Folge mehr als eine Fahrplantrasse für die Durchfahrt verbraucht."[727] Diese beiden Preiselemente lassen sich auf tatsächlich entstehende Kosten zurückführen und sind daher auch nach dem rechtswissenschaftlichen Verständnis unter Diskriminierungsgesichtspunkten unbedenklich.[728]

Problematisch sind jedoch die sog. „Systembeiträge". Diese stellen zunächst den Beitrag der Nutzer des Netzes zu den nichtmarginalen Kosten der Infrastruktur dar, die etwa 90 % der Gesamtkosten des Netzes ausmachen (Fixkosten).[729] In diesem Preiselement sollen aber auch die eigentlichen Preisdifferenzierungen verortet sein. Namentlich sollen die Systembeiträge nach der Vorstellung von *Aberle/Brenner/Hedderich* degressiv auszugestalten sein, sie „sollten also zum Beispiel mit einer steigenden Zahl von Schienenfahrzeugen und zunehmenden Nutzungstagen sinken. Diese Staffelung der Systembeiträge hätte den

---

725 *Aberle/Brenner/Hedderich*, Trassenmärkte und Netzzugang, S. 62.

726 *Aberle/Brenner/Hedderich*, Trassenmärkte und Netzzugang, S. 62. Diese Kosten sind also augenscheinlich die Grenzkosten des Betreibers der Infrastruktur.

727 *Aberle/Brenner/Hedderich*, Trassenmärkte und Netzzugang, S. 66.

728 Zur Unbedenklichkeit der Knappheitszuschläge siehe bereits oben.

729 *Aberle/Brenner/Hedderich*, Trassenmärkte und Netzzugang, S. 63.

gewünschten Effekt eines Mengenrabattes, ohne das Trassenpreissystem unübersichtlich werden zu lassen."[730] Nach diesem Modell hätte also die Anreizsetzung zur Erschließung von Mehrverkehren durch Mengenrabatte entgegen der oben beschriebenen Auffassung des OLG Düsseldorf und des Bundeskartellamts keinen diskriminierenden Charakter. Die Frage ist aber auch hier, ob der Auffassung uneingeschränkt zugestimmt werden kann.

### cc. Bewertung

Über einen Mengenrabatt der vorgeschlagenen Art, dem etwa das zweistufig aufgebaute TPS'98 entsprach, wird zwar im preistheoretischen Modell für die Nachfrager von Trassen nachvollziehbar ein Anreiz dafür geschaffen, mehr Trassen nachzufragen. Da der variable Preis nach Zahlung der Eintrittsgebühr in Form der Infracard niedriger ist, fragen sie mehr Einheiten nach, als wenn ein einheitlicher, den Durchschnittskosten entsprechender Aufschlag auf die Grenzkosten erhoben wird (einstufiges Preissystem).[731] Für die Nachfrager von Trassen besteht in dieser Situation umgekehrt kein Anreiz, Trassen zu sparen,[732] was zum einen aus wohlfahrtsökonomischen Überlegungen heraus wünschenswert ist (es wird mehr Verkehr auf die Schiene gebracht) und zum anderen auch den Interessen des Netzbetreibers entgegen kommt, da die Chance besteht, mehr Nachfrager von Trassen zu gewinnen, die einen weiteren Beitrag zur Deckung des großen Fixkostenblocks leisten.

Gleichwohl verbleibt aber bei Gewährung eines solchen Degressionsvorteils zugunsten eines (bzw. des einzig in Betracht kommenden) Großabnehmers letztlich immer das Problem der Diskriminierung. Denn wann der Mengenrabatt lediglich nützlich zur Erschließung von Mehrverkehren ist, wann hingegen diskriminierend, verrät das Modell von *Aberle/Brenner/Hedderich* nicht. Eine

---

[730] *Aberle/Brenner/Hedderich*, Trassenmärkte und Netzzugang, S. 64.

[731] Vgl. *Berndt*, Internationales Verkehrswesen 2001, S. 199 (199, 200); *Ders.* Diskussionsbeitrag Nr. 72, S. 3 mit Zahlenbeispiel 1 im Anhang.

[732] *Ewers/Ilgmann*, TPS '98, S. 11.

generelle Gewährung von Mengenrabatten für Großabnehmer scheint jedenfalls als zu weitgehend. Wettbewerbsneutral sind demnach lediglich einstufige Preissysteme auf der Basis von Durchschnittskosten, da der angestammte Großabnehmer keine Größenvorteile gegenüber Newcomern zeitigen kann.[733] Der entscheidende Nachteil linearer Preissysteme wie dem gegenwärtigen TPS´2001[734] ist aber umgekehrt, dass sie, wenngleich grundsätzlich wettbewerbsneutral,[735] keinen Anreiz für Verkehrsunternehmen enthalten, durch Kauf von mehr Trassen den Durchschnittspreis zu senken.[736] Dies kann zu dem volkswirtschaftlich unerwünschten Effekt der Verlagerung von Verkehr von der Schiene auf andere Verkehrsträger führen.[737]

Man könnte zwar daran denken, den zugunsten des Großabnehmers bestehenden Degressionseffekt zu mindern, allerdings würde damit entsprechend die Anreizwirkung zum Erwerb von zusätzlichen Trassen sinken. *Ewers/Ilgmann* beschreiben die Situation wie folgt: „je mehr Wettbewerbsneutralität hergestellt wird, desto schwächer wird das Anreizsystem. Der Teufel „Diskriminierung“ wird quasi mit dem Beelzebub „Verzicht auf Anreize“ ausgetrieben.“[738] Auch die von *Ewers/Ilgmann* als möglicher Ausweg aus dem Dilemma vorgestellte sog. „virtuelle Infracard“[739] wird in ihrer Wirkung stark angezweifelt. Die

---

[733] *Ewers/Ilgmann*, TPS ´98, S. 9.

[734] Vgl. die Trassenpreisinformation der DB Netz, abrufbar auf den Internetseiten der Bahn unter: http://www.db.de/site/shared/de/dateianhaenge/infomaterial/trassen__trassenpreissystem2001.pdf.
Dieses System wurde eingeführt, nachdem das TPS´98 aufgrund der Feststellung der Diskriminierungswirkung durch das Bundeskartellamt aufgegeben wurde, *Bartosch/Jaros*, WuW 2005, S. 15 (23).

[735] Teilweise wird die Wettbewerbsneutralität einstufiger Trassenpreissysteme mit dem Argument in Frage gestellt, dass letztlich jeder der Preisdifferenzierung dienende Parameter Diskriminierungs-potential enthalten kann: wenn etwa auch im einstufigen Preissystem nach Höhe des Verschleißes differenziert werde, könne das ebenso als Diskriminierung ausgelegt werden, wenn etwa nur die DB Transporttöchter über besonders leichtes Rollmaterial verfügten, *Berndt*, Internationales Verkehrswesen, S. 199 (201). Dies ist so indes nicht zutreffend, da sich eine solche Preisdifferenzierung – grundsätzlich jedenfalls – über eine höhere Kostenverursachung rechtfertigen lässt, siehe oben.

[736] *Ewers/Ilgmann*, TPS´98, S. 9.

[737] *Berndt*, Diskussionsbeitrag Nr. 72, S. 4.

[738] *Ewers/Ilgmann*, TPS ´98, S. 11 ff. mit graphischen Darstellungen.

[739] *Ewers/Ilgmann*, TPS ´98, S. 29 ff.

virtuelle Infracard soll – in groben Zügen gefasst – alle Nachfrager eines Verkehrszwecks auf einem Streckenabschnitt so behandeln, als hätten diese alle benötigten Trassen gemeinsam erworben (virtueller Zusammenschluss).[740] Falls die gesamte Trassennachfrage so hoch ist, dass eine Infracard lohnend wäre, würde die Rechnung differenziert ausgestellt nach anteiliger Infracard und anteiligem variablen Preis.[741] Auf diese Weise – so die Überlegung – könnte die Zutrittsbarriere für Newcomer gemildert werden, da sie, als (virtuelle) Einkaufsgemeinschaft zusammengefasst, von Mengenrabatten zumindest anteilig profitieren können, die sie als Einzelnachfrager nicht erhalten könnten. *Berndt*[742] erblickt in diesem Modell aber zutreffend lediglich eine Umformung zweistufiger Tarife in Durchschnittskostenpreise, wodurch der immanente Anreiz zu Mehrverkehren verloren geht.

Es bleibt also letztlich das Problem: Ein „Mehr" an Anreiz zur Trassennachfrage geht mit einem erhöhten Diskriminierungspotential zu Lasten von Newcomern einher und umgekehrt.[743] Der oben erläuterte Ansatz von *Aberle/Brenner/Hedderich* verkennt demnach, dass das, was gesamtwirtschaftlich durchaus eine wünschenswerte Anreizsetzung ist, für den einzelnen kleinen Wettbewerber des vertikal integrierten „Platzhirsches" dennoch diskriminierend ist. Das gilt jedenfalls, soweit der Mengenrabatt pauschal als nicht diskriminierend angesehen wird. Oder anders formuliert: Gesamtwirtschaftlich sinnvolle Anreizsetzung kann nicht generell den Tatbestand der Diskriminierung negieren. Eine denkbare Alternative könnten indes Mengenrabatte für einzelne Strecken sein, um dort Mehrverkehre zu erschließen. Punktuell gewährte Rabatte (evt. auch zeitlich begrenzt) könnten auch von Newcomern genutzt werden, die sich auf diese Strecken konzentrieren könnten. Damit wäre eine Möglichkeit für den Betreiber der Infrastruktur

---

[740] *Ewers/Ilgmann*, TPS ′98, S. 29.
[741] *Ewers/Ilgmann*, TPS ′98, S. 29.
[742] *Berndt*, Internationales Verkehrswesen 2001, S. 199 (202, Fn. 7)
[743] Damit wird auch klar, dass es der DB AG bei ihrem Einwand im Prozess vor dem OLG Düsseldorf keineswegs um das „hehre" Ziel der Begünstigung von Wettbewerbern gegangen sein muss, es könnte ihr schlicht auch zupass gekommen sein, jene im „Gewande" des Degressionseffekts zu benachteiligen.

geschaffen, das Postulat der effizienten Netzverwaltung zu verwirklichen, ohne von vornherein mit dem Diskriminierungsverbot in Konflikt zu geraten.

Diesen Weg beschreitet das Gemeinschaftsrecht. Gem. Art. 9 Abs. 2 RL 2001/14/EG sind Entgeltnachlässe grundsätzlich auf die Höhe der tatsächlich vom Betreiber der Infrastruktur eingesparten Verwaltungskosten begrenzt. Die entscheidende Ausnahme von diesem Grundsatz aber enthält Art. 9 Abs. 3 RL 2001/14/EG. Danach besteht die Möglichkeit, dass „die Betreiber der Infrastruktur… für im Einzelnen angegebene Verkehrsströme Entgeltregelungen einführen [können], die für alle Fahrwegnutzer zur Verfügung stehen und in deren Rahmen zeitlich begrenzte Nachlässe zur Förderung der Entwicklung neuer Eisenbahnverkehrsdienste oder Nachlässe zur Förderung der Benutzung von Strecken mit sehr niedrigem Auslastungsgrad gewährt werden."[744] Einerseits steht damit fest: Aus gemeinschaftsrechtlicher Sicht ist ein Trassenpreissystem, das einen generellen Degressionsvorteil für angestammte Großabnehmer von Trassen bietet (wie das zweistufige TPS´98 der DB Netz), unzulässig. Und andererseits: obwohl das Gemeinschaftsrecht im Grundsatz die Gewährung von Entgeltnachlässen an tatsächlich eingesparte Verwaltungskosten beim Betreiber der Infrastruktur koppelt, besteht dennoch die Möglichkeit für den Netzbetreiber, zur besseren Auslastung des Netzsystems Anreize zu schaffen, die „kleine Tiger"[745] ermutigt, in den Schienenverkehr zu investieren. Damit muss die eingangs zu 2. formulierte Bedingung der gemeinschaftsrechtlichen Zulässigkeit eines im Vertragskonzernverbund stehenden Betreibers der Infrastruktur etwas modifiziert werden:

Es kommt entscheidend darauf an, ob auf der Basis wettbewerbsökonomischer Modelle damit zu rechnen ist, dass der im Vertragskonzernverbund mit Verkehrsdienstleistern stehende Betreiber der Infrastruktur von der Möglichkeit Gebrauch machen wird, zur Erschließung neuer Eisenbahnverkehre Trassenpreisrabatte an Wettbewerber auf den nachgelagerten Verkehrsmärkten zu gewähren. Würde von dieser Möglichkeit zugunsten außenstehender

---

[744] EG-Abl. L 75 vom 15.3.2001, S. 35.
[745] Vgl. die Formulierung bei *Ewers/Ilgmann*, TPS ´98, S. 17.

Verkehrsdienstleister hingegen nicht oder kaum Gebrauch gemacht, würde sich in diesem Verhalten letztlich ein bestehendes Diskriminierungsinteresse des vertikal integrierten Eisenbahnunternehmens manifestieren. Wie oben bereits angedeutet, ist in der wissenschaftlichen Diskussion nicht nur das Verständnis des Tatbestands der Diskriminierung uneinheitlich, es besteht ebenso Uneinigkeit darüber, ob ein vertikal integriertes Eisenbahnunternehmen überhaupt ein Interesse daran hat, Wettbewerber auf den nachgelagerten Verkehrsmärkten zu diskriminieren.[746] Auch das oben unter a dargestellte Modell *Hedderichs* zur Trassenpreisproblematik im vertikal integrierten Konzern setzt, daran sei nochmals erinnert, ein Diskriminierungsinteresse des vertikal integrierten Eisenbahnunternehmens bereits voraus und beschreibt die daraus folgenden Konsequenzen. Ob von einem solchen Diskriminierungsinteresse überhaupt ausgegangen werden kann, gilt es nunmehr zu beantworten.

### c. Diskriminierungsanreiz des integrierten Eisenbahnunternehmens und die „Umsetzung" durch mangelnde Erschließung neuer Eisenbahnverkehre im Sinne des Art. 9 Abs. 3 RL 2001/14/EG

Zwei gegensätzliche Thesen werden in der Wirtschaftswissenschaft zu der Frage diskutiert, ob ein vertikal integriertes Eisenbahnunternehmen wie die DB AG ein Interesse daran hat, Wettbewerber zu diskriminieren: Teilweise wird behauptet, es sei für den integrierten Bahnkonzern insgesamt vorteilhafter, möglichst viele Wettbewerber auf das Netz zu lassen, als durch überhöhte Preise für den Zugang zur Infrastruktur den Anteil der Schiene am gesamten Verkehrsmarkt zu verringern, auch wenn dadurch der intramodale Marktanteil bei den Verkehrsleistungen höher ausfallen würde.[747] Die vorherrschende Meinung geht indes von Anreizen des vertikal integrierten Eisenbahnunternehmens aus, seine nur im Transportbetrieb tätigen Konkurrenten bei der Vergabe infrastruktureller Leistungen zu

---

[746] Dazu oben vor aa.

[747] *Berndt/Kunz* in: *Knieps/Brunekreeft*, Zwischen Regulierung und Wettbewerb, S. 187.

diskriminieren.[748] Nur ein unabhängiger (im Sinne eines vertikal separierten) Betreibers der Infrastruktur würde demnach versuchen, möglichst viele Newcomer aufs Netz zu „locken".[749] Dieses Ergebnis lässt sich auch auf den ersten Blick zwanglos mit den Erkenntnissen der Wettbewerbsökonomie begründen:

### aa. Diskriminierungsanreiz des vertikal integrierten Unternehmens eines Netzsektors gem. der wettbewerbsökonomischen Modelle

Bei der Schieneninfrastruktur handelt es sich nach einhelliger Meinung um ein sog. natürliches Monopol.[750] Wie im ersten Teil der Arbeit bereits erläutert,[751] beschreibt das natürliche Monopol einen Zustand, in dem abweichend vom Modell der vollkommenen Konkurrenz nicht der Wettbewerb vieler (atomistischer) Marktteilnehmer die bestmögliche Allokation der Ressourcen und damit ein Wohlfahrtsmaximum erwarten lässt, sondern das Monopol. Die Gründe hierfür liegen in anhaltend sinkenden Stückkosten der Produktion, wodurch am Ende ein einziges Unternehmen das Gut kostengünstiger herstellen kann als eine Mehrzahl von Anbietern. Man spricht von strikter Subadditivität der Kosten des Monopolisten.[752] Der Monopolist befindet sich nicht in einer Situation, in der er den Preis für seine Güter/ Leistungen dem Markt entnehmen muss (feststehendes Datum bei vollkommener Konkurrenz) und seine Produktion an dieses Datum anpasst, bis seine Grenzkosten dem Datum „Preis" entsprechen (sog. Grenzkosten = Preis- Regel).[753] Der natürliche Monopolist wird vielmehr entsprechend der sog. Cournot- Lösung seine Produktion herabsetzen, bis er sein Gewinnmaximum bei der Angebotsmenge erreicht, bei

---

[748] *Hedderich*, Vertikale Desintegration im Schienenverkehr, S. 253; siehe auch *Aberle/ Brenner/Hedderich*, Trassenmärkte und Netzzugang, S. 60; *Kühling*, Sektorspezifische Regulierung in den Netzwirtschaften, S. 346.

[749] *Ewers/Ilgmann*, TPS´98, S.17 f.

[750] *Kruse* in: *Kruse/Stockmann/Vollmer*, S. 247 (252); *Berndt/Kunz* in: *Knieps/Brunekreeft*, Zwischen Regulierung und Wettbewerb, S. 186.

[751] Teil 1 C.I.4.

[752] *Schmidt*, Wettbewerbspolitik und Kartellrecht, S. 36.

[753] Vgl. dazu *Fritsch/Wein/Ewers,* Marktversagen und Wirtschaftspolitik, S. 42 ff., S. 193 f.

der seine Grenzkosten gleich dem Grenzerlös sind.[754] Der durch diese allokative Ineffizienz entstehende Wohlfahrtsverlust liefert die wesentliche Begründung für die Notwendigkeit der Regulierung des natürlichen Monopols.[755]

Allerdings weist eben nur der Infrastrukturbereich die Eigenschaft des natürlichen Monopols auf, nicht hingegen der komplementäre Verkehrsmarkt (im Falle der Eisenbahn).[756] Sind diese Komplementärbereiche jedoch in einem Unternehmen zu einer wirtschaftlichen Einheit zusammengefasst (=vertikale Integration)[757] und werden die Zugangsentgelte *nicht* reguliert, wird das Unternehmen versuchen, die Monopolrendite lediglich über die Höhe der Zugangstarife abzuschöpfen. An einer Diskriminierung des Verkehrsmarkts hat es hingegen kein Interesse mehr, da die Monopolrendite sich nicht zweimal abschöpfen lässt.[758] Ist dem vertikal integrierten Unternehmen in einem Netzsektor die Möglichkeit der Abschöpfung der Monopolrendite über die Zugangstarife hingegen verwehrt, da diese der Regulierung unterworfen werden, wird das Unternehmen wie im ersten Teil der Arbeit dargestellt vorgehen,[759] es wird die nachgelagerte Wettbewerbsebene zu monopolisieren versuchen, indem es die Wettbewerber durch erschwerten Zugang zum Bottleneck „Infrastruktur" diskriminiert.[760] Demnach steht also fest: Wenn das vertikal integrierte Unternehmen keine Monopolpreise setzen kann (weil dies durch Regulierung zu verhindern versucht wird), wird es zwangsläufig versuchen, die Wettbewerber auf den Verkehrsmärkten durch Diskriminierung beim Netzzugang zu verdrängen.

---

754 *Fritsch/Wein/Ewers*, Marktversagen und Wirtschaftspolitik, S. 196.
755 *Weber*, Wirtschaftsregulierung in wettbewerbspolitischen Ausnahmebereichen, S. 101.
756 *Knieps*, Wettbewerb in Netzen, S. 22 ff.; *Burmeister*, Der Wettbewerb der Eisenbahnen europäischen Binnenmarkt, S. 38 f.; *Berndt/Kunz* in: *Knieps/Brunekreeft*, Zwischen Regulierung und Wettbewerb, S. 172.
757 *Kruse* in: *Kruse/Stockmann/Vollmer*, S. 247.
758 Vgl. die ausführliche Darstellung bei *Brunekreeft* in: *Knieps/Brunekreeft*, Zwischen Regulierung und Wettbewerb, S. 27 ff. Dazu oben im 1. Teil, C.I.4.c.bb.
759 Teil 1, C.I.4.c.bb.
760 *Brunekreeft* in: *Knieps/Brunekreeft*, Zwischen Regulierung und Wettbewerb, S. 33.

### bb. Ansatzpunkt der Kritik: keine Berücksichtigung des intermodalen Wettbewerbsdrucks im Eisenbahnverkehrsmarkt

Primärer Kritikansatz derjenigen, die den Diskriminierungsanreiz eines vertikal integrierten Eisenbahnunternehmens negieren,[761] ist, dass im unter aa. dargelegten Modell die für den Eisenbahnverkehrsmarkt relevante intermodale Perspektive unberücksichtigt bleibt. Der Output an Transportleistungen auf der Schiene steht – das wird schlechterdings nicht zu bezweifeln sein – zu einem überwältigenden Teil im Substitutionswettbewerb mit anderen Verkehrsträgern, wodurch das Angebot stets dem Druck ausgesetzt ist, Marktanteile an andere Verkehrsträger zu verlieren.[762] Dieser Effekt der Abwanderung könne nun bereits durch überhöhte Trassenpreise beim Netzanbieter auftreten. Da der Betreiber der Infrastruktur aber versuchen muss, den hohen Fixkostenblock der Infrastruktur zu decken, habe dieser letztlich ein originäres Interesse daran, die Abwanderung zu anderen Verkehrssystemen zu verhindern, um die erforderliche Menge an Trassennachfragern akquirieren zu können.[763] Letztlich, so die Annahme, sei es daher für den integrierten Bahnkonzern insgesamt vorteilhafter, möglichst viele Wettbewerber auf das Netz zu lassen, als durch überhöhte Preise für den Zugang zur Infrastruktur den Anteil der Schiene am gesamten Verkehrsmarkt zu verringern, auch wenn dadurch der intramodale Marktanteil bei den Verkehrsleistungen höher ausfallen würde.

In der Realität aber scheint die Deutsche Bahn AG (bzw. die DB Netz AG) keine besonderen Anstrengungen darauf zu verwenden, mehr Nachfrager nach Trassen zu gewinnen. Vielmehr verfolgt der Gesamtkonzern, die DB Netz kann und/oder will sich dem auch bislang nicht entziehen, eine gezielte Verdrängungspolitik gegenüber ihren Wettbewerbern auf den Verkehrsmärkten. Dies belegen (neben anderen bereits genannten)[764] etwa die gezielten Maßnahmen gegen den einzig nennenswerten Konkurrenten im

[761] Siehe oben eingangs zu c.
[762] *Berndt/Kunz* in: *Knieps/Brunekreeft*, Zwischen Regulierung und Wettbewerb, S. 187; dazu auch *Schneider*, Die Privatisierung der Bundes- und Reichsbahn, S. 136 ff.
[763] *Berndt/Kunz* in: *Knieps/Brunekreeft*, Zwischen Regulierung und Wettbewerb, S. 187.
[764] Vgl. etwa das obige Beispiel „Artikelverzeichnis“ unter VI.2.a.

Personenfernverkehr, der Connex-Gruppe.[765] Dabei ging es zwar nicht unmittelbar um Zugangsfragen zum Schienennetz und es ist auch nicht erwiesen, dass das Verhalten in jedem Fall wettbewerbswidrig war, das Verhalten des DB Konzerns ist aber – nur das ist hier entscheidend – zumindest ein klarer Hinweis darauf, dass der Konzern sich einen höheren ökonomischen Vorteil davon verspricht, im intramodalen Wettbewerb seinen Marktanteil um jeden Preis zu verteidigen, als über die Mehrauslastung des Netzes entsprechende Mehreinnahmen von Trassenentgelten zu erzielen.

Die Frage drängt sich auf, warum das so ist. Möglicherweise kann es schlicht nicht im Sinne einer „Gesamtoptimierungsstrategie" des Konzerns liegen, zu Lasten der Verkehrssparten der Bahn eine Optimierung der (Einzel-) Interessen der Netzsparte vorzunehmen.[766] Das mag man bezweifeln können. Jedenfalls aber gehen diejenigen, die die intermodale Perspektive in die Betrachtung mit einbeziehen, nur unter der Bedingung von einem verstärkten Bemühen des integrierten Eisenbahnunternehmens nach der Gewinnung von Trassennachfragern aus, dass dieses völlig frei von regulatorischen Eingriffen mit Nachfragern von Trassen über die Höhe des Nutzungsentgelts verhandeln kann.[767] Damit ist insbesondere die Möglichkeit für den Betreiber der Infrastruktur gemeint, die individuellen Zahlungsbereitschaften von Nachfragern verstärkt zu nutzen; so soll etwa von denjenigen, deren Ausweichmöglichkeiten auf andere Verkehrsarten sehr gering ist (z.B. Schwerverkehre, deren

---

[765] Der DB Konzern verweigert der Connex-Gruppe den Zugang zu ihren Fahrplanmedien, zu Verladerampen für Autozüge usw., vgl. zu den Beispielen *Ende/Kaiser*, WuW 2004, S. 26 (35 f.).

[766] So etwa *Berschin*, DVBl. 2002, S. 1079 (1082). In der Tat kann zumindest angezweifelt werden, dass Gewinnmaximierung das einzige Leitmotiv unternehmerischen Handelns ist. Dass ein Vorstands-vorsitzender der DB AG unter der Prämisse der Gewinnmaximierung den Verlust von Marktanteilen der eigenen Transportsparten bewusst in Kauf nimmt, weil durch den erhöhten Trassenpreiserlös, der von effizienter arbeitenden Anbietern von Verkehrsdienstleistungen erlangt werden kann, das Gesamtergebnis des Konzerns verbessert wird, erscheint kaum vorstellbar. In betriebswirtschaftlichen Kategorien betrachtet ist Gewinnmaximierung im Übrigen als Unternehmensziel eher fragwürdig, da es modelltheoretisch vollständige Markttransparenz und rein rationales Verhalten der Marktteilnehmer voraussetzen würde, vgl. *Eberth*, Die Aktiengesellschaft mit atypischer Zwecksetzung, S. 28 f.

[767] Vgl. *Berndt/Kunz* in: *Knieps/Brunekreeft*, Zwischen Regulierung und Wettbewerb, S. 210.

Verlagerung auf die Straße nicht möglich ist), ein möglichst hoher Beitrag zu den Fixkosten verlangt werden können, wodurch anderen Nachfragern, die leicht ausweichen können, attraktivere Konditionen geboten werden können.[768] Der Schlüssel zur Verbesserung der Ertragslage des Betreibers der Infrastruktur liegt nach diesem Modell in der verstärkten Möglichkeit zur Preisdifferenzierung, nicht in deren Einschränkung, wie sie durch die oben dargestellte Verwerfung von zweistufigen Trassenpreissystemen durch die Rechtsprechung und das Bundeskartellamt erfolgt.[769]

Nicht nur durch Rechtsprechung und Kartellamt, auch aufgrund des Gemeinschaftsrechts selbst ist die Möglichkeit zur Preisdifferenzierung in dieser Form für den Betreiber der Infrastruktur stark beschränkt. Zwar lässt das Gemeinschaftsrecht die Ermittlung der Entgelte für die Trassennutzung sowohl auf der Grundlage der kurzfristigen Grenzkosten[770] (Art. 7 Abs. 3 RL 2001/14/EG) als auch auf der Basis der Volldeckung der dem Betreiber der Infrastruktur entstehenden Kosten zu (Art. 8 Abs. 1 RL 2001/14/EG), die Differenzierung indes ist in das enge Korsett der Diskriminierungsfreiheit und der Transparenz gezwängt.[771] Beispielhaft hierfür ist die Formulierung in Art. 8 Abs. 3 RL 2001/14/EG:[772]

„Zur Vermeidung von Diskriminierung ist sicherzustellen, dass die durchschnittlichen Entgelte und die marginalen Entgelte eines bestimmten Betreibers der Infrastruktur für gleichartige Nutzungen seiner Fahrwege vergleichbar sind und dass für vergleichbare Verkehrsdienste in ein und demselben Marktsegment dieselben Entgelte erhoben werden"

---

768 *Berndt/Kunz* in: *Knieps/Brunekreeft*, Zwischen Regulierung und Wettbewerb, S. 208, 210.
769 Vgl. *Berndt/Kunz* in: *Knieps/Brunekreeft*, Zwischen Regulierung und Wettbewerb, S. 211.
770 Was zu einem außerordentlich geringen Benutzungsentgelt führt, da die hohen Fixkosten nicht in Ansatz gebracht werden.
771 Vgl. die Formulierung in Art. 8 Abs. 1, insbesondere aber Abs. 3 RL 2001/14/EG. Zu den Entgeltgrundsätzen des Gemeinschaftsrechts auch *Gersdorf,* ZHR 168 (2004), S. 576 (607 ff.). Zum gemeinschaftsrechtlichen Verbot zweistufiger Preissysteme bereits oben 2.b.cc.
772 EG-Abl. L75 vom 15.3.2001, S. 35.

### cc. Bewertung

Dem Betreiber der Infrastruktur ist es im gegenwärtigen Normengefüge verwehrt, mit Nachfragern von Trassen frei von regulatorischen Eingriffen über die Trassennutzungsentgelte zu verhandeln. Damit ist nach allen (unter aa. und bb.) dargestellten ökonomischen Modellen vom Bestehen eines Diskriminierungsanreizes der vertikal integrierten DB AG zu Lasten von Wettbewerbern auf den Verkehrsmärkten auszugehen. Die Ausgangsfrage dieses Abschnitts (c.), ob ein vertikal integrierter Betreiber der Infrastruktur von der Möglichkeit des Art. 9 Abs. 3 RL 2001/14/EG Gebrauch machen wird,[773] ist damit zwar nicht kategorisch zu verneinen. Aus Sicht der DB AG könnte das im Einzelfall durchaus Sinn machen, aber es ist dennoch höchst zweifelhaft, ob so die geforderte effiziente Netzverwaltung realisiert werden kann. Die DB AG wird vielleicht bislang wenig frequentierte Strecken den Wettbewerbern überlassen und abwarten, ob es diesen eventuell gelingt, auf den jeweiligen Abschnitten Mehrverkehre zu erschließen. Gelingt dies den Wettbewerbern, wird die DB AG nach Ablauf der (durch Gesetz) zeitlich begrenzten Rabattphase aber höchstwahrscheinlich versuchen, die so gewonnenen Mehrverkehre nach Möglichkeit mit den eigenen Transporttöchtern zu bedienen. Denn solange der Diskriminierungsanreiz besteht, kann selbst für den Fall der Nutzung der Rabattmöglichkeit nicht mit einer insgesamt effizienten Verwaltung des Netzes gerechnet werden. In der Folge des bestehenden Diskriminierungsanreizes wird ein vertikal integriertes Eisenbahnunternehmen wie die DB AG (bzw. die Netzbetreibertochter) aber nicht nur von der Möglichkeit zur Gewährung von Rabatten keinen oder kaum Gebrauch machen, es wird sich auch so verhalten, wie es das Modell von *Hedderich* beschreibt (siehe oben a): Es wird versuchen, durch überhöhte Preise Wettbewerber auf den nachgelagerten Märkten zu verdrängen.

Die Frage ist daher im Weiteren, ob ein vertikal integriertes Eisenbahnunternehmen mit einer Vertragskonzernstruktur so reguliert werden

---

[773] Vgl. oben 2.b.cc.

kann, dass dem Diskriminierungspotential wirksam begegnet werden kann. Wäre das zu bejahen, wäre damit auch der Tatbestand der „Unabhängigkeit“ des Betreibers der Infrastruktur im Hinblick auf die Trassenvergabe und die Trassenpreisfestsetzung erfüllt. Widrigenfalls würde das Modell des Vertragskonzerns gegen Gemeinschaftsrecht verstoßen. Dies ist anhand der wirtschaftswissenschaftlichen Modelle zur Regulierung natürlicher Monopole zu untersuchen:

### d. Die wirksame Bekämpfung des Diskriminierungspotentials vertikal integrierter (Eisenbahn-) Unternehmen gem. der wettbewerbsökonomischen Modelle zur Regulierung von natürlichen Monopolen: Verankerung im Gemeinschaftsrecht und Möglichkeit der Umsetzung im Vertragskonzern

Wie im ersten Teil der Arbeit gezeigt werden konnte, entsteht durch die notwendige disaggregierte Zugangsregulierung des monopolistischen Bottlenecks der Anreiz für das vertikal integrierte Unternehmen eines Netzsektors, Wettbewerber auf den nachgelagerten Wettbewerbsmärkten zu diskriminieren.[774] Wie im vorangegangenen Abschnitt dargelegt werden konnte, gilt das, jedenfalls unter dem gegenwärtigen gemeinschaftsrechtlichen Normengefüge, auch für vertikal integrierte Eisenbahnunternehmen. Wie im ersten Teil ebenfalls erörtert, ließe sich das Problem der Diskriminierung lösen, indem man schlicht den Engpassbereich Netz vom Wettbewerbsbereich trennt. Der Betreiber des Netzes hätte keinen Anreiz mehr, bestimmte Dritte auf der nachgelagerten Wettbewerbsebene zu bevorzugen oder zu benachteiligen, sondern hätte vielmehr Interesse an einem lebhaften Wettbewerb im nachgelagerten Markt, um den Absatz seines Produkts „Netzzugang“ möglichst zu erhöhen.[775] Wird auf diese Maximalform des Unbundling verzichtet, muss

---

[774] Oben Teil 1, C.I.4.c.bb.

[775] Teil 1, C.I.4.c.bb, dazu auch *Brunekreeft* in: *Knieps/Brunekreeft*, Zwischen Regulierung und Wettbewerb, S. 25 (34).

der Regulierer zumindest eine teilweise vertikale Desintegration verbindlich festlegen. In der Wettbewerbsökonomie wird dieser Vorgang zumeist unter dem Schlagwort der sog. „virtuellen vertikalen Separation" beschrieben.[776]

Die virtuelle Separation ist auch der Weg, der sich letztlich in den Regulierungsbemühungen zur Liberalisierung der verschiedenen Netzwirtschaften im Allgemeinen, aber auch bezüglich des Verkehrsmarkts „Eisenbahn" im Besonderen, abzeichnet. Wie gezeigt[777] handelt es sich bei diesem Ansatz um den Versuch der Kombination von disaggregierter Preisregulierung des Engpassbereiches (unter Verzicht auf die „wirkliche" vertikale Separation) mit weiteren Maßnahmen, um die Diskriminierung zu verhindern.[778] Die Begrifflichkeit erklärt sich also daraus, dass in Verbindung mit den weiteren Maßnahmen die (wirkliche) vertikale Separation in etwa simuliert werden soll. Als diese weiteren Maßnahmen werden gemeinhin die Folgenden genannt:[779]

- Sicherstellung, dass der Bottleneck- Betreiber den Zugang zum Netz gewährt, wenn dieser verlangt wird,
- Sicherstellung, dass das Upstream-[780] Unternehmen unabhängige Dritte auf der Downstream- Ebene wie ihre eigene Downstream- Abteilung behandelt (betrifft insbesondere Zugangsgebühren),
- Verbot der Quersubventionierung zwischen Monopol- und Wettbewerbsbereich
- Sicherstellung der getrennten Buchführung.

Wenn man diese Maßnahmen mit den dargestellten Maßgaben des Eisenbahninfrastrukturpakets vergleicht, so kann man unschwer erkennen, dass

---

[776] *Brunekreeft* in: *Knieps/Brunekreeft*, Zwischen Regulierung und Wettbewerb, S. 25 (35 ff.), ähnlich *Kühling*, Sektorspezifische Regulierung in den Netzwirtschaften, S. 339.
[777] Teil 1, C.I.4.c.bb.
[778] *Brunekreeft* in: *Knieps/Brunekreeft*, Zwischen Regulierung und Wettbewerb, S. 35.
[779] *Brunekreeft* in: *Knieps/Brunekreeft*, Zwischen Regulierung und Wettbewerb, S. 38.
[780] Zu der in der Wirtschaftswissenschaft gebräuchlichen Bezeichnung der Komplementärebenen als „Upstream"- bzw. „Downstream-Ebene" vgl. oben Teil 1, C.I.4.c.bb..

sich das Europäische Gemeinschaftsrecht für den Bereich des Schienenverkehrs sehr eng an der Konzeption der Wettbewerbsökonomie orientiert hat. Das gilt für den grundsätzlichen Anspruch von Wettbewerbern auf den Verkehrsmärkten auf Zulassung zum Netz, der Verpflichtung zur Gleichbehandlung von konzerneigenen- und konzernfremden Verkehrsunternehmen durch den Betreiber der Infrastruktur und die Verpflichtung zur getrennten Buchführung. Insbesondere aber findet sich auch in der Konzeption des Eisenbahninfrastrukturpakets das Verbot der Quersubventionierung wieder:[781]

Unter Quersubventionierung wird die Subventionierung der auf dem Sekundärmarkt angebotenen Dienste des Marktbeherrschers oder seiner Tochtergesellschaften durch vom Marktbeherrscher mit der Gestellung der wesentlichen Einrichtung erzielten Einnahmen verstanden. Kennzeichnend für einen solchen Mitteltransfer ist dabei dessen ungenügende Kompensierung.[782] Ziel ist es, Wettbewerber auf den nachgelagerten Märkten zu diskriminieren, indem ihnen überhöhte Kosten für die Nutzung der wesentlichen Einrichtung (Schienennetz) angelastet werden.[783] Ebenso, wie diese Verhaltensweise eine zentrale „Diskriminierungsmaßnahme" des vertikal integrierten Unternehmens darstellt,[784] ist das Verbot von Quersubventionierungen das zentrale Instrument zur Verhinderung diskriminierender Verhaltensweisen eines vertikal integrierten Unternehmens. Das Verbot von Quersubventionierung ist damit zugleich das zentrale Instrument zur Schaffung von Wettbewerb.[785] Das eigentliche Problem ist die wirksame Durchsetzung und Kontrolle dieses Verbots, denn für den

---

[781] Vgl. oben Teil 1, C.II.

[782] Zum Begriff der Quersubvention oben Teil 1, C.I.4.c.bb; *Sprickmann Kerkerinck*, Die Essential- Facilities- Doktrin, S. 109; *Möschel* in: *Immenga/Mestmäcker*, EG-Wettbewerbsrecht, Art. 86, Rn. 280; *Burmeister*, Der Wettbewerb der Eisenbahnen im europäischen Binnenmarkt, S. 47; *Tränkle*, Die „essential facilities"- Doktrin im europäischen Wettbewerbsrecht, S. 124.

[783] *Burmeister*, Der Wettbewerb der Eisenbahnen im europäischen Binnenmarkt, S. 47.

[784] Wie gezeigt gibt es auch noch zahlreiche andere. Der große „Vorteil" der Quersubventionierung liegt aber darin, dass sich diese Form der Diskriminierung besonders schwer nachweisen lässt.

[785] Vgl. dazu die Stellungnahmen im Ergebnisprotokoll des Bundeskartellamts der Tagung des Arbeitskreises Kartellrecht vom 20.2.2003, S. 5, zu einem anderem Sondermarkt, bei dem aber prinzipiell die gleichen ökonomischen Grundsätze gelten: der Leitungsgebundenen Energiewirtschaft.

externen Regulierer ist die Quersubventionierung praktisch nicht nachweisbar.[786] Das gilt selbst dann, wenn eine getrennte Bilanzierung der Bereiche erfolgt. Verwiesen sei nur auf das Beispiel von *Kruse*, der darlegt, dass auch bei strikt getrennter Bilanzierung die Verbuchung von bestimmten Inputfaktoren (wie insbes. Personal) im Netzbereich bei deren tatsächlicher Einsetzung im Dienstbereich nicht verhindert werden kann.[787]

Vor diesem Hintergrund wird deutlich, welcher Stellenwert der wirtschaftlichen Eigenverantwortlichkeit des Betreibers der Infrastruktur im Sinne einer Kosten- und Ergebnisverantwortung zukommt: die wirtschaftliche Ergebnisverantwortlichkeit ist als Anreizfaktor im nicht vollständig separierten Eisenbahnunternehmen letztlich das einzig wirksame Instrument gegen die unerwünschte Quersubventionierung. Der Betreiber der Infrastruktur muss sich auf einer Stufe der vertikalen Desintegration befinden, in der er ein originäres Interesse daran hat, keine Inputfaktoren zu „verschenken“. Zudem muss er über die Möglichkeit verfügen, dieses originäre Interesse gegenüber dem herrschenden Unternehmen durchzusetzen. Oder anders ausgedrückt: Die Intensität der vertikalen Desintegration muss dazu führen, dass der Betreiber der Infrastruktur zu einem eigenverantwortlichen Geschäftsbereich wird.[788]

Wirtschaftliche Eigenverantwortung des abhängigen Unternehmens, um auf die daraus zu ziehende rechtliche Schlussfolgerung zu kommen, ist im Vertragskonzern in Verbindung mit Gewinnabführungsverträgen schlechthin nicht zu gewährleisten. Im Vertragskonzern ist der unternehmerische Handlungsspielraum des Vorstands der abhängigen Gesellschaft von vornherein stark eingeschränkt, was aber nicht nur mit der weitgehenden Weisungskompetenz des Vorstands des herrschenden Unternehmens (§ 308 AktG) zusammenhängt. Insbesondere schlägt die Vertragskonzernstruktur auch

---

[786] *Burmeister*, Der Wettbewerb der Eisenbahnen im europäischen Binnenmarkt, S. 47; *Haas*, „Essential Facilities Doctrine“ und offene Netze, S. 191 f.

[787] *Kruse* in: *Kruse/Stockmann/Vollmer*, S. 247 (258, Fn. 21).

[788] Vgl. *Burmeister*, Der Wettbewerb der Eisenbahnen im europäischen Binnenmarkt, S. 47; so im Ergebnis auch *Schneider,* Die Privatisierung der Deutschen Bundes- und Reichsbahn, S. 138.

auf die *Vermögensordnung* der abhängigen Gesellschaft durch. So gelten gem. § 291 Abs. 3 AktG die Kapitalerhaltungs-vorschriften der §§ 57, 58 und 60 AktG bei Bestehen eines Beherrschungsvertrags (oder Gewinn-abführungsvertrags) nicht. Dieses sog. Konzernprivileg[789] erlaubt z.B. die offene und verdeckte Gewinnabführung im Vertragskonzern.[790] Besteht ein Beherrschungsvertrag in Kombination mit einem Gewinnabführungsvertrag, kann das herrschende Unternehmen über das Weisungsrecht sogar Einfluss auf die Gewinnermittlung bei der abhängigen Gesellschaft nehmen und dadurch gezielt die stillen Reserven der abhängigen Gesellschaft (und damit auch deren finanzielle Basis) mindern.[791]

In Verbindung mit der im Gegenzug für die beschriebene Lockerung der Kompetenz- und Vermögensordnung der abhängigen Gesellschaft bestehende Verlustausgleichspflicht des herrschenden Unternehmens (§ 302 AktG) wird auf diese Weise die abhängige Gesellschaft wirtschaftlich derart an die Obergesellschaft gebunden, dass der Vorstand der abhängigen Gesellschaft letztlich überhaupt nicht über die finanzielle Basis verfügt, den statutarischen Unternehmensgegenstand der abhängigen Gesellschaft gegen etwaige Interessen der Obergesellschaft zu verfolgen. Erinnert sei in diesem Zusammenhang auch nochmals an die obigen[792] Ausführungen zur Verlustausgleichspflicht gem. § 302 AktG, die nach neuerem Verständnis auf einer unwiderlegbaren Vermutung der Schädigung der abhängigen Gesellschaft im Konzerninteresse beruht. Die Veranlassung von für die abhängige Gesellschaft nachteiligen Maßnahmen durch die herrschende Gesellschaft (wie z.B. die Verbuchung von Inputfaktoren beim abhängigen Betreiber der Infrastruktur, die in Wirklichkeit im Verkehrsdienstleistungsbereich eingesetzt werden – Quersubventionierung), wird vom Gesetz also gerade als die Regel angesehen. Mit anderen Worten bedeutet das mit Blick auf die in diesem Abschnitt VI.2. aufgeworfene Frage nach der inhaltlichen Verwirklichung der Unabhängigkeit des Betreibers der Infrastruktur auf der Basis des Vertragskonzernmodells:

---

[789] *Emmerich* in: *Emmerich/Habersack*, Konzernrecht, § 291, Rn. 75.
[790] Dazu *Gierke*, Die Wirtschaftstätigkeit nichtwirtschaftlicher Organisationen, S. 252 ff.
[791] *Altmeppen* in: MünchKommAktG, § 291, Rn. 146.
[792] F.I.

Es gibt für den abhängigen Betreiber der Infrastruktur in einem Vertragskonzern mit Gewinnabführungsverträgen weder Anlass noch letztlich die Möglichkeit, praktisch nicht nachweisbare und im Interesse des herrschenden Unternehmens liegende Quersubventionierungen zu verhindern. Damit ist der Betreiber der Infrastruktur in einem derartigen Konzernorganisationsmodell nicht unabhängig in der Trassenvergabe und der Trassenpreissetzung im Sinne der Art. 4 Abs. 2 und Art. 14 Abs. 2 RL 2001/14/EG. Zwar kann auch das entwickelte alternative Organisationsmodell des wirtschaftlich selbstständigen Betreibers der Infrastruktur, das nach der obigen Definition[793] das Verbot von Beherrschungs- und Gewinnabführungsverträgen (sowie der Eingliederung) voraussetzt, letztlich keine Garantie dafür bieten, dass sich die Netzbetreibergesellschaft stets wettbewerbsneutral verhält und sich nicht ausschließlich dem Konzerninteresse dienstbar machen lässt (wettbewerbswidrige Absprachen zwischen Unternehmen auf komplementären Marktstufen gibt es bekanntlich auch zwischen nicht konzernverbundenen Unternehmen).[794] Da aber die Wahrscheinlichkeit wettbewerbsverzerrender Verhaltensweisen der DB Netz bei gleichzeitiger Unkontrollierbarkeit (von Quersubventionen) im Modell des (modifizierten) Vertragskonzerns ungleich höher ist als im Organisationsmodell des wirtschaftlich selbständigen Betreibers der Infrastruktur, ist erstgenanntes Organisationsmodell im Ergebnis als europarechtswidrig einzustufen.

---

[793] Siehe oben eingangs zu VI.

[794] So kann es unter Umständen auch für ein unabhängiges Netzunternehmen, vielleicht nicht in der heutigen Situation, womöglich aber in der Zukunft, vorteilhaft sein, wenn auf den nachgelagerten Verkehrsmärkten nur ein Unternehmen monopolistisch aktiv ist, um so die dort erzielten Überschussgewinne über entsprechende Trassenpreise abschöpfen zu können. Deswegen wird ein Restregulierungsbedarf in Form der Missbrauchsaufsicht/Preisregulierung auch bestehen bleiben; zu diesem Aspekt *Berndt* in: *Knieps/Brunekreeft*, Zwischen Regulierung und Wettbewerb, S. 224.

### e. Ergebnis

Zusammenfassend kann nunmehr festgehalten werden:

Von Unabhängigkeit des Betreibers der Infrastruktur in der Trassenvergabe und der Trassenpreisfestsetzung kann gesprochen werden, wenn dieser konzernfremden Verkehrsdienstleistungsunternehmen diskriminierungsfreien Zugang zum effizient verwalteten Netz gewährt. Diese beiden Elemente müssen sich grundsätzlich im Trassenpreissystem, das insofern eine entscheidende Steuerungsfunktion einnimmt, wieder finden. Da aber ein Trassenpreissystem, das besondere Anreize zur verstärkten Nachfrage nach Trassen setzt, kleinere Wettbewerber grundsätzlich diskriminiert, zeichnet sich der unabhängige Betreiber der Infrastruktur letztlich dadurch aus, dass er umfassenden Gebrauch von der Möglichkeit des Art. 9 Abs. 3 RL 2001/14/EG macht. Da das vertikal integrierte Eisenbahnunternehmen aufgrund der Regulierung der Trassenpreise ein Interesse daran hat, Wettbewerber auf den Verkehrsmärkten zu diskriminieren, muss auf der Grundlage der virtuellen vertikalen Separation versucht werden, dem Diskriminierungsanreiz wirksam zu begegnen. Das bedeutet namentlich die wirksame Bekämpfung der wettbewerbsschädlichen Quersubventionierungen. Da sich diese für den Regulierer aber nicht nachweisen lassen, muss die vertikale Desintegration eine Stufe erreichen, in der der Betreiber der Infrastruktur kein Interesse an Quersubventionen zu seinen Lasten und zugunsten der konzernzugehörigen Verkehrsdienstleistungsunternehmen hat. In einem Vertragskonzern mit Gewinnabführungsverträgen ist das nicht zu erreichen:

Der Vertragskonzern zeichnet sich nicht nur durch die Weisungskompetenz des herrschenden Unternehmens aus, er bedeutet auch eine starke Veränderung der Vermögensordnung bei der abhängigen Gesellschaft, wodurch diese wirtschaftlich untrennbar mit der herrschenden Gesellschaft verbunden und von dieser abhängig ist. Dies führt dazu, dass der Betreiber der Infrastruktur letztlich auch in seinen Entscheidungen über die Trassenvergabe und Trassenpreisfestsetzung nicht unabhängig sein kann.

Fazit: Das nach dem AEG mögliche Vertragskonzernmodell gewährt keine Unabhängigkeit des Betreibers der Infrastruktur in der Trassenvergabe und der Trassenpreisfestsetzung im Sinne der Art. 4 Abs. 2 und Art. 14 Abs. 2 RL 2001/14/EG. Dieses Modell verstößt mithin gegen Europäisches Gemeinschafts-recht.

### f. Bestätigung der gemeinschaftsrechtlichen Verankerung des wirtschaftlich selbständigen Betreibers der Infrastruktur durch vergleichende Betrachtung des Netzsektors Elektrizitätsbinnenmarkt

Dass das Europäische Gemeinschaftsrecht zur Verwirklichung der Unabhängigkeit des Netzbetreibers in der Trassenvergabe und der Tassenpreissetzung auf das Modell des wirtschaftlich selbstständigen Betreibers der Infrastruktur im Sinne der entwickelten Definition setzt,[795] lässt sich durch einen Blick in den parallelen Netzsektor „Elektrizitätsbinnenmarkt" bestätigen. Da die Probleme der Regulierung von Netzwirtschaften in den verschiedenen Bereichen Schiene, Telekommunikation oder Energie im Grundsatz dieselben sind, erscheint die genauere Betrachtung der normativen Regelwerke in Parallelbereichen zweckmäßig, um daraus wiederum Rückschlüsse für das Verständnis des hier gegenständlichen Eisenbahninfrastrukturpakets ziehen zu können:

Die nicht zuletzt durch ihre Aktualität besonders interessante sog. Elektrizitätsbinnenmarktrichtlinie RL 2003/54/EG[796] setzt im Hinblick auf das Unbundling der Netz- von sonstigen Geschäftsbereichen vertikal integrierter Energieversorgungsunternehmen ebenfalls sehr deutliche Akzente.[797] Die Art. 10 Abs. 1, 15 Abs. 1 bzw. 17 enthalten, jeweils in Satz 1, zunächst den

---

[795] Vgl. eingangs zu VI.
[796] EG-Abl. L 176 vom 15.7.2003, S. 37 ff.
[797] Einen ersten Überblick liefern *Kühling*, Sektorspezifische Regulierung in den Netzwirtschaften, S. 149 sowie, im Zusammenhang mit der Umsetzung durch Reform des Energiewirtschaftsgesetzes, *Staebe*, DVBl. 2004, S. 853 ff.

Grundsatz, wonach die verschiedenen Netzbetreiber (Übertragungs-, Verteiler- und Kombinationsnetzbetreiber) im Falle der vertikalen Integration zumindest hinsichtlich Rechtsform, Organisation und Entscheidungsgewalt von den übrigen Tätigkeitsbereichen unabhängig sein müssen. Im jeweils folgenden Satz 2 ist die bereits aus dem Eisenbahnsektor nunmehr hinlänglich bekannte Kompromissformel enthalten, dass „diese Bestimmungen…keine Verpflichtung [begründen], eine Trennung in Bezug auf das Eigentum des vertikal integrierten Unternehmens an Vermögenswerten“ der genannten Netzbetreiber vorzunehmen.

Um die Unabhängigkeit der Netzbetreiber im vertikal integrierten Unternehmen sicherzustellen, sind die unter D.III.3. in Zusammenhang mit der Frage der Unabhängigkeit des Netzbetreibers bezüglich der Netzentwicklung bereits vorgestellten Maßnahmen zum Unbundling zu treffen. Hintergrund der Unabhängigkeit in der Netzentwicklung ist, wie dort gezeigt werden konnte, die Sicherstellung, dass sich der Netzbetreiber bei Investitionen in das Netz nicht ausschließlich von Interessen des Gesamtkonzerns leiten lässt, sondern sich nach Möglichkeit wie ein selbständig am Markt agierendes Unternehmen verhält, das sein Produkt an möglichst viele Nachfrager absetzen will.[798] Inwieweit diese Unabhängigkeit in der Netzentwicklung mit der wirtschaftlichen Selbstständigkeit des Netzbetreibers im Sinne der hier verwendeten Definition einhergeht, kann den Artikeln 10 Abs. 2 Ziff. c), 15 Abs. 2 Ziff. c) und 17 Ziff. c) RL 2003/54/EG[799] entnommen werden. Danach sind den verschiedenen Netzbetreibern (Übertragungs- Verteiler- Kombinationsnetzbetreiber) in Bezug auf Vermögenswerte, die für den Betrieb, die Wartung oder den Ausbau des jeweiligen Netzes erforderlich sind, tatsächliche Entscheidungsbefugnisse einzuräumen, die sie unabhängig von dem integrierten Elektrizitätsunternehmen ausüben.

In dieses verbindlich festgelegte System der Autonomie des Netzbetreibers in Bezug auf die genannten Vermögenswerte lässt sich eine Netzbetreiber-

[798] Ausführlich oben D.III.3.
[799] Zum Wortlaut der nahezu identisch formulierten Regelungen oben D.III.3.

gesellschaft, die mit anderen Sparten auf den vor- oder nachgelagerten Märkten durch Beherrschungs- oder Gewinnabführungsverträge verbunden ist, nicht einfügen. Die in e. dargestellte Lockerung der Vermögensordnung bei der abhängigen Gesellschaft in dieser Situation (§ 291 Abs. 3 AktG) entzieht der Netzbetreibergesellschaft die Kompetenz, unabhängig über die in den Artikeln 10 Abs. 2 Ziff. c), 15 Abs. 2 Ziff. c) und 17 Ziff. c) RL 2003/54/EG genannten Vermögenswerte zu verfügen, da sie bereits ihren (ganzen) Gewinn[800] an den anderen Vertragsteil abführen muss. Dieser steht dem Netzbetreiber sodann zur Erhaltung und zum Ausbau des Netzes nicht mehr zur Verfügung; ebenso wenig kann er in entsprechende Rückstellungen eingestellt werden.

Auch im Falle fehlender Gewinnabführungsverträge – dieser Einwand liegt natürlich nahe – verbleibt nicht der ganze Gewinn in einer Aktiengesellschaft, sondern wird regelmäßig zumindest zum Teil als Dividende an die Aktionäre (oder eine Konzernobergesellschaft, die wie im Falle er DB AG 100 % der Anteile an der Netztochter hält) ausgekehrt. Dennoch ist der Entscheidungsspielraum des Vorstands einer Netzbetreibergesellschaft im Hinblick auf die Gewinnverwendung ungleich größer, wenn gerade keine Beherrschungs- bzw. Gewinnabführungsverträge bestehen. In dieser Konstellation verfügt die Verwaltung einer Aktiengesellschaft grundsätzlich über die Möglichkeit, in eigener Verantwortung zumindest über 50 % des Jahresüberschusses zu verfügen, um ihn in die sog. „anderen Gewinnrücklagen" einzustellen, § 58 Abs. 2 Satz 1 AktG.[801] Darüber hinaus ist im Rahmen der gesetzlichen Ermächtigung des § 58 Abs. 2 Satz 1 AktG die Zuweisung von bis zu 50 % des bereinigten Jahresüberschusses in andere Gewinnrücklagen bei Fehlen einer abweichenden Satzungsregelung[802] auch dann möglich, wenn diese

---

[800] Unter „ganzer Gewinn" im Sinne des § 291 Abs. 1 AktG ist der Bilanzgewinn zu verstehen, der sich ergäbe, wenn kein Gewinnabführungsvertrag bestünde, vgl. *Altmeppen* in: MünchKommAktG, § 291, Rn. 145.

[801] Vgl. ausführlich *Bayer* in: MünchKommAktG, § 58, Rn. 38.

[802] Aufgrund der Regelungen der Elektrizitätsbinnenmarktrichtlinie ist es im Übrigen konsequent, von der Unzulässigkeit einer Satzungsbestimmung im Sinne des § 58 Abs. 2 Satz 2 AktG auszugehen, die die Verwaltung nur zu einer kleineren Rücklagenbildung ermächtigten würde. Eine solche Satzungsregelung könnte die Obergesellschaft im Falle alleiniger Anteilseignerschaft ansonsten ohne weiteres verankern.

Rücklagen bereits die Hälfte des Grundkapitals übersteigen, sie können sogar ein Vielfaches dessen betragen.[803] Dieser Aspekt ist vor dem Hintergrund der vergleichsweise hohen Investitionskosten bei Netzinfrastrukturen nicht unwichtig.

Eine vergleichbare Sicherstellung der Verfügungsgewalt der (Verwaltung der) Netzbetreibergesellschaft über die in den Artikeln 10 Abs. 2 Ziff. c), 15 Abs. 2 Ziff. c) und 17 Ziff. c) RL 2003/54/EG genannten Vermögenswerte lässt sich durch den in § 301 AktG normierten Höchstbetrag des abzuführenden Betrags bei Bestehen eines Gewinnabführungsvertrags nicht annähernd erreichen. Der Höchstbetrag nach § 301 Satz 1 AktG kann sich gem. Satz 2 zum einen noch um die während der Dauer des Vertrages in andere Gewinnrücklagen eingestellten Beträge erhöhen, indem diese Beträge wieder entnommen und als Gewinn abgeführt werden.[804] Zum anderen kommt hinzu: Bei Bestehen eines Gewinnabführungsvertrags, der zudem mit einem Beherrschungsvertrag gekoppelt ist, sind dem herrschenden Unternehmen vielfältige Möglichkeiten zur Einflussnahme auf die Ermittlung von Gewinn und Verlust an die Hand gegeben, namentlich durch Ausübung zahlreicher Bilanzwahlrechte.[805] Indem das herrschende Unternehmen von seinem Weisungs-recht Gebrauch macht, kann die abhängige Gesellschaft dazu bestimmt werden, eine im Interesse des herrschenden Unternehmens liegende Bilanzpolitik zu betreiben.[806] Und schließlich: Von vornherein keine Anwendung findet § 301 AktG auf stille Rücklagen, woraus vielfach (und zutreffend) gefolgert wird, dass der mit den §§ 300 und 301 AktG bezweckte Schutz der Substanz der abhängigen Gesellschaft letztlich nicht erreicht wurde.[807] *Altmeppen* formuliert es wie folgt: „Wenn der Gewinnabführungsvertrag mit einem Beherrschungsvertrag kombiniert ist, kann das herrschende Unternehmen über sein Weisungsrecht…Einfluss auf die Gewinnermittlung nehmen und gezielt die

---

[803] *Bayer* in: MünchKommAktG, § 58, Rn. 42.
[804] *Altmeppen* in: MünchKommAktG, § 301, Rn. 25.
[805] Zu diesem Aspekt *Emmerich* in: *Emmerich/Habersack*, Konzernrecht, § 291, Rn. 64.
[806] *Emmerich* in: *Emmerich/Habersack/Sonnenschein*, Konzernrecht § 20 III.
[807] *Emmerich* in: *Emmerich/Habersack/Sonnenschein*, Konzernrecht § 20 III m.w.N.

stillen Reserven und damit auch die finanzielle Basis der abhängigen Gesellschaft mindern."[808]

Ein zentrales Problem, das sich auch bei der Interpretation der Elektrizitätsbinnenmarktrichtlinie stellt, ist, wie deren Maßgaben in sinnvoller und möglichst widerspruchsfreier Weise in das bestehende deutsche Aktienkonzernrechtssystem übertragen werden können. Die Schwierigkeiten erwachsen teils aus unterschiedlichem Begriffsverständnis, teils aber auch schlicht aus dem Kompromisscharakter der im Gesetzgebungsverfahren meist umstrittenen und kontrovers diskutierten Richtlinien zur Regulierung von Netzindustrien. Dieses Grundsatzproblem lässt sich auch an den in diesem Abschnitt untersuchten Regelungen der Elektrizitätsbinnenmarktrichtlinie zum Unbundling festmachen. So betont etwa Art. 10 Abs. 2 Ziff. c) Satz 2 (auch diesbezüglich besteht Wortgleichheit zu den Artikeln 15 Abs. 2 Ziff. c) und 17 Ziff. c), dass

„dies[809]...geeigneten Koordinierungsmechanismen nicht entgegenstehen [sollte], mit denen sichergestellt wird, dass die wirtschaftlichen Befugnisse des Mutterunternehmens und seine Aufsichtsrechte über das Management im Hinblick auf die...Rentabilität eines Tochterunternehmens geschützt werden. Dies ermöglicht es dem Mutterunternehmen insbesondere, den jährlichen Finanzplan oder ein gleichwertiges Instrument des Übertragsnetzbetreibers zu genehmigen und generelle Grenzen für die Verschuldung seines Tochterunternehmens festzulegen. Dies erlaubt es dem Mutterunternehmen nicht, Weisungen bezüglich des laufenden Betriebs oder einzelner Entscheidungen über den Bau oder die Modernisierung von Übertragsleitungen zu erteilen, die über den Rahmen des genehmigten Finanzplans oder eines gleichwertigen Instruments nicht hinausgehen."[810]

---

[808] *Altmeppen* in: MünchKommAktG § 291, Rn. 146, dazu auch bereits oben e.

[809] Gemeint ist die dargestellte Unabhängigkeit in den Entscheidungsbefugnissen in Bezug auf die Vermögenswerte.

[810] EG-Abl. L 176 vom 15.7.2003, S. 45.

Im Umkehrschluss des letztgenannten Satzes könnte argumentiert werden, das Weisungsrecht des Mutternehmens sei auch hier lediglich einzuschränken, nicht aber völlig zu untersagen. Formal ließe sich daher die Vorschrift durch bloße Übernahme des Wortlauts der Richtlinie umsetzen, ohne die Konzernstruktur von Elektrizitätsversorgungsunternehmen grundlegend zu verändern. Wie allerdings die vorangegangene Untersuchung der Organisationsstrukturmodelle mit, bzw. ohne Gewinnabführungs-/Beherrschungsverträge klar zeigt, blieben bei Bestehen solcher Verträge zahlreiche Fragen ungeklärt, etwa, mit welcher Begründung den Netzbetreibergesellschaften in einem ersten Schritt umfangreiche Vermögenswerte (Gewinn) entzogen werden, um sie ihnen in einem zweiten Schritt in einem noch zu entwickelnden (transparenten) Verfahren wieder zur Verfügung zu stellen, damit die tatsächlichen Entscheidungsbefugnisse der Netzbetreibergesellschaften irgendwie doch noch gewährleist würden. Würde man bestehende Gewinnabführungs- bzw. Beherrschungsverträge nicht wiederum stark reglementieren – bis hin etwa zum Verbot der Ausübung des Weisungsrechts hinsichtlich der Bilanzwahlrechte, der Auflösung und Abführung stiller Reserven usw. – hingen die Netzbetreibergesellschaften letztlich nach wie vor am Tropf der herrschenden Unternehmen, was die Elektrizitätsbinnenmarktrichtlinie aber ausdrücklich verhindern will. Letztlich kommt man nicht umhin, ein Organisationsmodell, das Beherrschungs- oder Gewinnabführungsverträge beinhaltet, als Verstoß gegen europäisches Recht einzustufen.

Fazit: Unabhängigkeit in der Vergabe von Netzkapazitäten (im Eisenbahnsektor: Trassenvergabe) und Erhebung des dafür zu entrichtenden Entgelts (im Eisenbahnsektor: Trassenpreissetzung) einerseits, wie Unabhängigkeit in der Netzentwicklung andererseits, setzen den wirtschaftlich selbständigen Netzbetreiber innerhalb eines vertikal integrierten Unternehmens eines Netzsektors (Bahn oder Elektrizitätsversorgung) voraus. Die beiden Aspekte der Unabhängigkeit sind zwei Seiten derselben Medaille. Sie lassen sich nicht durch isolierte Einschränkung von Weisungsrechten innerhalb eines modifizierten Vertragskonzerns herstellen. Das Europäische Gemeinschaftsrecht verbietet sowohl im Netzsektor Eisenbahn als auch im Netzsektor Elektrizitätsbinnenmarkt im Falle der Beibehaltung der vertikalen Integration die Organisationsform des Vertragskonzerns mit Gewinnabführungsverträgen.[811]

## G. Zusammenfassung der Kritikpunkte am Modell des Vertragskonzerns des Regierungsentwurfs

Die Ergebnisse des Abschnitts F lassen sich wie folgt zusammenfassen:

Die Beibehaltung einer Vertragskonzernstruktur mit Gewinnabführungsverträgen für vertikal integrierte Eisenbahnunternehmen, was auf der Basis von § 9a AEG zulässig ist, sowie die dann durch § 9a AEG vorausgesetzte umfassende Einschränkung des Weisungsrechts der Obergesellschaft aus § 308 AktG gegenüber dem abhängigen Betreiber der Infrastruktur, ist mit der Systematik des geltenden Aktienkonzernrechts nicht in Einklang zu bringen. Sie führt zu einer völligen Verfremdung des Vertragskonzerns, in dem grundsätzlich die Pflicht für den Konzernvorstand zur Leitung der Konzerngesellschaften besteht. Zu bejahen ist indes nur die Systemwidrigkeit. Ein verfassungsrechtliches Problem, insbesondere ein Verstoß gegen Art. 87e GG, ist hingegen nicht auszumachen. Der Gesetzgeber bewegt sich bis hierher also im Rahmen des rechtlich Zulässigen.

Diese Betrachtung ändert sich allerdings grundlegend, wenn das vom Regierungsentwurf zur Novelle des AEG als zulässig erachtete organisationsrechtliche Modell „Vertragskonzern" an den Maßgaben des Eisenbahninfrastrukturpakets gemessen wird. Das europäische Recht verlangt keine eigentumsrechtliche Zerschlagung (= vollständige vertikale Separation) des vertikal integrierten Eisenbahnunternehmens. Bei der dann aber erforderlichen Trennung von Netz und Betrieb innerhalb des Unternehmens muss eine Organisationsstruktur etabliert werden, die Quersubventionierungen

---

[811] Zur differenzierten Betrachtung des Begriffs des vertikal integrierten Unternehmens oben vor 2.a.

zwischen diesen Bereichen zu Lasten von Wettbewerbern auf den Verkehrsmärkten ausschließt. Nur so kann die effiziente Trassenverwaltung bei gleichzeitig diskriminierungsfreiem Zugang für Wettbewerber zur Infrastruktur gewährleistet werden. Auf der Basis eines, wenn auch stark modifizierten, Vertragskonzerns mit Gewinnabführungsverträgen können diese zwingenden Vorgaben nicht erfüllt werden. In einer solchen Struktur fehlt es daher letztlich auch an der Unabhängigkeit des Betreibers der Infrastruktur bezüglich der Trassenvergabe und der Trassenpreisfestsetzung. Zur Gewährleistung der genannten gemeinschaftsrechtlichen Vorgaben ist jedenfalls ein wirtschaftlich selbständiger Betreiber der Infrastruktur (= ein Netzbetreiber, der weder unmittelbar noch mittelbar durch Beherrschungs- und Gewinnabführungsverträge mit Erbringern von Verkehrsdienstleistungen verbunden ist) innerhalb eines Eisenbahnunternehmensverbunds zu etablieren. Das bisher in Deutschland für den einzig relevanten Anbieter von Eisenbahndienstleistungen, der DB AG, bestehende Holdingmodell kann in der bisherigen Form, in der Beherrschungs- und Gewinnabführungsverträge bestehen, nicht aufrechterhalten werden.

# Teil 3
# Entwicklung einer richtlinienkonformen Organisationsstruktur für vertikal integrierte Eisenbahnunternehmen am Beispiel der Deutschen Bahn AG

## A. Merkmale einer richtlinienkonformen Organisationsstruktur auf der Basis der bisherigen Erkenntnisse

Die bisherigen Erkenntnisse zu der Frage, wie eine richtlinienkonforme Organisationsstruktur eines (vertikal integrierten) Eisenbahnunternehmens wie der Deutschen Bahn AG auszusehen hat, beschränken sich weitgehend auf negative Merkmale. Klar herausgearbeitet werden konnte, dass eine Konzernstruktur, die Beherrschungs- oder Gewinnabführungsverträge beinhaltet, gegen europäisches Recht verstößt. Der Betreiber der Infrastruktur muss als wirtschaftlich selbstständiges Unternehmen im Sinne der entwickelten Definition[812] agieren können. Andererseits verlangt das europäische Recht nicht zwingend die Widerlegung der Abhängigkeitsvermutung des § 17 Abs. 2 AktG, da eine Veränderung der Eigentümerstruktur nicht erforderlich ist. Folglich kann ein Betreiber der Infrastruktur auch in Zukunft zu 100 % im Eigentum eines Anbieters von Verkehrsdienstleistungen (oder einer Holding, die ihrerseits Verkehrsdienstleister beherrscht) stehen und der 100 %ige Anteilseigner muss somit auch die Besetzung des Aufsichtsrats bei der Tochter vornehmen können.[813] Da von einem abhängigen Unternehmen gem. § 18 Abs. 1 Satz 3 AktG wiederum vermutet wird, dass es mit dem herrschenden Unternehmen einen Konzern bildet, scheint das Gemeinschaftsrecht zumindest dem faktischen Konzern als möglichem Organisationsmodell nicht grundsätzlich entgegenzustehen.

---

[812] Teil 2, F.VI.

[813] Dazu Teil 2, C.II., zusammenfassend unter III.

Noch nicht vertiefend erörtert wurde bislang, ob das Eisenbahnunternehmen, das die Anteile am Betreiber der Infrastruktur hält, damit tatsächlich berechtigt ist, einheitliche Leitungsmacht auf faktischer Basis auszuüben. Ob der faktische Konzern als richtlinienkonforme Organisationsform angesehen werden kann, oder ob auch hier gemeinschaftsrechtliche Vorgaben im Wege stehen, muss nunmehr erörtert werden.

## B. Der faktische Konzern: ein uneingeschränktes Lösungsmodell?

Zunächst zeichnet sich der faktische Konzern durch das Fehlen eines Beherrschungsvertrags bei gleichzeitigem Bestehen eines Abhängigkeitsverhältnisses aus. Die Unterstellung der abhängigen Gesellschaft unter „einheitliche Leitung" im Sinne des § 18 Abs. 1 Satz 1 AktG, was Voraussetzung für den Konzerntatbestand ist, wird vom Gesetz gem. § 18 Abs. 1 Satz 3 AktG im Falle der Abhängigkeit vermutet.[814] Ein faktischer Konzern kann auch dann vorliegen, wenn ein isolierter Gewinnabführungsvertrag besteht.[815] Damit wäre bereits eine erste Einschränkung eines möglichen Modells „faktischer Konzern" benannt. Bevor auf die weit schwierigere Frage, ob und wie weit es einer herrschenden Gesellschaft innerhalb eines vertikal integrierten Eisenbahnunternehmens gestattet sein soll, den Betreiber der Infrastruktur unter eine „einheitliche Leitung" im Sinne § 18 Abs. 1 AktG zu stellen, sei an eine weitere Einschränkung eines Modells „faktischer Konzern" erinnert, die bereits bei der Ausübung der bloßen Gesellschafterrechte, namentlich der Möglichkeit der Bestimmung der Aufsichtsräte, ansetzt:[816] Art. 6 Abs. 3 RL 2001/12/EG verlangt die Unabhängigkeit des Betreibers der Infrastruktur in Bezug auf Trassenvergabe und Trassenpreisfestsetzung, was (u.a.) die Sicherstellung der Unabhängigkeit der Leitungsorgane des Netzbetreibers nach sich zieht.

---

[814] *Bayer* in: MünchKommAktG, § 18, Rn. 8 f.
[815] *Eschenbruch,* Die Konzernhaftung, Rn. 2066.
[816] Vgl. auch Teil 1, D.II.

Aufsichtsräte, die sich für die vom Konzerninteresse unbeeinflusste Zuweisung von Zugtrassen und die Entscheidung über Wegeentgelte einsetzen können sollen, können nicht gleichzeitig Aufsichtsräte in Verkehrsbetreibergesellschaften oder einer solche Gesellschaften beherrschenden Holding sein.[817] Genau genommen handelt es sich dabei aber weniger um eine Einschränkung der Möglichkeit der herrschenden Gesellschaft, ihre Gesellschafterrechte auszuüben – die Möglichkeit der Bestimmung der Aufsichtsräte bleibt an sich ja erhalten – sondern um eine zusätzliche, die Anforderungen des § 100 AktG ergänzende persönliche Voraussetzung des Aufsichtsratsmitglieds. Durch diese beiden Faktoren wird das Modell des faktischen Konzerns als organisationsrechtliche Grundlage für vertikal integrierte Eisenbahnunternehmen nicht grundsätzlich in Frage gestellt.[818]

Die entscheidende Frage, die es nun zu klären gilt, lautet also, ob ein in einem vertikal integrierten Unternehmensverbund stehender Betreiber der Infrastruktur unter einheitliche Leitung gestellt werden kann, oder ob die Eigentümergesellschaft, die selbst Eisenbahnverkehrsdienstleistungen erbringt, sich im Hinblick auf den Betreiber der Infrastruktur aufgrund europäischen Rechts auf die bloße Beteiligungsverwaltung zu beschränken hat. Letzteres schließt die Wahrnehmung von Führungsfunktionen in der Tochtergesellschaft aus. Ähnlich wie bei der sog. Vermögensholding[819] oder den Unternehmensbeteiligungsgesellschaften nach dem UBGG würden sich die Beteiligungsverwaltungsaufgaben der Eigentümergesellschaft im Wesentlichen auf die Überwachung der Geschäftsführung (über die Aufsichtsräte) oder die Einziehung der Dividenden der Tochtergesellschaft,[820] erschöpfen. Das hätte aus wettbewerbspolitischer Sicht zweifellos den Vorteil, dass das Diskriminierungspotential der Eigentümerin des Betreibers der Infrastruktur zu Lasten ihrer Wettbewerber auf den nachgelagerten Verkehrsmärkten als vergleichsweise gering einzustufen wäre. Eine solche Konstellation käme der

---

817 So die zutreffende Auffassung des Bundesregierung zur Begründung der in § 9a Nr. 6 AEG verankerten getrennten Besetzung von Aufsichtsräten, BT-Drs. 15/3280, S. 17.

818 Zur anderen Ansicht *Gersdorfs* in Teil 2, C.II.

819 Zur Vermögensholding *Lutter* in: *Lutter*, Holding Handbuch, § 1, Rn. 22.

820 Vgl. *Hommelhoff*, Die Konzernleitungspflicht, S. 45.

eigentumsrechtlichen Separation am nächsten. Aus aktienrechtlicher Sicht wäre dann allerdings die Anpassung der Satzung der Konzernobergesellschaft erforderlich. Denn in einem solchen Fall würde die Obergesellschaft den Betreiber der Infrastruktur nur mehr als Vermögensanlage verwalten, was nach richtiger Ansicht einer entsprechenden Ermächtigung in der Satzung bedarf.[821]

## I. Der Begriff der einheitlichen Leitung im faktischen Konzern

Zur Beantwortung der aufgeworfenen Frage muss zunächst der Begriff der einheitlichen Leitung im Sinne des § 18 AktG, in dem sich der Konzerneinfluss einer herrschenden Gesellschaft gegenüber einem anderen rechtlich selbständigen Unternehmensträger manifestiert,[822] nochmals einer eingehenden Betrachtung unterzogen werden. Wie bereits zur Sprache kam,[823] ist „einheitliche Leitung" als die planmäßige und permanente Einflussnahme des herrschenden Unternehmens mit Auswirkung auf den gesamten Konzern ein sehr weit gefasster Begriff. Einheitliche Leitung kann bereits dann bejaht werden, wenn Leitungsmacht lediglich innerhalb der aktienrechtlichen Zuständigkeitsordnung ausgeübt wird und die abhängige Gesellschaft keine Schädigung durch die Obergesellschaft erfährt; eine totale Einverleibung einer abhängigen Gesellschaft ist zur Herstellung einer Konzernverbindung nicht erforderlich.[824] Die Ausübung einheitlicher Leitungsmacht kann sich etwa in einer einheitlichen Finanzplanung der Konzernobergesellschaft ausdrücken, die sich darauf beschränkt, über die Vertreter in den Aufsichtsräten und Hauptversammlungen Einfluss auf die Bilanzierungsgestaltung zu nehmen, Gewinne nach einer Gesamtplanung zu thesaurieren oder auszuschütten, ausschlaggebend zu gestalten, wie die Mittel für Kapitalerhöhungen in anderen Tochtergesellschaften verwendet werden und ähnliches. Eine wirtschaftliche Einheit (wie im Vertragskonzern mit Gewinnabführungsverträgen) wird auf

---

[821] *Hommelhoff*, Die Konzernleitungspflicht, S. 45 ff., dazu in Teil 2, F.III.3.a.aa.
[822] Vgl. *Gierke*, Die Wirtschaftstätigkeit nichtwirtschaftlicher Organisationen, S. 247.
[823] Zum Begriff bereits im Rahmen der Diskussion um die Zulässigkeit des faktischen Konzerns, Teil 2, F.III.3.c.aa.(2).
[824] *Semler*, Leitung und Überwachung der Aktiengesellschaft, Rn. 288.

diese Weise nicht herbeigeführt; dennoch begründet auch diese Finanzeinheit einen Konzern.[825] Eine in diesem Zusammenhang zwar weitgehende, aber von der allgemeinen aktienrechtlichen Zuständigkeitsordnung gedeckten, Einflussnahme wäre etwa der Beschluss des durch den Großaktionär maßgeblich (bzw. im Falle einer einzigen Aktionärs-Gesellschaft alleinig) bestimmten Aufsichtsrats, die Feststellung des Jahresabschlusses der Hauptversammlung zu überlassen, § 173 AktG[826] (was sich allerdings nur gemeinsam mit dem Vorstand verwirklichen lässt oder wenn der Aufsichtsrat den Jahresabschluss nicht gebilligt hat).

Sofern Leitungsaktivitäten nicht auf der Basis der aktienrechtlichen Zuständigkeitsordnung ausgeübt werden, basieren sie mangels vertragskonzernrechtlichen Weisungsrechts auf tatsächlicher bzw. faktischer Leitungsmacht.

Als Maßnahmen, in denen sich die Ausübung einheitlicher Leitungsmacht im faktischen Konzern manifestieren kann, zählt *Semler* beispielhaft folgende auf (aufgrund der Vielfältigkeit möglicher Konzernkonstellationen kann ein solcher Katalog nicht abschließend sein):[827]

- die Besetzung von Führungsstellen durch das herrschende Unternehmen,
- die Konzernkoordinierung: dies beinhaltet die einheitliche Gestaltung des Finanz- und Rechnungswesens sowie die Verfolgung einer einheitlichen Finanzpolitik. Zudem kann von Konzernkoordination gesprochen werden, wenn Dienste der Stabstellen, die beim herrschenden Unternehmen bestehen, auch den anderen Konzernunternehmen zur Verfügung gestellt werden – z.B. Rechts-, Steuer-, Werbe-, Organisations- oder Presseabteilungen. Zudem fällt die Bündelung der Beschaffung und die einheitliche Leitung des Personalwesens unter diesen Bereich (etc.),
- die Konzernplanung: hierunter ist die Festsetzung von Zielen des Gesamtkonzerns und die Festlegung der Wege, wie diese Ziele zu

825 Vgl. *Semler*, Leitung und Überwachung der Aktiengesellschaft, Rn. 288.
826 *Semler*, Leitung und Überwachung der Aktiengesellschaft, Rn. 289.
827 Detaillierte Darstellung bei *Semler*, Leitung und Überwachung der Aktiengesellschaft, Rn. 285 ff. m.w.N.

erreichen sind, zu verstehen. Die Konzernplanung erwächst dem Bestreben der Konzernleitung, die im Konzern vorhandenen Ressourcen optimal einzusetzen. Der Ablauf der Planung verläuft im faktischen Konzern häufig in folgenden Stadien: zunächst werden von der Konzernleitung erste Impulse – die Intensität kann unterschiedlich stark sein – an die abhängigen Unternehmen gegeben; die abhängigen Unternehmen stellen die auf der Grundlage dieser Impulse erstellten Pläne der Konzernleitung zur Verfügung. Diese nimmt den Abgleich und die Konsolidierung der Einzelpläne vor, so dass Letztere im Konzernplan aufgehen. Der Konzernplan besteht dabei häufig aus verschiedenen Teilplänen wie dem Absatzplan, dem Erzeugungsplan, dem Personalplan, dem Entwicklungsplan, dem letztlich aus den verschiedenen Einzelplanungen hervorgehenden Finanzplan mit Planerfolgsrechnung, Planfinanzierungsrechnung und Planbilanz. Die Grenze zulässiger, auf faktischer Leitungsmacht basierender Konzernplanung, ist erst da erreicht, wo das Ausgleichssystem der §§ 311 ff. AktG in seiner Funktionsfähigkeit beeinträchtigt wird.[828] Als ein Beispiel für eine in diesem rechtlichen Rahmen unbedenkliche Konzernplanung im faktischen Konzern führt *Semler* die Veranlassung des abhängigen Unternehmens dazu an, zum Zwecke besserer Kapazitätsauslastung einer dem abhängigen Unternehmen gehörenden ausländischen Vertriebsgesellschaft auch den Vertrieb von Produkten einer oder mehrer anderer auf diesem Markt nicht vertretener Konzerngesellschaften zu übernehmen. Die Verbesserung der Kapazitätsauslastung, so die Argumentation, müsse auch vom Vorstand des abhängigen Unternehmens angestrebt werden. Etwaigen Anfangsverlusten stünden erhöhte Gewinne nach Markteinführung gegenüber.

Problematischer hingegen sind Fälle, in denen sich Produkte von im faktischen Konzernverbund stehenden Unternehmen überschneiden und nunmehr eine Zuweisung auf jeweils ein Konzernunternehmen erfolgen soll. Hier müssen die Auswirkungen der Maßnahme auf jedes

[828] Teil 2, F.3.c.aa.(3) m.w.N.

Konzernunternehmen untersucht und eventuelle Nachteile ausgeglichen werden. Gleiches gilt für andere Überschneidungen, die im Rahmen einer einheitlichen Konzernplanung separiert werden, etwa – im Vorfeld des Produktabsatzes – bei Entwicklungsprogrammen oder in der Vertriebsorganisation.[829] Ein weiterer wichtiger Bereich faktischer Einflussnahme, bei der genau auf die Frage des Nachteilsausgleichs geachtet werden muss, ist die Planung einer koordinierten Preispolitik, Schlagwort „Konzernverrechungspreise":[830] Innerhalb eines Konzerns werden zur vereinfachten Abwicklung für konzerninterne Transaktionen z.B. Verrechungspreise vorgeschrieben, die die vollen Fabrikationskosten zuzüglich 10 % umfassen. Probleme ergeben sich in einer solchen Konstellation dann, wenn sich für ein Konzernunternehmen auf dem freien Markt für seine Produkte höhere Preise erzielen lassen würden oder wenn Zulieferprodukte bei nichtkonzernangehörigen Unternehmen billiger bezogen werden könnten. Hier müsste zwingend ein Ausgleich der Nachteile erfolgen.

Ob dieses Konglomerat möglicher Leitungsaktivitäten der Konzernobergesellschaft im Rahmen eines faktisch konzernierten vertikal integrierten Eisenbahnunternehmens insgesamt als entweder eindeutig mit den gemeinschaftsrechtlichen Regelungen des Eisenbahninfrastrukturpakets vereinbar, respektive unvereinbar, bezeichnet werden kann, muss der nachfolgende Abschnitt klären.

## II. Europarechtliche Zulässigkeit der faktischen Ausübung „einheitlicher Leitung"

Käme man zu dem Ergebnis, keine der im vorigen Abschnitt beispielhaft aufgeführten Leitungsaktivitäten wären mit den Vorgaben der Richtlinien vereinbar, ergäben sich an sich keine weiteren regulierungstechnischen

---

[829] *Semler*, Leitung und Überwachung der Aktiengesellschaft, Rn. 326.
[830] *Semler*, Leitung und Überwachung der Aktiengesellschaft, Rn. 328.

Schwierigkeiten. Es wäre schlicht sicherzustellen, dass ein Betreiber der Infrastruktur im vertikal integrierten Eisenbahnkonzern von der Obergesellschaft praktisch nur noch als Beteiligung gehalten wird.[831] Ebenso unproblematisch wäre ein Ergebnis, das die faktische Konzernierung, in dem der Betreiber der Infrastruktur als wirtschaftlich selbständiges Unternehmen operiert, als insgesamt mit dem Gemeinschaftsrecht vereinbar qualifiziert. Es wäre lediglich die entsprechende organisationsrechtliche Struktur gesetzlich zu verankern, also das Verbot von Beherrschungs- und Gewinnabführungsverträgen. Bedeutend komplizierter stellte sich die Sachlage hingegen dar, wenn sich eine eindeutige Aussage über Zulässigkeit oder Unzulässigkeit faktischer Leitung durch die Obergesellschaft nicht treffen ließe. Dann müsste letztlich ein möglichst abschließender Katalog darüber erstellt werden, welche Maßnahmen zulässig, welche unzulässig sind. Genau das zeichnet sich indes ab, wenn man sich den unter I. dargelegten Beispielkatalog faktischer Leitungsmaßnahmen nochmals vor Augen hält:

So wäre etwa die Einflussnahme auf die Besetzung von Führungspositionen in der Netzbetreibergesellschaft durch das herrschende Eisenbahnunternehmen europarechtlich jedenfalls zu beanstanden, soweit die Unabhängigkeit der Netzbetreibergesellschaft in Bezug auf die Bereiche Trassenvergabe und Trassenpreisfestsetzung nicht gewährleistet wäre. Eine gesetzliche Regelung dazu existiert im Regierungsentwurf nur in Bezug auf die getrennte Besetzung von Aufsichtsräten,[832] erst recht muss das aber für die Besetzung von Vorständen gelten. Der bisherige Zustand in der DB AG, wonach die Vorstandsvorsitzenden der sog. „Führungsgesellschaften" gleichzeitig Vorstandsämter in der Holding bekleiden,[833] kann für den Vorstandsvorsitzenden der DB Netz AG keinesfalls aufrechterhalten werden.

Bei richtiger Betrachtung ist allerdings auch auf rein aktienrechtlicher Basis das Doppelmandat auf der Vorstandsebene im faktischen Konzern höchst

---

[831] Zu den Konsequenzen, die sich daraus ergeben, oben eingangs zu B.
[832] Vgl. Teil 2, D.II.
[833] Vgl. oben Teil 2, C.II.1.

problematisch. Grundsätzlich sind zwar Doppelmandate im Konzern nicht ausgeschlossen.[834] Es gilt jedoch zu berücksichtigen, dass der Doppelvorstand sowohl in einem rechtlich problematischen Widerstreit zwischen den Interessen der Tochter und der Mutter als auch in einem Konflikt mit persönlichen Interessen stehen kann.[835] Gerade im faktischen Konzern steht der Doppelvorstand aufgrund der Einbindung in zwei Pflichtenkreise permanent in einem solchen Interessenkonflikt; als Tochtervorstand ist er uneingeschränkt verpflichtet, deren Interesse zu verfolgen, als Vorstandsmitglied der Konzernobergesellschaft ist er aber dieser gegenüber in gleicher Weise verpflichtet.[836] Die im faktischen Konzern im Vergleich zum Vertragskonzern erheblich größere Eigenverantwortung des Vorstands der Tochtergesellschaft verpflichtet ihn auch entsprechend, seinen Handlungsspielraum im Interesse der Tochter zu nutzen, indem er etwa durch die Konzernobergesellschaft veranlasste Maßnahmen umfassend auf die Vereinbarkeit mit den §§ 311 ff. AktG überprüft und bei nachteiligen Veranlassungen auf die Sicherung des Nachteilsausgleichs hinwirkt. Das gilt im Übrigen auch bei 100 %igen Tochtergesellschaften, auch hier besteht die Pflicht des Vorstands zur Wahrung des Eigeninteresses der Gesellschaft.[837] In Rechtsprechung und Literatur wird diesem Problem allerdings nicht mit der Forderung eines Verbots von Doppelmandaten begegnet, es werden vielmehr Vorschläge diskutiert, wie man als „Doppelvorstand" das Haftungsrisiko vermindert.[838] Ist das Doppelmandat damit auch aus aktienrechtlicher Sicht bereits bedenklich, so wäre es im vertikal integrierten Eisenbahnunternehmen wie der Deutschen Bahn AG (jedenfalls das Doppelmandat in Netzgesellschaft und Holding) mangels Sicherstellung der Unabhängigkeit des „Doppelmandatsträgers" als klarer Verstoß gegen europäisches Recht einzustufen.

Auch der Bereich der Konzernkoordinierung ist differenziert zu betrachten. So kann der konzernumspannende Einsatz bestimmter Stabstellen wie Presse- oder

---

[834] *Hüffer,* AktG, § 76, Rn. 21.
[835] *Aschenbeck*, NZG 2000, S. 1015 (1018).
[836] *Aschenbeck*, NZG 2000, S. 1015 (1018).
[837] *Aschenbeck*, NZG 2000, S. 1015 (1018 f.).
[838] Vgl. *Aschenbeck*, NZG 2000, S. 1015 (1021 ff.).

Werbeabteilungen europarechtlich kaum zu beanstanden sein. Problematisch hingegen könnte die einheitliche Gestaltung des Finanz- und Rechnungswesens oder die Koordination einer einheitlichen Finanzpolitik aber sein, soweit dadurch die wirtschaftliche Selbstständigkeit des Betreibers der Infrastruktur gefährdet wäre. Dieser Aspekt hängt eng zusammen mit Teilbereichen der Konzernplanung: Der dargelegte Beispielkatalog benannte als Teilelement der Konzernplanung die Planung einer koordinierten Preispolitik, die sich in der Entwicklung von Konzernverrechnungspreisen für den Austausch von Waren/ Dienstleistungen innerhalb des Konzernverbunds niederschlägt. Das stellt ein besonders eindrückliches Beispiel für eine offensichtlich gegen die Maßgaben des Eisenbahninfrastrukturpakets verstoßende Einflussnahme auf den Betreiber der Infrastruktur dar. Wie ausführlich dargelegt, hat der Betreiber der Infrastruktur zwingend in der Gestaltung der Trassenpreise unabhängig zu sein.

Bis hierher ist die eingangs zu diesem Kapitel getroffene Feststellung, dass das europäische Recht dem Organisationsmodell „faktischer Konzern“ für vertikal integrierte Eisenbahnunternehmen nicht generell entgegensteht, also nicht widerlegt. Die entscheidende Frage ist aber, ob und wie den europarechtlich *unzulässigen* faktischen Einflussnahmemöglichkeiten innerhalb eines faktischen Konzerns wirksam begegnet werden kann. Wäre in der tatsächlichen Handhabung keine überzeugende Lösung zu finden, müsste in der Konsequenz der faktische Konzern als Organisationsmodell insgesamt verworfen werden.

## III. Möglichkeit zur richtlinienkonformen Begrenzung der faktischen Einflussnahme

Zunächst darf jeder Gesellschafter, egal ob Allein-, Mehrheits- oder Minderheitsgesellschafter, Einfluss entsprechend seiner Vorstellungen ausüben. Unabhängig von der Zuordnung der Einflussnahme als Ausübung von Konzern- oder (bloßem) Gesellschaftereinfluss, ist die Grenze der zulässigen Einflussnahme dort erreicht, wo der Boden des gemeinsam festgelegten Zwecks, wie er im Gesellschaftsvertrag bzw. der Satzung konkretisiert wurde, verlassen wird.[839] Die gesellschaftsrechtlich nahe liegende Form zur europarechtskonformen Begrenzung des faktischen Konzerneinflusses ist somit eine (im AEG) gesetzlich konkretisierte Ausgestaltung der Satzung.[840] Dabei würde es aber zur Sicherstellung der europarechtlich geforderten Unabhängigkeit des Betreibers der Infrastruktur nicht genügen, allgemeine Floskeln in die Satzung aufzunehmen, wie: „Die Netzgesellschaft hat in Fragen der Trassenvergabe und der Trassenpreisfestsetzung unabhängig von Konzerneinflüssen zu agieren und die wirtschaftliche Selbständigkeit der Netzgesellschaft ist zu gewährleisten" oder ähnliches. Damit wäre nämlich weder für die Konzernleitung klar, welche konkreten Leitungsaktivitäten sie im Rahmen faktischer Einflussnahme „entfalten" dürfte, noch wüsste der Vorstand der Tochtergesellschaft, welchen Forderungen der Konzernleitung er noch Folge leisten müsste, bzw. wo er sich bereits einen Verstoß gegen die Satzung entgegenhalten lassen müsste. Erforderlich wäre vielmehr die Entwicklung eines detaillierten und abschließenden Maßnahmekatalogs zulässiger bzw. unzulässiger faktischer Einflussnahme, der auf der Basis einer gesetzlichen Absicherung (im AEG) nicht mehr zur Disposition der (bzw. des Allein-) Gesellschafter(s) steht und sodann Eingang in die Satzung der Netzgesellschaft findet. Das Erstellen eines solchen Katalogs ist aber genauso unmöglich wie das Erstellen eines abschließenden Katalogs möglicher Leitungsmaßnahmen im faktischen Konzern überhaupt.[841] Mit anderen Worten bedeutet das, „Konzernidentität" schaffende Maßnahmen, die von der Konzernobergesellschaft ausgehen (in Form der „einheitlichen Leitung"), sind infolge der Unmöglichkeit, diese abschließend als gemeinschaftsrechtskonform respektive gemeinschaftsrechtswidrig zu katalogisieren, insgesamt unzulässig.[842] Der Betreiber der Infrastruktur darf, soweit er im Unternehmensverbund eines Eisenbahnkonzerns steht, nur noch als Kapitalbeteiligung gehalten werden.

---

[839] Vgl. *Gierke*, Die Wirtschaftstätigkeit nichtwirtschaftlicher Organisationen, S. 221.

[840] Die Grenze zulässiger Konzerneinflussnahme bildet sogar im Vertragskonzern die Satzung der Tochtergesellschaft, vgl. *Hommelhoff*, Die Konzernleitungspflicht, S. 149 f.

[841] Vgl. oben unter I.

[842] Zu möglicherweise zulässigen Akten zur Schaffung von Konzernidentität, die vom Betreiber der Infrastruktur ausgehen, sogleich.

## IV. Ergebnis

Der faktische Konzern stellt im Ergebnis ebenfalls ein nicht mit dem Gemeinschaftsrecht vereinbares Organisationsmodell für vertikal integrierte Eisenbahnunternehmen dar.[843] Folglich stellt sich die Frage, ob der Betreiber der Infrastruktur, der wie im Falle der DB Netz zu 100 % im Eigentum eines Eisenbahnkonzerns steht und auf der Basis der gewonnenen Ergebnisse nur noch als Kapitalbeteiligung gehalten werden darf, in sonstiger Weise für etwaige berechtigte Interessen der Eigentümergesellschaft an einem „konzernfreundlichen Verhalten" der abhängigen Gesellschaft dienstbar gemacht werden kann. Da dies durch Einflussnahme von Seiten der Konzernleitung ausgeschlossen ist, kommt letztlich nur eine Annäherung an den Konzern „von unten" in Betracht; also durch Ausrichtung der abhängigen Gesellschaft auf den Konzern (bzw. streng genommen nur auf die Eigentümergesellschaft) in der Satzung des Betreibers der Infrastruktur. Wie dies aussehen könnte, soll der folgende Abschnitt erläutern.

# C. Richtlinienkonforme Organisationsstruktur bei gleichzeitiger Ausrichtung der Tätigkeit des Betreibers der Infrastruktur auf die berechtigten Interessen des Konzerns bzw. der Eigentümergesellschaft

Der Betreiber der Infrastruktur darf nur noch als reine Kapitalbeteiligung eines Eisenbahnkonzerns gehalten werden, siehe oben. Als ein endgültiges Ergebnis erscheint dies vor dem Hintergrund der europarechtlichen Zulässigkeit der Stellung eines Betreibers der Infrastruktur als 100 %iges Beteiligungsunternehmen von Eisenbahnverkehrsdienstleistern (bzw. einer Holding, die Verkehrsdienstleister beherrscht) bedenklich: Zum einen ist nicht

---

[843] Zum Ergebnis des Verbots des faktischen Konzerns kommt auch *Gersdorf*, ZHR 168 (2004), S. 576 (595). Er sieht das Verbot indes bereits in § 9a AEG verankert, was aber unzutreffend ist, vgl. Teil 2, D.II.

einzusehen, dass es für die alleinige Gesellschafterin keine Möglichkeit geben soll, der abhängigen Gesellschaft noch nicht einmal wettbewerbsneutrale (und europarechtlich offensichtlich unbedenkliche) Maßgaben, wie z.B. ein einheitliches Erscheinungsbild nach außen, abzuverlangen. Zum anderen entspricht eine zu 100 % im Eigentum eines Eisenbahnkonzerns stehende Netzbetreibergesellschaft, deren unternehmerische Tätigkeit einen derart engen Bezug zu der Tätigkeit der Mehrheits- bzw.- Alleingesellschafterin aufweist, nicht dem Leitbild einer als bloße Kapitalbeteiligung gehaltenen Gesellschaft. In den „normalen" Fällen der Kapitalbeteiligung erfolgt der Einsatz von Finanzmitteln des herrschenden Unternehmens nicht, um den unternehmerischen Wirkungsbereich des herrschenden Unternehmens auf das Geschäft der Beteiligungsgesellschaften auszudehnen; in der Bilanz findet das häufig (insbesondere bei Kreditinstituten) in der Führung von Beteiligungen im Umlaufvermögen seinen Niederschlag.[844] Hierdurch wird zum Ausdruck gebracht, dass die Beteiligung nicht als Gegenstand angesehen wird, der im Sinne des § 271 Abs. 1 Satz 1 HGB dazu bestimmt ist, „dem eigenen Geschäftsbetrieb der Gesellschaft durch Herstellung einer dauernden Verbindung zu jenen Unternehmen zu dienen".[845]

Um einen angemessenen Ausgleich zwischen den in Wirklichkeit bestehenden und auch (zumindest zum Teil) berechtigten Interessen der Alleingesellschafterin an einer Anbindung des Betreibers der Infrastruktur an den Eisenbahnkonzern einerseits und den europarechtlichen Vorgaben zur Unabhängigkeit von Netz und Betrieb andererseits zu schaffen, kommt wie bereits angedeutet eine Ausrichtung der abhängigen Gesellschaft auf die Konzernobergesellschaft (in ihrer Eigenschaft als Alleingesellschafterin) durch die Satzung in Betracht.

---

[844] *Semler*, Leitung und Überwachung der Aktiengesellschaft, Rn. 276.
[845] *Semler*, Leitung und Überwachung der Aktiengesellschaft, Rn. 276.

Der in der Satzung festgelegte Unternehmensgegenstand gewährt als Handlungsrahmen des Vorstands[846] den Anteilseignern grundsätzlich einen erheblichen Gestaltungsspielraum in der Frage, wie ihr zur Verfügung gestelltes Kapital eingesetzt werden soll.[847] Aktienrechtlich kann hier allerdings ein Spannungsverhältnis zu § 76 AktG und der dort verankerten Geschäftsführungsautonomie des Vorstands entstehen.[848] Je enger der Unternehmensgegenstand in der Satzung gefasst ist, desto größer ist die Einschränkung des Handlungsspielraums der Unternehmungsleitung. Die detaillierte Festlegung des Unternehmensgegenstands durch die Anteilseigner, wie sie grundsätzlich in zulässigerweise Weise etwa auch im Hinblick auf den sachlichen Bereich der Betätigung und die einzusetzenden Produktionsmittel erfolgen kann, soll spätestens da ihre Grenze finden, wo sich die Unternehmensleitung lediglich noch exekutiv und ohne jegliches unternehmenspolitisches Entscheidungsermessen betätigen kann.[849] Damit scheint für die Ausrichtung eines Betreibers der Infrastruktur im Eisenbahnkonzern durch dessen Satzung bereits eine originär aktienrechtliche Beschränkung zu bestehen, die unabhängig von einer nach den bisherigen Erkenntnissen nahe liegenden richtlinienimmanenten Beschränkung greift.

Die weitere Untersuchung soll diese aktienrechtliche Beschränkung genauer untersuchen. Es soll erörtert werden, in wie weit bereits eine mögliche aktienrechtliche Grenze der Ausrichtung der im Alleineigentum eines Eisenbahnunternehmens stehenden Betreibers der Infrastruktur auf die Interessen der Eigentümergesellschaft entgegensteht, bzw. umgekehrt, in wie weit hier noch Spielraum für die Eigentümer bzw. Aktionärsinteressen besteht.

---

[846] Vgl. *Hommelhoff*, Die Konzernleitungspflicht, S. 45 ff.; dazu die obigen Darstellungen Teil 2, F.III.2.a.aa.
[847] *Martens* in: Festschrift Kellermann, S. 271 (276).
[848] *Martens* in: Festschrift Kellermann, S. 271 (274).
[849] *Martens* in: Festschrift Kellermann, S. 271 (276).

## I. Aktienrechtliche Grenze der Ausrichtung einer Gesellschaft auf die Eigentümerinteressen durch die Satzung

Das im Zusammenhang mit der detaillierten Fassung des Unternehmensgegenstands in der Satzung mögliche Spannungsverhältnis zu § 76 AktG und der dort enthaltenen Geschäftsführungsautonomie beschreibt die Grenze der zulässigen Satzungsgestaltung nur unvollständig. Diese hat bereits bei der Autonomie der Gesellschaft im weiteren Sinne anzusetzen. Treffender ist daher die Formulierung, dass das Unternehmen durch die einengende Satzung im Ergebnis jedenfalls nicht zu einem im Wettbewerb nicht mehr lebensfähigen Torso herabgestuft werden darf.[850] Denn ein solches Szenario ist nicht nur dann anzunehmen, wenn die Autonomie der Geschäftsleitung durch eine einengende Formulierung des Unternehmensgegenstands betroffen ist. Bereits der übergeordnete Verbandszweck kann zu einer solchen Konstellation führen: Etwa, wenn die Gesellschaft auf Grundlage ihrer Satzung überhaupt keine eigenen unternehmerischen Interessen verfolgen darf, sondern sie vielmehr ihre unternehmerischen Aktivitäten von vornherein in den Dienst Dritter (als bloße „Konzernmagd"[851]) stellen muss.

Um die These der Existenz einer aktienrechtsimmanenten Begrenzung der Möglichkeiten der satzungsgebenden Aktionärsversammlung sachgerecht würdigen zu können, muss letztlich danach gefragt werden, (1.) wodurch sich eine im Sinne des Aktiengesetzes „normtypische" Aktiengesellschaft auszeichnet, und (2.) ob bzw. in wie weit in der Satzung von diesem gesetzlichen „Normaltypus" abgewichen werden darf. Die Definition des Normaltypus der Aktiengesellschaft hat dabei nach dem Gesagten nicht erst beim Unternehmensgegenstand als dem bereits konkretisierten Betätigungsfeld der Gesellschaft anzusetzen, sondern bereits beim (übergeordneten)

---

[850] *Mertens* in: KK-AktG, § 82, Rn. 19.

[851] Dazu *Eberth*, Die Aktiengesellschaft mit atypischer Zwecksetzung, S. 128.

Verbandszweck[852] bzw. dem sog. „Formalziel" der Aktiengesellschaft, wie der Verbandszweck der Aktiengesellschaft des Öfteren auch genannt wird.[853]

### 1. Die im Hinblick auf das sog. Formalziel normtypische Aktiengesellschaft

Zur Definition einer im Sinne des AktG normtypischen Aktiengesellschaft bedient sich *Eberth*[854] in ihrer Untersuchung zur Zulässigkeit der Aktiengesellschaft mit atypischer Zwecksetzung des u.a. auch von *Hommelhoff* schon verwendeten Begriffs des „Formalziels".[855] Eine normtypische Aktiengesellschaft zeichnet sich danach durch ein ebensolches normtypisches satzungsimmanentes „Formalziel" aus. Dieses wiederum setzt sich aus den Elementen Gewinnmaximierung und Eigennützigkeit zusammen.[856] Weiterer Bestandteil des Verbandszwecks der (normtypischen) Aktiengesellschaft ist *Eberth* zufolge das Merkmal der Autonomie, und zwar in dem Sinne, dass die Aktiengesellschaft ihre unternehmerischen Ziele mittels des eigenverantwortlich handelnden Vorstands (§ 76 AktG) autonom verfolgt, ohne verbindlichen Vorgaben von Seiten Dritter ausgesetzt zu sein.[857]

Abweichungen von dieser Typik sind in vielfältiger Weise und in unterschiedlichen Kombinationen denkbar und kommen in der Praxis auch entsprechend vor. Sie können sowohl das Formalziel als auch die Autonomie (im engeren Sinn) betreffen. Beispielhaft zu nennen wäre etwa – ohne dass damit bereits eine Aussage über die Zulässigkeit getroffen wäre – die Aktiengesellschaft mit genossenschaftlicher Zwecksetzung, bei der weniger die Gewinnerzielung im Vordergrund steht, sondern die Förderung der

---

[852] Zu den Begriffen bereits oben Teil 2, F.III.2.a.
[853] Vgl. *Eberth*, Die Aktiengesellschaft mit atypischer Zwecksetzung, S. 19.
[854] *Eberth*, Die Aktiengesellschaft mit atypischer Zwecksetzung.
[855] *Hommelhoff*, Die Konzernleitungspflicht, S. 45, siehe oben Teil 2, F.III.2.a. m.w.N.
[856] *Eberth*, Die Aktiengesellschaft mit atypischer Zwecksetzung, S. 27.
[857] *Eberth*, Die Aktiengesellschaft mit atypischer Zwecksetzung, S. 31.

Gesellschafter durch günstige Mitgliedergeschäfte.[858] Des Weiteren lässt sich die Gesellschaft anführen, die mit den erzielten Gewinnen karitative Zwecke verfolgt, oder deren Zweck der Vertrieb der im Konzern (dem sie angehört) produzierten Güter ist, so dass ihr Geschäftsbetrieb im Grunde nur in der Förderung des wirtschaftlichen Wohls der konzernangehörigen Unternehmen besteht.[859] Eine systematische Einordnung dieser Beispiele wird durch die Bildung der Gegensatzpaare erleichtert, die sich ergeben, wenn die drei oben benannten Merkmale der normtypischen Aktiengesellschaft Gewinnmaximierung, Eigennützigkeit und Autonomie der jeweils korrespondierenden Abweichung gegenübergestellt werden (bzw. einer beliebigen Kombinationsform aus diesen Paaren):

Der Gesellschaft mit uneingeschränkter Gewinnerzielungsabsicht kann dabei die Gesellschaft mit altruistischer Zielsetzung gegenübergestellt werden.[860] Der eigennützig handelnden kann die fremdnützige Gesellschaft gegenübergestellt werden, wobei sich die Eigennützigkeit in der Ausschüttung der erwirtschafteten Gewinne an die Aktionäre oder der Thesaurierung, die Fremdnützigkeit hingegen in der Überlassung der Gewinne an Dritte manifestiert.[861] Der autonom handelnden Aktiengesellschaft, die sich durch den eigenverantwortlich und unternehmerisch handelnden Vorstand im Sinne des § 76 AktG auszeichnet, kann schließlich die Gesellschaft, bei der sich der Vorstand verbindlicher Vorgaben von Seiten Dritter ausgesetzt findet, gegenübergestellt werden.[862] Zur Verdeutlichung kann als ein Beispiel für eine Kombinationsform die Konstellation angeführt werden (nochmals zur Klarstellung: eine Aussage zur Zulässigkeit wird an dieser Stelle noch nicht getroffen), in der einem beispielsweise anderweitig unternehmerisch tätigen Aktionär durch die Satzung das Recht eingeräumt wird, den Vorstand als Leitungsorgan zu einem bestimmten Verhalten anzuweisen (= Abweichung von der Normaltypus der

---

[858] *Gierke*, Die Wirtschaftstätigkeit nichtwirtschaftlicher Organisationen, S. 223.
[859] Vgl. die ausführliche Aufzählung bei *Eberth*, Die Aktiengesellschaft mit atypischer Zwecksetzung, S. 37.
[860] *Eberth*, Die Aktiengesellschaft mit atypischer Zwecksetzung, S. 28 und S. 34.
[861] *Eberth*, Die Aktiengesellschaft mit atypischer Zwecksetzung, S. 29 f.
[862] *Eberth*, Die Aktiengesellschaft mit atypischer Zwecksetzung, S. 31.

Autonomie) und damit sichergestellt werden soll, dass er Produkte der Gesellschaft zu einem (gerade mal) kostendeckenden Preis erwerben kann (= altruistische Tätigkeitsausrichtung der Gesellschaft).[863]

## 2. Zulässige Abweichungen von der Normtypik

Im Hinblick auf die Zulässigkeit von Aktiengesellschaften mit im dargelegten Sinne atypischer Zwecksetzung kann entsprechend der vorgenommenen Einteilung differenziert werden. Recht schnell beantwortet werden kann dabei die Frage, ob die Autonomie der Aktiengesellschaft durch die Satzung modifiziert werden kann. Sie ist im Grundsatz zu verneinen. Abgesehen von den im Gesetz vorgesehenen Ausnahmetatbeständen des Abschlusses eines Beherrschungsvertrags und der Eingliederung, wodurch der Vorstand des beherrschten Unternehmens gem. § 308 Abs. 2 AktG bzw. § 323 Abs. 1 AktG verpflichtet wird, den Weisungen des (Vorstands des) herrschenden Unternehmens Folge zu leisten, steht die eigenverantwortliche Unternehmensleitung durch den Vorstand der Aktiengesellschaft nicht zur Disposition der Anteilseigner. Das gilt unabhängig von der Möglichkeit faktischer Beeinflussung des Vorstands einer abhängigen Gesellschaft durch zulässige Ausübung einheitlicher Leitungsmacht durch das herrschende Unternehmen im faktischen Konzern.[864] Eine abweichende Satzungsregelung würde mangels (anderer) ausdrücklicher gesetzlicher Ermächtigungen an § 23 Abs. 5 Satz 1 AktG scheitern.[865]Auch hierzu zur Verdeutlichung ein Beispiel nach *Eberth*:

---

[863] Vgl. *Eberth*, Die Aktiengesellschaft mit atypischer Zwecksetzung, S. 31.

[864] Vgl. *Eberth*, Die Aktiengesellschaft mit atypischer Zwecksetzung, S. 57. In diesem Zusammenhang sei zudem nochmals auf die ausführlichen Darstellungen zur Konzernleitungspflicht im dezentral organisierten Konzern verwiesen, insbesondere darauf, dass der Vorstand einer abhängigen Gesellschaft sogar in der Konstellation des Vertrags- oder Eingliederungskonzerns Organfunktionen ausübt und der Maßgabe des § 76 AktG unterliegt, Teil 2, F.III.4.c.cc.

[865] *Eberth*, Die Aktiengesellschaft mit atypischer Zwecksetzung, S. 58.

Unzulässig wäre eine Formulierung in der Satzung, wonach eine Aktiengesellschaft „unter Leitung der Konzernspitze betrieben“ werden soll.[866]

Zu einem im Wettbewerb nicht mehr lebensfähigen Torso, um nochmals die Formulierung *Mertens* zu verwenden,[867] kann ein Unternehmen aber auch schon dann werden, wenn zwar in Abweichung zum erstgenannten Szenario die formale Autonomie der Unternehmensleitung fortbesteht, die altruistische Ausrichtung der Gesellschaft durch die Satzung aber letztlich zur fehlenden Überlebensfähigkeit im Wettbewerb führt: Unter dem Gesichtspunkt der aktienrechlichten Satzungsstrenge (§ 23 Abs. 5 AktG) ist die Abweichung von der als normtypisch anzusehenden nach Gewinnmaximierung strebenden Aktiengesellschaft zunächst unbedenklich. Mangels anders lautender gesetzlicher Regelung ist die altruistische Ausrichtung durch die Satzung als zulässige Ergänzung im Sinne des § 23 Abs. 5 Satz 2 AktG einzuordnen.[868] Die Grenze der Zulässigkeit einer solchen Regelung muss bei rein aktienrechtlicher Betrachtung[869] grundsätzlich im Spannungsverhältnis zum aktienrechtlich verankerten Gläubigerschutz gesucht werden.[870] Dieser Zusammenhang scheint auf der Hand zu liegen, denn eine Gesellschaft, die nicht darauf angelegt ist, nachhaltig Gewinne zu erwirtschaften, wird – so steht zu befürchten – auf Dauer im Wettbewerb nicht überleben. Das aber, so könnte im Weiteren gefolgert werden, geht letztlich zu Lasten der Gläubiger der Gesellschaft. Auf dieser Basis wird in der Literatur zum Teil geschlossen, dass der im Recht der Kapitalgesellschaften angelegte Gläubigerschutz erst aus der Kombination von Kapitalerhaltung und Gewinnerzielung gewährleistet werde und damit ohne die Gewinnmaximierungsabsicht bereits kein ausreichender Gläubigerschutz mehr gewährleistet sei.[871]

---

[866] *Eberth*, Die Aktiengesellschaft mit atypischer Zwecksetzung, S. 59.
[867] *Mertens* in: KK-AktG, § 82, Rn. 19.
[868] Ausführlich *Eberth*, Die Aktiengesellschaft mit atypischer Zwecksetzung, S. 50 ff.
[869] Also ohne an dieser Stelle die für die gegenständliche Untersuchung maßgebliche Flankierung durch europäisches Recht einzubeziehen.
[870] *Eberth*, Die Aktiengesellschaft mit atypischer Zwecksetzung, S. 63.
[871] In diesem Sinne *Schön*, ZGR 1996, S. 429 (455).

In dieser Konsequenz kann diese Schlussfolgerung indes nicht überzeugen. Ein Zusammenhang zwischen fehlender oder eingeschränkter Gewinnerzielungsabsicht einerseits und Gläubigergefährdung andererseits mag zwar nicht gänzlich zu leugnen sein, allerdings ist das wirtschaftliche Überleben eines Unternehmens von erheblich mehr Faktoren abhängig als von der isolierten Frage der Gewinnerzielungsabsicht bzw. der altruistischen Ausrichtung, so dass die Gewinnerzielungsabsicht letztlich jedenfalls nicht als *eigenständiges aktienrechtliches Gläubigerschutzinstrument* angesehen werden kann (zumal auch in einer normtypischen Aktiengesellschaft den Gläubigern regelmäßig aufgrund der Ausschüttung an die Aktionäre nicht der ganze Gewinn als Haftungsmasse zur Verfügung steht).[872]

Allerdings hat das umfangreiche Vermögensschutzsystem, das sich für die Aktiengesellschaft insbesondere im Verbot der Einlagenrückgewähr des § 57 (und im Zusammenhang damit stehend § 62) AktG findet, anerkanntermaßen auch gläubigerschützende Funktion.[873] Dabei bezweckt § 57 (und § 62) AktG nicht nur, wie es der üblichen, aber missverständlichen Diktion entspricht, den Erhalt des Grundkapitals, vielmehr wird darüber hinaus im Unterschied etwa zu § 30 Abs. 1 GmbHG das gesamte Vermögen der Gesellschaft gebunden, soweit es nicht im Rahmen einer ordnungsgemäßen Ausschüttung des Bilanzgewinns an die Aktionäre fließt.[874] Dieses Vermögensschutzsystem wird bei altruistischer Satzungszielrichtung in seiner Effektivität in der Tat beeinträchtigt. Denn eine unzulässige Vermögenszuwendung an die Aktionäre kann auch dadurch erfolgen, dass die Aktiengesellschaft mit ihren Aktionären wie mit beliebigen Dritten Geschäfte tätigt (was grundsätzlich ohne weiteres möglich ist), ein solches Geschäft aber ein objektives Missverhältnis zwischen Leistung und Gegenleistung aufweist. In diesem Fall spricht man in Anlehnung an die Bezeichnung aus dem Steuerrecht von einer verdeckten Gewinnausschüttung.[875] Ein objektives Missverhältnis liegt vor, wenn sich die Gesellschaft auf

---

[872] *Eberth*, Die Aktiengesellschaft mit atypischer Zwecksetzung, S. 64 f.
[873] Statt vieler *Hüffer,* AktG, § 57, Rn. 1.
[874] *Hüffer,* AktG, § 57, Rn. 3.
[875] *Eberth*, Die Aktiengesellschaft mit atypischer Zwecksetzung, S. 76.

Konditionen einlässt, die sie einem Dritten (Nicht-Aktionär) nicht gewährt hätte.[876]

Ohne eine Einschränkung des Tatbestandsmerkmals der verdeckten Gewinnausschüttung würden aber Zuwendungen von altruistisch ausgerichteten Gesellschaften wie z.B. der genossenschaftlich strukturierten Aktiengesellschaft an ihre Aktionäre, etwa indem die Aktionäre durch nicht marktübliche Preisnachlässe auf die vertriebenen Waren oder Dienstleistungen gefördert werden, oder diese im Rahmen genossenschaftstypischer Rückvergütungen Leistungen erhalten, als Verstoß gegen die aktienrechtliche Vermögensbindung eingestuft werden müssen.[877] Würde man für die Frage des objektiven Drittvergleichs hingegen nicht auf den Vergleich mit einer normtypischen gewinnmaximierenden Aktiengesellschaft zurückgreifen, sondern stattdessen als Maßstab die konkrete atypische Gesellschaft zugrunde legen, verstießen Zuwendungen, die sich im Rahmen des jeweiligen atypischen Zwecks bewegten, nicht gegen die Vorschriften der aktienrechtlichen Vermögensbindung.[878] An letztgenanntem Maßstab muss man sich letztlich orientieren, will man den Vorstand nicht in die Lage bringen, entweder gegen den Gesellschaftszweck zu verstoßen, oder sich der Gefahr auszusetzen, gem. § 93 Abs. 3 Nr. 1 AktG auf Schadensersatz zu haften.[879] Oder aber, der altruistische Satzungszweck wird generell als unzulässig angesehen. In der Tat wird dies teilweise (mit Blick auf die genossenschaftliche Zwecksetzung) angenommen.[880]

Bei richtiger Betrachtung indes ist die genossenschaftlich strukturierte Aktiengesellschaft (bzw. die altruistisch ausgerichtete Gesellschaft im Allgemeinen) als grundsätzlich zulässig anzusehen, die Aktiengesellschaft (im Übrigen auch die GmbH) ist gerade auch hinsichtlich des Formalziels

---

[876] Zum Ganzen *Hüffer,* AktG, § 57, Rn. 8.
[877] *Eberth*, Die Aktiengesellschaft mit atypischer Zwecksetzung, S. 84.
[878] *Eberth*, Die Aktiengesellschaft mit atypischer Zwecksetzung, S. 92.
[879] *Eberth*, Die Aktiengesellschaft mit atypischer Zwecksetzung, S. 94.
[880] Nachweise bei *Eberth*, Die Aktiengesellschaft mit atypischer Zwecksetzung, S. 99.

grundsätzlich neutral angelegt.[881] Dies folgt schon aus dem Gesetz selbst, das in § 55 AktG mit der sog. Nebenleistungs-AG implizit eine Aktiengesellschaft mit genossenschaftlichen Elementen regelt.[882] Wirklich problematisch wird die altruistische Aktiengesellschaft unter dem Gesichtspunkt der Gläubigergefährdung ohnedies nur in extrem gelagerten Fällen, in denen aufgrund der Satzung eine substanzverzehrende Tätigkeit ermöglicht wird, bzw. vielmehr zwingend ist, wie etwa in dem oben schon aufgegriffenen Beispiel der dienenden „Konzernmagd", die aufgrund ihrer Satzung zum Vertrieb der Produkte der Konzernschwestern ohne eigene Gewinnerzielung angehalten wird.[883] Im Falle einer solchen bei Lichte betrachtet in sich widersprüchlichen Zwecksetzung, bei der einerseits – um beim Beispiel der dienenden Vertriebsgesellschaft zu bleiben – die dauerhafte Vertriebstätigkeit vorausgesetzt wird, diese Tätigkeit aber andererseits nur Verluste bringt und damit existenzgefährdend ist, soll nach der Konzeption *Eberths* die analoge Anwendung der §§ 300 Nr. 3, 302 Abs. 1, 303 AktG den notwendigen Gläubigerschutz sicherstellen.[884] Dies erscheint schlüssig, da die satzungsimmanente substanzverzehrende Geschäftstätigkeit letztlich eine „antizipierte nachteilige Weisung"[885] darstellt, die ähnlich wie der Beherrschungsvertrag in das Organisationsgefüge der Gesellschaft eingreift.

### 3. Zwischenergebnis

Damit lässt sich festhalten: Das Aktiengesetz setzt klare Grenzen bei der Frage, inwieweit Aktionäre durch Ausgestaltung der Satzung von der normtypischen Aktiengesellschaft abweichen dürfen. Im Hinblick auf die Autonomie der Geschäftsleitung gem. § 76 AktG ist keine Abweichung in der Satzung zulässig.

---

[881] *Gierke*, Die wirtschaftliche Tätigkeit nichtwirtschaftlicher Organisationen, S. 224.
[882] *Gierke*, Die wirtschaftliche Tätigkeit nichtwirtschaftlicher Organisationen, S. 224, zum Regelungszweck der Vorschrift *Hüffer,* AktG, § 55, Rn. 1.
[883] *Eberth*, Die Aktiengesellschaft mit atypischer Zwecksetzung, S. 127 ff.
[884] *Eberth*, Die Aktiengesellschaft mit atypischer Zwecksetzung, S. 106 ff.
[885] *Eberth*, Die Aktiengesellschaft mit atypischer Zwecksetzung, S. 173, ausführliche Herleitung S. 106 ff.

Die altruistische Zielsetzung hingegen ist möglich, wobei die substanzverzehrende Geschäftstätigkeit zumindest aufgrund der Vergleichbarkeit mit der Situation der abhängigen Gesellschaft im Vertragskonzern die analoge Anwendung der §§ 300 Nr.3, 302 Abs. 1, 303 AktG nach sich zieht. Die fremdnützige Aktiengesellschaft ist, das kann in aller Kürze angeführt werden, im Hinblick auf das aktienrechtliche Vermögensschutzsystem und damit unter Gläubigerschutzaspekten hingegen unbedenklich, da die Fremdnützigkeit nur die Verwendung des erwirtschafteten Gewinns betrifft.[886] Inwieweit diese Erkenntnisse für die im Rahmen der gegenständlichen Untersuchung maßgeblichen Frage der Entwicklung einer richtlinienkonformen Organisationsstruktur vertikal integrierter Eisenbahnunternehmen nutzbar gemacht werden können, wird im folgenden Abschnitt geklärt:

## II. Beschreibung der richtlinienkonformen Organisationsstruktur vertikal integrierter Eisenbahnunternehmen mittels Verwendung aktienrechtlicher Kategorien

Die Ausgangsfrage des Abschnitts C war, ob bzw. inwieweit im vertikal integrierten Eisenbahnkonzern, bei der der Betreiber der Infrastruktur zulässigerweise zu 100 % im Eigentum einer Betriebsgesellschaft oder einer solche Gesellschaften beherrschenden Holding steht, für die Eigentümergesellschaft die Möglichkeit besteht, den Betreiber der Infrastruktur in dessen Satzung auf die Interessen des Gesamtkonzerns auszurichten. Da aufgrund gemeinschaftsrechtlicher Vorgaben weder eine Vertragskonzernstruktur, noch letztlich der faktische Konzern zulässig ist, der Betreiber der Infrastruktur folglich in keiner Form unter „einheitliche Leitung" der herrschenden Gesellschaft gestellt werden kann, ist dies die einzig verbleibende Möglichkeit für die Eigentümergesellschaft, einen direkten Einfluss auf das unternehmerische Handeln der Unternehmensleitung des Betreibers der Infrastruktur zu nehmen, um so berechtigten Eigentümerinteressen Geltung zu

---

[886] Ausführlich *Eberth*, Die Aktiengesellschaft mit atypischer Zwecksetzung, S. 141 ff.

verschaffen (ohne Konzerneinfluss auszuüben). Unter Bezugnahme auf den unter I. abgesteckten Rahmen, den das Aktiengesetz für die Gestaltung der Satzung einer von der Normtypik abweichenden Aktiengesellschaft liefert, kann nunmehr der Versuch unternommen werden, ein richtlinienkonformes Organisationsmodell für vertikal integrierte Eisenbahnunternehmen wie die Deutsche Bahn AG zu entwickeln. Und zwar ein Organisationsmodell, das zugleich mit den bekannten Kategorien auskommt, die das deutsche Aktienrecht zur Verfügung stellt:

Zunächst muss eine Regelung im AEG ausdrücklich die Ausübung von einheitlicher Leitungsmacht auf den Betreiber der Infrastruktur in jeder Form verbieten, falls der Betreiber der Infrastruktur im Unternehmensverbund mit Anbietern von Verkehrsdienstleistern steht. Im Falle der Verankerung einer derartigen Regelung enthielte das AEG in der Tat „eine gesetzliche Konkretisierung" des Gegenbeweises der Vermutensregel des § 18 Abs. 1 Satz 3 AktG, wie sie von *Gersdorf* fälschlicherweise bereits für das AEG in der Fassung des Entwurfs der Fraktionen der SPD und BÜNDNIS 90/DIE GRÜNEN (bzw. des identischen Regierungsentwurfs) postuliert wird.[887] Es läge also der ansonsten als besondere Ausnahme zu qualifizierende Fall vor, in dem trotz Erfüllung des Abhängigkeitstatbestands der Beweis gelingen kann, dass tatsächlich keine einheitliche Leitung ausgeübt wird,[888] weil das Gesetz hier selbst eine Ausnahme von der Vermutensregel treffen würde, wonach bei Abhängigkeit auf das Bestehen eines Konzerns geschlossen wird.

Sodann kann aus den unter I. gewonnen Erkenntnissen eine Bestimmung in der Satzung des Betreibers der Infrastruktur als bereits originär gesellschaftsrechtlich unzulässig ausgeschlossen werden, wonach dieser etwa „unter Leitung der Konzernspitze" betrieben werden soll. Aktienrechtlich unproblematisch hingegen wäre die altruistische Ausrichtung, wonach die Netzbetreibergesellschaft qua Satzung angehalten wird, die Bereitstellung von

---

[887] *Gersdorf*, ZHR 168 (2004), S. 576 (595).
[888] Dazu *Bayer* in: MünchKommAktG, § 18, Rn. 48.

Schieneninfrastruktur für die Konzernschwestern,[889] die Eisenbahnverkehrsdienstleistungen am Markt anbieten, zu gewährleisten und zwar auch zu Konditionen, die dem Drittmarktvergleich nicht standhalten würden. Aktienrechtlich hätte dies nach der Konzeption *Eberths* lediglich die analoge Anwendung der §§ 300 Nr.3, 302 Abs. 1, 303 AktG zur Folge, siehe oben.[890] Eine solche Gestaltung hingegen verbietet sich durch die Maßgaben des Eisenbahninfrastrukturpakets. Danach ist den Mitgliedstaaten verbindlich aufgegeben, dafür zu sorgen, dass Netzbetreiber zumindest kostendeckend tätig werden können.[891] Allerdings wäre auf dieser Grundlage zunächst nur, um die Begriffskategorie aus der Untersuchung der atypischen Aktiengesellschaften zugrunde zu legen, die Extremform der substanzverzehrenden Tätigkeit der Netzbetreiber untersagt. Über die weniger einschneidende Form der altruistischen Gesellschaft, die zwar gewinnorientiert, aber nicht gewinnmaximierend ausgerichtet ist, wäre hingegen noch nichts gesagt.

Denkbar könnte also etwa ein Betreiber der Infrastruktur sein, der zwar im Rahmen seiner unternehmerischen Tätigkeit Gewinne durch Einnahme von Trassengebühren erwirtschaftet, der aber durch die Satzung auch dazu angehalten ist, bei Bedarf die Schwesterunternehmen zu unterstützen, indem Inputfaktoren (wie z.B. Personal) zur Verfügung gestellt werden, ohne dafür die marktübliche Gegenleistung vergütet zu bekommen. Aber auch diese weniger einschneidende Form der altruistischen Gesellschaft würde einen klaren Verstoß gegen Gemeinschaftsrecht darstellen, namentlich gegen das Quersubventionierungsverbot, weil damit die Kosten des Netzes zu Lasten der Wettbewerber auf den nachgelagerten Verkehrsmärkten künstlich (und de facto unbemerkt)[892] erhöht würden.

Damit wird die Zielrichtung klar, die das Eisenbahninfrastrukturpaket für die Ausgestaltung der Satzung eines Betreibers der Infrastruktur, der in einem

---

[889] Im untechnischen Sinn, da der Betreiber der Infrastruktur nicht unter einheitliche Leitung gestellt werden darf.

[890] C.I.3.

[891] Vgl. Art. 6 Abs. 1 RL 2001/14/EG, EG-Abl. L 75 vom 15.3.2001, S. 34.

[892] Vgl. Teil 2, F.VI.2.d.

vertikal integrierten Unternehmensverbund steht, vorgibt: Um die oben als gemeinschaftsrechtlich zwingend festgestellte wirtschaftliche Selbstständigkeit des Betreibers der Infrastruktur nicht durch die Hintertür „Satzung" wieder zu konterkarieren, muss es sich beim Betreiber der Infrastruktur, übersetzt in die Kategorien des Gesellschaftsrechts, um eine im Formalziel normtypisch ausgerichtete Gesellschaft handeln. Der Betreiber der Infrastruktur soll sich möglichst wie ein vertikal separierter Anbieter von Netzinfrastruktur verhalten (marktgemäß bzw. gewinnmaximierend).[893] Das hat entsprechend in der Satzung – durch das AEG gesetzlich abgesichert – zum Ausdruck zu kommen, damit für den Vorstand der Gesellschaft eine eindeutige Handlungsmaxime feststeht. Dabei stellt es weder gesellschafts- noch europarechtlich ein Problem dar, wenn die Satzung die Stellung des Betreibers der Infrastruktur als Teil des Unternehmensverbunds aufgreift, etwa zu dem Zweck, diese im Erscheinungsbild nach außen als „zum Konzern gehörig"[894] kenntlich machen zu können. Auf die DB Netz bezogen könnte eine Satzungsformulierung wie folgt lauten:

*Die DB Netz AG ist eine im Unternehmensverbund der DB AG stehende Betreiberin von Eisenbahnschienennetzen. Als solche gibt sie sich nach außen als zum Unternehmensverbund DB AG gehörig (insbesondere durch Nutzung des Konzernlogos der DB AG) zu erkennen. Unternehmensgegenstand ist die Bereitstellung (Bau, Ausbau, Unterhalt) von Schieneninfrastruktur für die Schwesterunternehmen des DB Konzerns, die Verkehrsdienstleistungen anbieten.*

Um nun die Vorgaben des europäischen Rechts in der Satzung zu verankern, könnte sich etwa folgende Formulierung anbieten:

---

[893] Klarstellend zum Begriff der Gewinnmaximierung: In betriebswirtschaftlichen Kategorien betrachtet ist Gewinnmaximierung als Unternehmensziel eher fragwürdig, da es modeltheoretisch vollständige Markttransparenz und rein rationales Verhalten der Marktteilnehmer voraussetzen würde. Hier dient der Begriff indes nur zur Abgrenzung zur altruistischen Gesellschaft, die neben Gewinnerzielung eben auch noch andere Motive verfolgt, vgl. *Eberth*, Die Aktiengesellschaft mit atypischer Zwecksetzung, S. 28 f.

[894] Untechnisch verstanden, da der Konzern die Unterstellung unter die einheitliche Leitung des herrschenden Unternehmens voraussetzt.

*Die DB Netz, die als eine im Sinne des AktG normtypische Gesellschaft das unternehmerische Ziel der Gewinnmaximierung verfolgt, hat im Rahmen ihrer Tätigkeit Wettbewerbern der DB Verkehrstöchter auf den nachgelagerten Verkehrsmärkten diskriminierungsfrei Zugang zu ihren Netzen zu gewähren...*

Damit sind die entscheidenden Aspekte, die die Richtlinien des Eisenbahninfrastrukturpakets vorschreiben, organisationsrechtlich abgesichert. Die DB Netz kann im Rahmen eigener unternehmerischer Verantwortung den Bereich der Schieneninfrastruktur vermarkten. Sie kann dabei ggf. auch ökonomisch sinnvolle Abstimmungen mit dem Gesamtkonzern eingehen (in Fragen der Kapazitätsplanung etc.), soweit der diskriminierungsfreie Zugang der Wettbewerber gewährleistet ist. Mit diesem organisationsrechtlichen Modell ist im Unterschied zur Konzernstruktur im technischen Sinn – also einer Struktur, bei der einheitliche Leitungsmacht durch die Obergesellschaft ausgeübt wird – gewährleistet, dass die DB Netz ihre Tätigkeit in erster Linie am eigenen unternehmerischen Erfolg ausrichtet und nicht am Konzernerfolg. Der Vorstand hat eine klare und widerspruchsfreie Handlungs-vorgabe, die er umsetzen kann und muss. Diese Struktur lässt die berechtigte Hoffnung zu, dass der Vorstand einer Netzbetreibergesellschaft im Allgemeinen, der DB Netz im Besonderen, die durch das Gemeinschaftsrecht zur Verfügung gestellten Möglichkeiten zur Erschließung neuer Absatzmärkte nutzt (namentlich die nach Art. 9 Abs. 3 RL 2001/14/EG bestehende Möglichkeit zur Rabattgewährung, vgl. Teil 2 F.VI.2.c.). Am unternehmerischen Erfolg der DB Netz AG, der sich auf diese Weise einstellen könnte, könnte wiederum der Gesamtkonzern ohne weiteres profitieren, nämlich durch Ausschüttung von Gewinnen im Rahmen der gesetzlichen Vorgaben. Diese Partizipierung wäre grundsätzlich nicht als wettbewerbsschädlich einzustufen, da sie im Gegenteil auf den Mechanismen des Wettbewerbs beruht.

Würde die dargelegte Struktur vertikal integrierter Eisenbahnunternehmen durch das AEG als verbindlicher Bestandteil der Satzung von Betreibern der Infrastruktur verankert, wäre die Satzung in der Lage, zwei Aufgaben zu erfüllen: Einerseits ermöglichte sie die in diesem Abschnitt thematisierte

Annäherung der Netzbetreibergesellschaft an die Konzernobergesellschaft (in ihrer Eigenschaft als Alleinaktionärin), andererseits würde damit aber gleichzeitig auch der gesetzliche Rahmen der Richtlinien des Eisenbahninfrastrukturpakets bezüglich der Unabhängigkeit des Betreibers der Infrastruktur in Form eines klaren Handlungsrahmens für die Leitung der Gesellschaft verbindlich fixiert. Weitere flankierende Maßnahmen zum Schutz der Struktur könnten Maßnahmen zur Schaffung von Transparenz sein. Hierher gehören etwa die im Regierungsentwurf zur Novelle des AEG bereits vorgesehenen Sonderregelungen zur Rechnungslegung bei öffentlichen Eisenbahnen, also die Normierung der Nichtanwendbarkeit des § 264 Abs. 3 und 4 HGB durch § 9 Abs. 1 Nr. 3,[895] wodurch sichergestellt wird, dass öffentliche Eisenbahnen in jedem Fall einen Jahresabschluss und einen Lagebericht zu erstellen und zu veröffentlichen haben.

Ein originär aktienrechtlicher Transparenzmechanismus, der zum Zwecke der Kontrolle des europarechtlich begründeten Verbots der Ausübung von Konzerneinfluss auf den Netzbetreiber dienstbar gemacht werden kann, ist die Pflicht des Vorstands der abhängigen (Netz-) Gesellschaft zur Erstellung eines Abhängigkeitsberichts gem. § 312 AktG. Diese Pflicht knüpft nicht an die Ausübung von Konzerneinfluss durch das herrschende Unternehmen an, sondern greift bereits bei bloßer Abhängigkeit gem. § 17 AktG, auch dann, wenn es keine Minderheitsgesellschafter gibt.[896] Besonders in der Situation, in der jegliche Konzerneinflussnahme durch die herrschende Gesellschaft verboten ist, stellt der Abhängigkeitsbericht eine Möglichkeit zur Selbstkontrolle der Geschäftsführer der abhängigen Gesellschaft dar, ob sie sich in ihrem Handeln an den Interessen der eigenen Gesellschaft und nicht an denen des Konzerns orientieren.[897] Der Kreis der berichtspflichtigen Rechtsgeschäfte ist sehr weit gefasst. Zum einen sind sämtliche Rechtsgeschäfte erfasst, die mit dem herrschenden oder einem mit ihm verbundenen Unternehmen getätigt werden,

---

[895] BT-Drs. 15/3280, S. 6.

[896] *Hüffer,* AktG, § 312, Rn. 3 i.V.m. § 311, Rn. 12; *Gierke*, Die wirtschaftliche Tätigkeit nichtwirtschaftlicher Organisationen, S. 331 ff.

[897] Ähnlich *Gierke*, Die wirtschaftliche Tätigkeit nichtwirtschaftlicher Organisationen, S. 332 f.

zum anderen sämtliche Rechtsgeschäfte, die die abhängige Gesellschaft mit einem Dritten, aber auf Veranlassung oder im Interesse des herrschenden oder eines mit ihm verbundenen Unternehmens vornimmt.[898] Insbesondere deshalb, weil die Prüfung des Berichts nicht nur gem. § 314 AktG durch den Aufsichtsrat, sondern auch extern durch den Abschlussprüfer, § 313 AktG, zu erfolgen hat, erscheint das Modell des abhängigen Betreibers der Infrastruktur innerhalb eines Eisenbahnkonzerns als ein akzeptables Kompromisskonzept zur eigentumsrechtlichen Herauslösung des Betreibers der Infrastruktur. Bezogen auf den DB-Konzern sollte langfristig gesehen gleichwohl an der eigentumsrechtlichen Herauslösung der DB Netz AG aus dem DB-Unternehmensverbund festgehalten werden (wobei die Mehrheit der Anteile nach der geltenden verfassungsrechtlichen Situation direkt vom Bund gehalten werden müsste).[899] Dies könnte etwa im Rahmen des geplanten Börsengangs der DB AG in Angriff genommen werden.

## D. Ergebnis

Als Ergebnis des dritten Teils lässt sich festhalten: Ein im Unternehmensverbund eines vertikal integrierten Eisenbahnunternehmens stehender Betreiber der Infrastruktur darf nicht unter einheitliche Leitung des herrschenden (Eisenbahn-) Unternehmens gestellt werden. Auch die faktische Ausübung einheitlicher Leitungsmacht ist letztlich europarechtswidrig. Die Obergesellschaft eines Eisenahnkonzerns hat sich bezüglich des Betreibers der Infrastruktur auf die bloße Beteiligungsverwaltung zu beschränken. Eine Annäherung des Betreibers der Infrastruktur an den Konzern kann in sehr eingeschränkter Form durch entsprechende Ausrichtung in dessen Satzung stattfinden. Dabei ist aber in der Satzung zwingend klarzustellen, dass die abhängige Gesellschaft eine im Sinne des AktG normtypische, also gewinnmaximierende Gesellschaft ist. Durch entsprechende gesetzliche

---

[898] *Habersack* in: *Emmerich/Habersack*, Konzernrecht, § 312, Rn. 29.
[899] Zu diesem Modell *Gersdorf*, ZHR 168 (2004), S. 576 (591).

Absicherung dieses Grundsatzes im AEG wird dem Vorstand der Netzbetreibergesellschaft gleichzeitig ein klarer und widerspruchsfreier Handlungsrahmen vorgegeben, der ihn zur Verfolgung der Interessen der eigenen Gesellschaft und nicht derjenigen des Konzerns verpflichtet.

**Zusammenfassung der wesentlichen Ergebnisse der Untersuchung:**

1. Die Strukturreformen der Eisenbahnen in Europa und Deutschland basieren auf der Liberalisierung, also der Öffnung des Verkehrsmarktes „Bahn“ für private Eisenbahnverkehrsunternehmen. Dadurch soll der Weg für die wettbewerbliche Organisation dieses Verkehrsmarktes bereitet werden. Unter Wettbewerbsdruck, so die zugrunde gelegte Annahme, ist die bestmögliche Effizienz zu erwarten. Liberalisierung oder Deregulierung ist dabei nicht so zu verstehen, dass sich der Staat aus der Regulierung dieses Netzsektors völlig zurückzieht. Denn in Bereichen, in denen Marktversagen auftritt oder aufzutreten droht, ist staatliche Regulierung von Märkten zwingend erforderlich. Dies gilt namentlich für den Verkehrsmarkt „Bahn“, dessen Komplementärbereich „Schienenetz“ zu den sog. natürlichen Monopolen zu rechnen ist. Regulierung hat dabei nicht global zu erfolgen, sondern ist, dem disaggregierten Regulierungsansatz folgend, auf den sog. „Bottleneck-Bereich“ (Schienenetz) zu beschränken.

2. In Deutschland ist der Wettbewerb im Bahnsektor über zehn Jahre nach Beginn der Bahnreform marginal geblieben. Die Ursache dafür liegt in erster Linie in dem bislang nicht ausreichend bekämpften Diskriminierungspotential des marktbeherrschenden DB- Konzerns. Dieser wird als vertikal integriertes Unternehmen, so die Erkenntnisse der wettbewerbsökonomischen Modelle, durch die notwenige Regulierung des Bottleneck „Schienennetz“ dazu veranlasst, die Monopolrendite dadurch abzuschöpfen, dass er Wettbewerber auf den Verkehrsmärkten diskriminiert. Die dem Diskriminierungspotential entgegenwirkenden Maßnahmen wie Verbot von Quersubventionierungen in Verbindung mit der buchhalterischen Trennung von Infrastruktur und wettbewerbsfähigen Verkehrsbereichen, haben bislang nicht zu einer signifikanten Belebung des Wettbewerbs geführt.

3. Das sog. erste Eisenbahninfrastrukturpaket des Europäischen Parlaments und des Rates, das drei Richtlinien umfasst, wurde von der Europäischen Kommission als Reaktion auf die nach wie vor unbefriedigende Entwicklung der Bahnen in der Gemeinschaft vorangetrieben. Die Richtlinien, die am

15.3.2001 in Kraft getreten sind, greifen verstärkt das von der Wettbewerbsökonomie als wirksames Instrument gegen das Diskriminierungspotential vertikal integrierter Unternehmen beschriebene Regulierungsinstrument der Trennung von Schienennetz und Verkehrsbetreibergesellschaften auf, ohne allerdings die maximale Form der vertikalen Desintegration, die eigentumsrechtliche Herauslösung des Betreibers der Infrastruktur aus dem vertikal integrierten Unternehmensverbund, zu verlangen. Im Gegenteil: Da das Gemeinschaftsrecht keine bestimmte Beteiligungsgrenze enthält und Verkehrssparten oder eine diese beherrschende Holding damit bei wörtlicher Interpretation bis zu 100 % der Anteile an einem Betreiber der Infrastruktur halten können (wie es im gegenwärtigen Holdingmodell der Deutschen Bahn AG der Fall ist), kann der Betreiber der Infrastruktur eine abhängige Gesellschaft im Sinne des § 17 AktG sein. Da nun wiederum von einem abhängigen Unternehmen vermutet wird, dass es mit dem herrschenden Unternehmen einen Konzern bildet (§ 18 Abs. 1 Satz 3 AktG), scheint eine Konzernverbindung von Netz und Betrieb nicht gegen Gemeinschaftsrecht zu verstoßen. Dennoch ist der Kern des Richtlinienpakets die Verpflichtung an die Mitgliedstaaten, dafür Sorge zu tragen, dass die rechtliche und organisatorische Unabhängigkeit sowie die Unabhängigkeit des Betreibers der Infrastruktur im Hinblick auf die Entscheidungen über die Zuweisung von Schienentrassen und die Trassenpreiserhebung, gewährleistet ist. Mangelnde Unabhängigkeit hat zur Folge, dass diese Kernbereiche der unternehmerischen Tätigkeit des Betreibers der Infrastruktur nicht mehr von ihm selbst wahrgenommen werden dürfen.

4. Der Regierungsentwurf einer dritten Novelle des Allgemeinen Eisenbahngesetzes (AEG), mit der die Umsetzung des Eisenbahninfrastrukturpakets in nationales Recht vorgenommen werden soll, enthält die Option zur Beibehaltung des Organisationsmodells des Vertragskonzerns (in Form von Beherrschungs- in Verbindung mit Gewinnabführungsverträgen). Gem. § 9a AEG soll für diesen Fall gleichzeitig das vertragskonzernrechtliche Weisungsrecht der herrschenden Gesellschaft (§ 308 AktG) gegenüber der Netzbetreibergesellschaft umfassend

eingeschränkt werden. Primär damit soll die gemeinschaftsrechtliche verlangte Unabhängigkeit des Netzbetreibers gesichert werden.

5. Das organisationsrechtliche Modell des (modifizierten) Vertragskonzerns verstößt gegen die im Aktiengesetz verankerte Konzernleitungspflicht. Die Pflicht der Konzernobergesellschaft zur Leitung besteht im gegenwärtigen Aktiengesetz als tragendes konzernverfassungsrechtliches Fundament. Sie entstammt einem originären Prinzip des Verbandrechts, wonach die Organe eines Verbands verpflichtet sind, den Verbandszweck aktiv zu verfolgen. Verankert ist die Konzernleitungspflicht im Aktiengesetz in § 76 AktG. Der Konzernvorstand hat danach in abgestufter Form – abhängig von der Konzernform – die Gesamtinteressen des Konzerns durch einheitliche Leitung zu verfolgen. Die Konzeption des Aktiengesetzes kennt zwar das Leitungsermessen des Vorstands, so dass der Konzernvorstand etwa auch im Vertragskonzern zurückhaltend von seiner Leitungsbefugnis Gebrauch machen kann. Ein Fremdkörper stellt aber eine Regelung wie der § 9 a AEG im Rahmen eines organisationsrechtlichen Modells „Vertragskonzern" dar, weil dadurch dem Vorstand der herrschenden Gesellschaft das Leitungsermessen von vornherein umfassend entzogen wird. Eine derartige Regelung ist daher schon aufgrund systematischer Aspekte abzulehnen.

6. Das organisationsrechtliche Modell des modifizierten Vertragskonzerns hält darüber hinaus einer teleologischen Auslegung des Begriffs der Unabhängigkeit des Betreibers der Infrastruktur nicht stand: Unabhängigkeit in der Trassenvergabe und der Trassenpreisfestsetzung im Sinne der Richtlinien kommt in einem unternehmerischen Verhalten zum Ausdruck, das von der Gewährung diskriminierungsfreien Zugangs konzernfremder Verkehrsdienstleistungsunternehmen zum effizient verwalteten Netz gekennzeichnet ist. Effiziente Verwaltung des Netzes bedeutet dabei die bestmögliche Auslastung des Schienennetzes durch Erschließung von Mehrverkehren. Diese beiden Elemente müssen sich im Trassenpreissystem des Betreibers der Infrastruktur wieder finden, das insofern eine entscheidende Steuerungsfunktion einnimmt. Die Schwierigkeit liegt nun darin, dass Trassenpreissysteme, die Anreize zur verstärkten Nachfrage nach Trassen

setzen (die sog. zweistufigen Trassenpreissysteme), kleinere (potentielle) Wettbewerber grundsätzlich diskriminieren, da der diesen Preissystemen immanente Degressionsvorteil nur durch die Transportsparten eines etablierten Eisenbahnunternehmens genutzt werden kann. Wettbewerbsneutral sind letztlich nur sog. einstufige Trassenpreissysteme. Diese haben jedoch den entscheidenden Nachteil, dass sie keinen Anreiz für Verkehrsunternehmen enthalten, durch Kauf von mehr Trassen den Durchschnittspreis zu senken. Dies kann zu dem volkswirtschaftlich unerwünschten Effekt der Verlagerung von Verkehr von der Schiene auf andere Verkehrsträger führen. Einen Ausweg aus diesem Dilemma bietet Art. 9 Abs. 3 RL 2001/14/EG. Diese Regelung enthält eine Ausnahme zu dem ansonsten bestehenden Grundsatz, wonach Entgeltnachlässe auf die Höhe der tatsächlich vom Betreiber der Infrastruktur eingesparten Verwaltungskosten begrenzt sind. Nach Art. 9 Abs. 3 RL 2001/14/EG besteht die Möglichkeit, dass die Betreiber der Infrastruktur für im Einzelnen angegebene Verkehrströme Entgeltregelungen einführen können, die für alle Fahrwegnutzer zur Verfügung stehen und in deren Rahmen zeitlich begrenzte Nachlässe zur Förderung der Entwicklung neuer Eisenbahnverkehrsdienste oder Nachlässe zur Förderung der Benutzung von Strecken mit sehr niedrigem Auslastungsgrad gewährt werden.

7. Mithin zeichnet sich der unabhängige Betreiber der Infrastruktur letztlich dadurch aus, dass er umfassenden Gebrauch von dieser Möglichkeit des Art. 9 Abs. 3 RL 2001/14/EG macht. Da das vertikal integrierte Eisenbahnunternehmen aufgrund der Regulierung der Trassenpreise ein Interesse daran hat, Wettbewerber auf den Verkehrsmärkten zu diskriminieren, muss auf der Grundlage der virtuellen vertikalen Separation versucht werden, dem Diskriminierungsanreiz wirksam zu begegnen, damit der Betreiber der Infrastruktur als Teil dieses vertikal integrierten Unternehmens über das notwendige Maß an Unabhängigkeit verfügt, umfassend von Art. 9 Abs. 3 RL 2001/14/EG Gebrauch zu machen. Das bedeutet namentlich die wirksame Bekämpfung der wettbewerbsschädlichen Quersubventionierung. Da sich diese für den Regulierer aber nicht nachweisen lassen, muss die vertikale Desintegration eine Stufe erreichen, in der der Betreiber der Infrastruktur

kein Interesse an Quersubventionen zu seinen Lasten und zugunsten der konzern-zugehörigen Verkehrsdienstleistungsunternehmen hat. In einem Vertragskonzern mit Gewinnabführungsverträgen ist das aber nicht zu erreichen:

8. Der Vertragskonzern mit Gewinnabführungsverträgen zeichnet sich nicht nur durch die Weisungskompetenz des herrschenden Unternehmens aus, er bedeutet auch eine starke Veränderung der Vermögensordnung bei der abhängigen Gesellschaft, wodurch diese wirtschaftlich untrennbar mit der herrschenden Gesellschaft verbunden und von dieser abhängig ist. Der Betreiber der Infrastruktur hat als abhängiges Unternehmen in dieser Konstellation weder Interesse noch rechtliche Möglichkeiten, die Diskriminierung von Wettbewerbern des vertikal integrierten Eisenbahnunternehmens auf den nachgelagerten Verkehrsmärkten zu verhindern. Dies führt dazu, dass der Betreiber der Infrastruktur letztlich auch in seinen Entscheidungen über die Trassenvergabe und Trassenpreisfestsetzung nicht unabhängig sein kann. Erst dann, wenn weder Beherrschungs- noch Gewinnabführungsverträge bestehen, ist der Betreiber der Infrastruktur ein sog. wirtschaftlich selbständiges Unternehmen.

9. Es stellt sich die Frage, welche Unternehmensstruktur als richtlinienkonform angesehen werden kann. Möglich erscheint auf der Basis der bisherigen Feststellungen der faktische Konzern (ohne Gewinnabführungsverträge). Voraussetzung wäre, dass das Gemeinschaftsrecht die Ausübung von faktischer Leitungsmacht auf den Betreiber der Infrastruktur durch das herrschende Eisenbahnunternehmen unter keinem denkbaren Gesichtspunkt verbieten würde. Die Unterstellung der abhängigen Gesellschaft unter „einheitliche Leitung“ im Sinne des § 18 Abs. 1 Satz 1 AktG, was Voraussetzung für den Konzerntatbestand ist, kann sich in einer Vielzahl von Leitungsaktivitäten manifestieren. Einige sind europarechtlich tatsächlich unproblematisch, andere hingegen eindeutig unzulässig. Als Beispiel für Letzteres kann die in faktischen Konzernen übliche Koordination der Preispolitik durch Konzernverrechnungspreise als Teil der Konzernplanung genannt werden. Letztlich müsste ein umfangreicher und möglichst

abschließender Katalog zulässiger bzw. unzulässiger Leitungsmaßnahmen entwickelt werden, was aber ein unmögliches Unterfangen darstellt. Daher muss im Ergebnis festgestellt werden, dass jegliche Zusammenfassung des abhängigen Betreibers der Infrastruktur unter die einheitliche Leitung des herrschenden Eisenbahnunternehmens aufgrund Gemeinschaftsrechts zu unterbleiben hat. Damit ist auch der vergleichsweise „lockere" Konzernverbund des faktischen Konzerns unzulässig. Letztlich kann der Betreiber der Infrastruktur nur mehr in Form einer reinen Kapitalbeteiligung im Unternehmensverbund mit Anbietern von Eisenbahnverkehrsdienstleistungen stehen.

10. Es besteht allerdings die Möglichkeit, den Betreiber der Infrastruktur, der wie im Falle der DB Netz zu 100 % im Eigentum eines Eisenbahnkonzerns steht, und gemeinschaftsrechtlich zulässig auch stehen bleiben kann, in beschränktem Umfang durch entsprechende Ausrichtung in der Satzung zu „konzern-freundlichem Verhalten" anzuhalten, um berechtigte Interessen der Eigentümergesellschaft zu wahren (etwa in der Frage des einheitlichen Auftretens der Konzerngesellschaften inklusive des Betreibers der Infrastruktur nach außen). Die Grenze hierfür bildet die gemeinschaftsrechtlich festgelegte Unabhängigkeit des Betreibers der Infrastruktur, wodurch der diskriminierungsfreie Zugang von Wettbewerbern zum Schienennetz gewährleistet werden soll. In diesem Zusammenhang ist in der Satzung zwingend klarzustellen, dass der abhängige Betreiber der Infrastruktur eine im Sinne des AktG normtypische, also gewinnmaximierende Gesellschaft ist. Durch entsprechende gesetzliche Absicherung dieses Grundsatzes im AEG würde dem Vorstand der Gesellschaft gleichzeitig ein klarer und widerspruchsfreier Handlungsrahmen vorgegeben, der ihn zur Verfolgung der Interessen der eigenen Gesellschaft, und nicht derjenigen des Konzerns, verpflichtet.

**Literaturverzeichnis**

*Aberle, Gerd/ Brenner, Andrea/ Hedderich, Alexander*, Trassenmärkte und Netzzugang – Analyse der grundlegenden ökonomischen Bestandteile von Trassennutzungsverträgen bei Trennung von Fahrweg und Eisenbahntransportbetrieb, Hamburg 1995

*Altmeppen, Holger,* Zur Verwendung eines „alten“ GmbH-Mantels, Der Betrieb 2003, S. 2050-2054

–, Zur Mantelverwendung in der GmbH - Zugleich Besprechung von BGH, Beschluss vom 9. 12. 2002 - II ZB 12/02, NZG 2003, S. 145-149

– in: *Kropff, Bruno/ Semler, Johannes* (Hrsg.), Münchener Kommentar zum Aktiengesetz, Band 8, 2. Auflage, München 2000, zitiert: *Altmeppen* in: MünchKommAktG

*Aschenbeck, Tanja,* Personenidentität bei Vorständen in Konzerngesellschaften (Doppelmandat im Vorstand), NZG 2000, S. 1015-1024

*Bälz, Ulrich,* Einheit und Vielheit im Konzern, in: *Baur, Fritz* u.a. (Hrsg.), Funktionswandel der Privatrechtsinstitutionen: Festschrift für *Ludwig Raiser,* S. 287-338, Tübingen, 1974, zitiert: *Bälz* in: FS *Raiser*

*Bartosch, Andreas/ Jaros, Krzysztof,* Die Regulierung des Eisenbahnwesens in Deutschland – Eisenbahn-Bundesamt vs. Bundeskartellamt? WuW 2005, S.15-27

*Bauer, Jürgen F./ Henk-Merten, Katrin*, Kartellbehördliche Preisaufsicht über den Netzzugang, 1. Auflage, Baden-Baden 2002

*Bayer, Walter* in: *Kropff, Bruno/ Semler, Johannes* (Hrsg.), Münchener Kommentar Zum Aktiengesetz, Band 1, 2. Auflage, München 2000, zitiert: *Bayer* in: MünchKommAktG

– in: *Kropff, Bruno/ Semler, Johannes* (Hrsg.), Münchener Kommentar zum Aktiengesetz, Band 2, 2. Auflage, München 2003, zitiert: *Bayer* in: MünchKommAktG

*Berndt, Arnold,* Immer Ärger mit den Trassenpreisen? – Diskussionsbeiträge des Instituts für Verkehrswissenschaft und Regionalpolitik Nr. 72, Freiburg 2000, abrufbar im Internet unter: http://www.vwl.unifreiburg.de/fakultaet/vw/publikationen/diskussionspapiere/disk72.pdf, zitiert: *Berndt,* Diskussionsbeitrag Nr. 72

–, Freie Fahrt durch mehr Regulierung? Neue Entwicklungen im Bahnsektor, in: *Knieps, Günter/ Brunekreeft, Gert* (Hrsg.), Zwischen Regulierung und Wettbewerb – Netzsektoren in Deutschland, S. 219-230, 2. Auflage, Heidelberg 2000, 2003, zitiert: *Berndt* in: *Knieps/ Brunekreeft,* Zwischen Regulierung und Wettbewerb

–, Diskriminierungsfalle Trassenpreise? Internationales Verkehrswesen 2001, S.199-202

– / *Kunz, Martin,* Immer öfter ab und an? Aktuelle Entwicklungen im Bahnsektor, in: *Knieps, Günter/ Brunekreeft, Gert* (Hrsg.), Zwischen Regulierung und Wettbewerb – Netzsektoren in Deutschland, S. 165-218, 2. Auflage, Heidelberg 2000, 2003, zitiert: *Berndt/Kunz* in: *Knieps/ Brunekreeft,* Zwischen Regulierung und Wettbewerb

*Berschin, Felix*, Zur Trennung von Netz und Betrieb der Deutschen Bahn AG aufgrund des europäischen Eisenbahnpakets, DVBl. 2002, S. 1079-1086

*Bitter, Georg*, Konzernrechtliche Durchgriffshaftung bei Personengesellschaften, Köln/ Berlin/ Bonn/ München 2000

*Blankart, Charles B.,* Modelle der Daseinsvorsorge aus EG-rechtlicher und Ökonomischer Sicht, WuW 2002, S. 340-352

– / *Knieps, Günther*, Netzökonomik, in: *Boettcher, Erik* u.a. (Hrsg.), Jahrbuch für Neue Politische Ökonomie, Band 11, S. 73- 87, Tübingen 1992, zitiert: *Blankart/Knieps*, Netzökonomik

*Bleicher, Knut* in: *Druey, Jean N.* (Hrsg.), Das St. Galler Konzernrechtsgespräch – Konzernrecht aus der Konzernwirklichkeit, „Aus dem Gespräch“, S. 68-75, Bern/ Stuttgart/ Köln 1988, zitiert: *Bleicher* in: *Druey*, Das St. Gallener Konzernrechtsgespräch

*Brede, Helmut* (Hrsg.), Wettbewerb in Europa und die Erfüllung öffentlicher Aufgaben, Baden-Baden 2000/2001

*Brenck, Andreas*, Privatisierungsmodelle für die Deutsche Bundesbahn, in: *Allemeyer, Werner* u.a. (Hrsg.), Privatisierung des Schienenverkehrs, S. 38-184, Göttingen 1993, zitiert: *Brenck* in: *Ewers*, Privatisierung des Schienenverkehrs

*Brockhaus*, Die Enzyklopädie in 24 Bänden, 20. Auflage, Leipzig/ Mannheim 1998

*Broß, Siegfried*, Daseinsvorsorge-Wettbewerb-Gemeinschaftsrecht, JZ 2003, S. 874-879

*Brunekreeft, Gert,* Acces pricing und Diskriminierung, in: *Knieps, Günter/ Brunekreeft, Gert* (Hrsg.), Zwischen Regulierung und Wettbewerb – Netzsektoren in Deutschland, S. 26-45, 2. Auflage, Heidelberg 2000, 2003, zitiert: *Brunekreeft* in: *Knieps/Brunekreeft,* Zwischen Regulierung und Wettbewerb

*Bundeskartellamt*, Pressemeldung vom 8.9.2000, abrufbar auf den Internetseiten des Bundeskartellamts unter: http://www.bundeskartellamt.de/wDeutsch/archiv/PressemeldArchiv/2000/2000_09_08.shtml

*Bundeskartellamt*, Ergebnisprotokoll der Tagung des Arbeitskreises Kartellrecht am 7. Oktober 2002 in Bonn zum Thema „Marktöffnung und Gewährleistung von Wettbewerb in der leitungsgebundenen Energiewirtschaft", Bonn 2003

*Burmeister, Corinna*, Der Wettbewerb der Eisenbahnen im europäischen Binnenmarkt, 1. Auflage, Baden-Baden 2001

*Büdenbender, Ulrich*, Schwerpunkte der Energierechts-Reform 1998, Köln 1999

*Cox, Helmut* (Hrsg.), Daseinsvorsorge und öffentliche Dienstleistungen in der Europäischen Union, 1. Auflage, Baden-Baden 2000

*Debus, Christian*, Haftungsregelungen im Konzernrecht – Eine ökonomische Analyse, Frankfurt/ Main 1990,
zitiert: *Debus,* Haftungsregelungen im Konzernrecht

*Delbanco, Heike*, Die Bahnstrukturreform – Europäische Vorgaben und deren Umsetzung in nationales Recht, in: *Foos, C.* (Hrsg.) Eisenbahnrecht und Bahnreform, S. 11-46, 3. Auflage, Minfeld 2003,
zitiert: *Delbanco* in: *Foos,* Eisenbahnrecht und Bahnreform

*Dengler, Fritz,* Die Privatisierung der Deutschen Bundesbahn – ein untauglicher Versuch? In: *Witt, Dieter* u.a. (Hrsg.), Non-Profit-Management im Aufwind?: Festschrift für *Karl Oettle* zum 75. Geburtstag, S. 133-150, 1. Auflage, Wiesbaden 2001, zitiert: *Dengler*, Die Privatisierung der Deutschen Bundesbahn – ein untauglicher Versuch? In: *Witt*, FS *Oettle*

*Dittmann, Armin,* Die Bundesverwaltung – Verfassungsrechtliche Grundlagen, grundgesetzliche Vorgaben und Staatspraxis ihrer Organisation – Tübingen 1983, zitiert: *Dittmann,* Die Bundesverwaltung

*Eberth, Christiane,* Die Aktiengesellschaft mit atypischer Zwecksetzung, Frankfurt am Main 2000

*Eisele, Dieter* in: *Schimansky, Herbert/ Bunte, Hermann-J./ Lwowski, Hans-J.* (Hrsg.), Bankrechts-Handbuch, Band III, München 2001, zitiert: *Eisele* in: *Schimansky/Bunte/Lwowski*, Bankrechts-Handbuch

*Eisenbahn-Bundesamt*, Presseerklärung vom 3.11.2003, abrufbar auf den Internetseiten des EBA unter: http://www.eisenbahn-bundesamt.de/aktuelles/presse/pm_trassen_03.htm

*Emmerich, Volker*, Kartellrecht, 9. Auflage, München 2001

– / *Habersack, Mathias* (Hrsg.), Aktien- und GmbH-Konzernrecht, 3. Auflage, München 2003, zitiert: *Emmerich* in: *Emmerich/Habersack,* Konzernrecht

– / *Habersack, Mathias/ Sonnenschein, Jürgen,* Konzernrecht, 7. Auflage, München 2001, zitiert: *Emmerich* in: *Emmerich/Habersack/Sonnenschein,* Konzernrecht

*Ende, Lothar/ Kaiser, Jan*, Wie weit ist die Liberalisierung der Schiene? – Eine Bestandsaufnahme über die Marktöffnung im Eisenbahnsektor, WuW 2004, S. 26-37

*Epiney, Astrid* in: *Dauses, Manfred A.* (Hrsg.), Handbuch des EU-Wirtschaftsrechts, Band 2, Stand: Mai 2004, München 2004

*Eschenbruch, Klaus,* Konzernhaftung – Haftung der Unternehmen und Manager 1. Auflage, Düsseldorf 1996, zitiert: *Eschenbruch*, Konzernhaftung

*Ewers, Hans-J./ Ilgmann, Gottfried,* Trassenpreissystem der Deutschen Bahn AG (TPS 98) – Gutachten im Auftrag der DEG-Verkehrs-GmbH und der Hessischen Landesbahn GmbH-HLB Frankfurt am Main, Berlin, Hamburg 2000, zitiert: *Ewers/Ilgmann,* TPS´98

– / *Ilgmann, Gottfried*: Zukunft des Schienenverkehrs – Gutachten im Auftrag der FDP-Bundestagsfraktion, Berlin, Hamburg 2001, zitiert: *Ewers/Ilgmann*, Zukunft des Schienenverkehrs

*Fehling, Michael,* Zur Bahnreform – Eine Zwischenbilanz im Spiegel erfolgreicher „Schwesterreformen“ DÖV 2002, S. 793-802

*Freise, Rainer,* Stand der Bahnreform in Deutschland und Europa, Transportrecht 2003, S. 265-280

*Fritsch, Michael/ Wein, Thomas/ Ewers, Hans-J.*, Marktversagen und Wirtschaftspolitik, 5. Auflage, München 2003, zitiert: *Fritsch/Wein/Ewers,* Marktversagen und Wirtschaftspolitik

*Fromm, Günter,* Die Reorganisation der Deutschen Bahnen – Voraussetzung für eine Neubestimmung des Standorts der Eisenbahnen in der Verkehrspolitik DVBl. 1994, S. 187-195

*Frotscher, Werner/ Kramer, Urs,* Sechs Jahre nach der Bahnreform – Das Allgemeine Eisenbahngesetz auf dem Prüfstand NVwZ 2001, S. 24-34

*Gaupp, Dirk,* Der Netzzugang im Eisenbahnwesen – Eine Untersuchung der rechtlichen Rahmenbedingungen des Zugangs zum Schienennetz für dritte Anbieter von Eisenahnverkehrsleistungen in der Bundesrepublik Deutschland und der Schweizerischen Eidgenossenschaft unter Berücksichtigung der rechtlichen Grundlagen der Liberalisierung des Eisenbahnverkehrs in der Europäischen Union, Hamburg 2004,
zitiert: *Gaupp,* Der Netzzugang im Bahnwesen

*v. Gerkan, Hartwin* in: *Röhricht, Volker/ Graf von Westphalen, Friedrich* (Hrsg.), Handelsgesetzbuch – Kommentar – 2. Auflage, Köln 2001,
zitiert: *v. Gerkan* in: *Röhricht/ Graf von Westphalen*, HGB

*Geiger, Andreas,* Das Verhältnis von § 11 AEG zur Planfeststellung, in: *Ronellenfitsch, Michael/ Schweinsberg, Ralf* (Hrsg.), Aktuelle Probleme des Eisenbahnrechts VI, S. 201-256, Band 4, Hamburg 2001, zitiert: *Geiger* in: *Ronellenfitsch/Schweinsberg*, Aktuelle Probleme des Eisenbahnrechts VI

*Gersdorf, Hubertus,* Marktöffnung im Eisenbahnsektor, ZHR 168 (2004), S. 576-612

– in: *v. Mangoldt, Hermann/ Klein, Friedrich/ Starck, Christian* (Hrsg.), Das Bonner Grundgesetz – Kommentar – Band 3, München 2001,
zitiert: *Gersdorf* in: *v. Mangoldt/Klein/Starck*, GG

*Gierke, Olaf,* Die Wirtschaftstätigkeit nichtwirtschaftlicher Organisationen Lohmar/Köln 2004

*Goette, Wulf,* Anmerkung zum Beschluss des BGH vom 9.12.2002, II ZB 12/02, DStR 2001, S. 300-301

*Götz, Jürgen*, Der Entherrschungsvertrag im Aktienrecht, Frankfurt a.M. 1991

*Götz, Volkmar,* Der Netzzugang für Dritte als grundsätzliches rechtliches Problem, in: *Schwarze, Jürgen* (Hrsg.), Der Netzzugang für Dritte im Wirtschaftsrecht, 1. Auflage, Baden-Baden 1999

*Haas, Joachim C.*, „Essential Facilities Doctrine" und offene Netze, 1. Auflage, Baden-Baden 2000

*Habersack, Mathias/ Emmerich, Volker* (Hrsg.), Aktien-und GmbH-Konzernrecht, 3. Auflage, München 2003,
zitiert: *Habersack* in: *Emmerich/Habersack,* Konzernrecht

*Hedderich, Alexander,* Vertikale Desintegration im Schienenverkehr – Theoretische Basisüberlegungen und Diskussion der Bahnstrukturreform in Deutschland, Hamburg 1996,
zitiert: *Hedderich,* Vertikale Desintegration im Schienenverkehr

*Hedrich, Carl-C.*, Die Privatisierung der Sparkassen – Ein Beitrag zu den institutionellen Problemen der Deregulierung, 1. Auflage, Baden-Baden 1992, zitiert: *Hedrich*, Die Privatisierung der Sparkassen

*Hefermehl, Wolfgang/ Spindler, Gerald*, in: *Kropff, Bruno/ Semler, Johannes* (Hrsg.), Münchener Kommentar zum Aktiengesetz, Band 3, 2. Auflage, München 2004, zitiert: *Hefermehl/Spindler* in: MünchKommAktG

*Helm, Thorsten M.*, Rechtspflicht zur Privatisierung – Privatisierungsgebote im deutschen und europäischen Recht – 1. Auflage, Baden-Baden 1999
zitiert: *Helm,* Rechtspflicht zur Privatisierung

*Herchen, Hilke*, Vorratsgründung, Mantelverwendung und geräuschlose Beseitigung der GmbH, Der Betrieb 2003, S. 2211-2216

*Hesse, Helge,* Ökonomen-Lexikon: Unternehmer, Politiker und Denker der Wirtschaftsgeschichte in 600 Porträts, 1. Auflage, Düsseldorf 2003

*Holst, Axel* in: *Mückenhausen, Peter/ Boeing, Detlev* (Hrsg.) EG-Verkehrsrecht– Binnenmarkt, Sozialrecht, Umweltrecht, Verkehrssicherheit, Transeuropäische Netze, EG-Außenbeziehungen im Verkehr – Kommentar Stand: Dezember 2003, München 2004,
zitiert: *Holst* in: *Frohnmeyer/Mückenhausen*

*Hommelhoff, Peter*, Die Konzernleitungspflicht,
Köln, Berlin, Bonn, München 1982

– / *Schmidt-Aßmann, Eberhardt*, Die Deutsche Bahn AG als Wirtschaftsunternehmen. Zur Interpretation des Art. 87e Abs. 3 GG, ZHR 160 (1996), S. 521-559

*Hüffer, Uwe*, Aktiengesetz, München 2004, zitiert: *Hüffer,* AktG

*Ilgmann, Gottfried*, Entherrschung und Chinese Walls im DB-Konzern – Eine Stellungnahme zu den Überlegungen der Task Force zur Trennung von Netz und Transport, Hamburg 2001,
abrufbar im Internet unter http://www.G-Ilgmann.de,
zitiert: *Ilgmann,* Entherrschung und Chinese Walls im DB-Konzern

*Kämmerer, Jörn A.*, Privatisierung, Typologie- Determinanten- Rechtspraxis- Folgen, Tübingen 2001, zitiert: *Kämmerer*, Privatisierung

–, Daseinsvorsorge als Gemeinschaftsziel oder: Europas „soziales Gewissen“, NVwZ 2002, S. 1041-1046

–, Gemeinschaftsrechtliche Vorgaben für das Eisenbahnwesen in den Mitgliedstaaten, in: *Ronellenfitsch, Michael/ Schweinsberg, Ralf* (Hrsg.), Aktuelle Probleme des Eisenbahnrechts VI, S. 75-86,
Band 4, Hamburg 2001,

*Kilian, Michael/ Hesse, Uwe,* Der rechtliche Status von Deutscher Bundesbahn und Deutscher Reichsbahn seit 1945, Die Verwaltung 1994, S. 175-194

*Kirchner, Christian*, Ansätze zu einer ökonomischen Analyse des Konzernrechts, in: *Boettcher, Erik/ Herder-Dorneich, Philipp/ Schenk, Karl-E.* (Hrsg.), Jahrbuch für Neue politische Ökonomie 1984, S. 223-251, Tübingen 1984

–, Ökonomische Überlegungen zum Konzernrecht, ZGR 1985, S. 214-234

*Knieps, Günter,* Wettbewerb in Netzen – Reformpotentiale in den Sektoren Eisenbahn und Luftverkehr, Tübingen 1996,
zitiert: *Knieps,* Wettbewerb in Netzen

–, Zugang zu Netzen – Verselbständigung, Nutzung, Vergütung, Eigentumsschutz, MMR 1998, S. 275-280

–, Der disaggregierte Regulierungsansatz der Netzökonomie, in: *Knieps, Günter/ Brunekreeft, Gert* (Hrsg.), Zwischen Regulierung und Wettbewerb – Netzsektoren in Deutschland, S. 9-24, 2. Auflage, Heidelberg 2002, 2003, zitiert: *Knieps* in: *Knieps/Brunekreeft,* Zwischen Regulierung und Wettbewerb

–, Wettbewerbsökonomie – Regulierungstheorie, Industrieökonomie, Wettbewerbspolitik 2. Auflage, Berlin, Heidelberg, New York 2005

*Koenig, Christian,* Daseinsvorsorge durch Wettbewerb!
EuZW 2001, S. 481

– / *Kühling, Jürgen*, „Totgesagte Vorschriften leben länger": Bedeutung und Auslegung der Ausnahmeklausel des Art. 86 Abs. 2 EG,
ZHR 166 (2002), S. 656-684

*Koppensteiner, Hans-Georg* in: *Zöllner, Wolfgang/ Noack, Ulrich* (Hrsg.), Kölner Kommentar zum Aktiengesetz, Band 6, 3. Auflage, Köln/ Berlin/ München 2004, zitiert: *Koppensteiner* in: KK-AktG

*Korsmeier, Kors*, Der vertragliche Ausschluss von Abhängigkeit – Entherrschung und Aktiengesetz, Hamburg 2000, zitiert: *Korsmeier*, Der vertragliche Ausschluss von Abhängigkeit

*Krieger, Gerd* in: *Hoffmann-Becking, Michael* (Hrsg.), Münchener Handbuch des Gesellschaftsrechts, Band 4, Aktiengesellschaft, 2. Auflage, München 1999, zitiert: *Krieger* in: Münch.HdB.GesR IV

*Kropff, Bruno,* Zur Konzernleitungspflicht, ZGR 1984, S. 112-133

–, Aktiengesetz – Textausgabe des Aktiengesetzes vom 6.9.1965, Düsseldorf 1965, zitiert: *Kropff*, Textausgabe des AktG 1965

– / *Semler, Johannes* (Hrsg.), Münchener Kommentar zum Aktiengesetz, Band 8, 2. Auflage, München 2000, zitiert: *Kropff* in: MünchKommAktG

*Kruse, Jörn*, Vertikale Integration als Wettbewerbsproblem, in: *Kruse, Jörn/ Stockmann, Kurt/ Vollmer, Lothar* (Hrsg.), Wettbewerbspolitik im Spannungsfeld nationaler und internationaler Kartellrechtsordnungen, FS für *Ingo Schmidt* zum 65. Geburtstag, S. 247-270, 1. Auflage, Baden-Baden 1997, zitiert: *Kruse* in: *Kruse/Stockmann/Vollmer*

–, Deregulierung in netzbasierten Sektoren, in: *Berg, Hartmut* (Hrsg.), Deregulierung und Privatisierung: Gewolltes- Erreichtes- Versäumtes, S. 71-88, Berlin 2002

*Kübler, Friedrich*, Gesellschaftsrecht, 5. Auflage, Heidelberg 1999

*Kühling, Jürgen,* Sektorspezifische Regulierung in den Netzwirtschaften – Typologie, Wirtschaftsverwaltungsrecht Wirtschaftsverfassungsrecht, München 2004,
zitiert: *Kühling*, Sektorspezifische Regulierung in den Netzwirtschaften

*Küting, Karl-H.* in: *Dichtl, Erwin/ Issing, Otmar* (Hrsg.), Vahlens Großes Wirtschaftslexikon, Band 2 F-K, S. 1198-1199, 2. Auflage, München 1994,
zitiert: *Küting* in: *Dichtl/Issing*, Wirtschaftslexikon

*Laaser, Claus-F.,* Wettbewerb im Verkehrswesen – Chancen für eine Deregulierung in der Bundesrepublik, Tübingen 1991,
zitiert: *Laaser*, Wettbewerb im Verkehrswesen

–, Die Bahnstrukturreform – Richtige Weichenstellung oder Fahrt aufs Abstellgleis? Kiel, 1994, zitiert: *Laaser,* Die Bahnstrukturreform

*Lutter, Marcus*, Das Konzernrecht der Bundesrepublik Deutschland: Ziel, Wirklichkeit und Bewährung, in: SAG 48 (1976), S. 152-162

–, Holding Handbuch – Recht – Management – Steuern, Köln 2004
zitiert: *Lutter* in: *Lutter*, Holding Handbuch

– in: *Druey, Jean N.* (Hrsg.), Das St. Galler Konzernrechtsgespräch – Konzernrecht aus der Konzernwirklichkeit, „Zur Aufgabe des Konzernrechts: Schutz vor Missbrauch oder Organisationsrecht?“,
S. 225-233, Bern/ Stuttgart/ Köln 1988,
zitiert: *Lutter* in: *Druey*, Das St. Gallener Konzernrechtsgespräch

*Maier, Marina/ Dopheide, Jan H.*, Europäischer Schienengüterverkehr nach dem Ersten EU-Eisenbahnpaket: Freie Bahn für alle?
EuZW 2003, S. 456-460

*Markert, Kurt* in: *Immenga, Ulrich/ Mestmäcker, Ernst-J.* (Hrsg.), Gesetz gegen Wettbewerbsbeschränkungen – Kommentar – 3. Auflage, München 2001, zitiert: *Markert* in: *Immenga/Mestmäcker*

*Martens, Klaus-P.*, Aktienrechtliche Probleme eines Ausstiegs aus der Kernenergie, in: *Goerdeler, Reinhard* u.a. (Hrsg.), FS für *Alfred Kellermann*, S. 271-298, Berlin/ New York, 1991,
zitiert: *Martens* in: Festschrift Kellermann

*Mertens, Hans-J.* in: *Zöllner, Wolfgang* (Hrsg.), Kölner Kommentar zum Aktiengesetz, Band 2, 2. Auflage, Köln/ Berlin/ Bonn/ München 1996
zitiert: *Mertens* in: KK-AktG

*Meyer, Erhard* in: *Bartsch, Michael* u.a. (Hrsg.), Stromwirtschaft – Ein Praxishandbuch, Köln/ Berlin/ Bonn/ München 2002,
zitiert: *Meyer* in: *Bartsch/Röhling/Salje/Scholz,* Stromwirtschaft

*Michalski, Lutz* in: *Michalski, Lutz* (Hrsg.), Kommentar zum Gesetz betreffend die Gesellschaften mit beschränkter Haftung (GmbH-Gesetz), Band 1, München 2002, zitiert: *Michalski* in: *Michalski*, GmbHG

*Monopolkommission*, Netzwettbewerb durch Regulierung – Hauptgutachten der Monopolkommission XIV, 1. Auflage, Baden-Baden 2003,
zitiert: *Monopolkommission*, Netzwettbewerb durch Regulierung, vierzehntes Hauptgutachten

*Möschel, Wernhard* in: *Immenga, Ulrich/ Mestmäcker, Ernst-J.* (Hrsg.) GWB – Kommentar zum Kartellgesetz, 3. Auflage, München 2001,
zitiert: *Möschel* in: *Immenga/Mestmäcker*

– in: *Immenga, Ulrich/ Mestmäcker, Ernst-J.* (Hrsg.), EG-Wettbewerbsrecht Kommentar, Band I, München 1997

*Munzert, Rüdiger,* Das Schienennetz in Deutschland nach der Bahnreform – Möglichkeiten und Grenzen einer Reform der Eisenbahninfrastrukturbereitstellung, 1. Auflage, Wiesbaden 2001

*Nerlich, Jörg* in: *Michalski, Lutz* (Hrsg.), Kommentar zum Gesetz betreffend die Gesellschaften mit beschränkter Haftung (GmbH-Gesetz), Band 1, München 2002, zitiert: *Nerlich* in: *Michalski*, GmbHG

*Nick, Thomas*, Konzernbetriebsrat und Sozialplan im Konzern – Zugleich ein Beitrag zur Entwicklung einer interessendualistischen Konzernverfassung– Berlin 1992, zitiert: *Nick*, Konzernbetriebsrat und Sozialplan im Konzern

*Pöhle, Astrid*, AEG-Novelle in: *Ronellenfitsch, Michael/ Schweinsberg, Ralf* (Hrsg.), Aktuelle Probleme des Eisenbahnrechts VI, S. 257-263, Band 4, Hamburg 2001, zitiert: *Pöhle* in: *Ronellenfitsch/Schweinsberg*, Aktuelle Probleme des Eisenbahnrechts VI

*Rappaport, Alfred,* Shareholder value: Wertsteigerung als Maßstab für die Unternehmensführung, Übersetzung von Wolfgang Klien, Stuttgart 1995, zitiert: *Rappaport*, Shareholder value

*Rasner, Henning* in: *Rowedder, Heinz/ Schmidt-Leithoff, Christian* (Hrsg.), Gesetz betreffend die Gesellschaften mit beschränkter Haftung (GmbH) Kommentar, 4. Auflage, München 2002, zitiert: *Rasner* in: *Rowedder/ Schmidt-Leithoff*, GmbHG

*Regierungsentwurf* eines Dritten Gesetzes zur Änderung eisenbahnrechtlicher Vorschriften vom 16.Juni 2004, BT-Drs. 15/3280, S. 1-31

*Reinke, Niklas*, Bahnstrukturreform – Politische Entscheidungsprozesse zur Deregulierung und Privatisierung der Deutschen Bahnen, 1. Auflage, Sinzheim 2001, zitiert: *Reinke*, Bahnstrukturreform

*Reuter, Alexander*, Die Konzerndimension des KonTraG und ihre Umsetzung in Konzernobergesellschaften, Der Betrieb 1999, S. 2250-2253

*Rittner, Fritz,* Konzernorganisation und Privatautonomie AcP 183 (1983), S. 294-310

*Ronellenfitsch, Michael,* Grundzüge, Entwicklungen und Probleme des Eisenbahnplanungs- und Planfeststellungsrechts, in: *Foos, C.* (Hrsg.), Eisenbahnrecht und Bahnreform, S. 141-179, 3. Auflage, Minfeld 2003, zitiert: *Ronellenfitsch* in: *Foos,* Eisenbahnrecht und Bahnreform

–, Die Umsetzung des Eisenbahninfrastrukturpakets DVBl. 2002, S. 657-667

*Schaub, Bernhard*, Vorratsgesellschaften vor dem Aus? NJW 2003, S. 2125-2130

*Scheffler, Eberhard*, Konzernmanagement – Betriebswirtschaftliche und rechtliche Grundlagen der Konzernführungspraxis – 2. Auflage, München 2005, zitiert: *Scheffler,* Konzernmanagement

*Schmidt, Ingo,* Wettbewerbspolitik und Kartellrecht, 8. Auflage, Stuttgart 2005

*Schmidt, Karsten*, Gesellschaftsrecht, 4. Auflage, Köln, Berlin, Bonn, München 2002

*Schmidt-Aßmann, Eberhard/ Röhl, Hans Chr.*, Grundpositionen des neuen Eisenbahnverfassungsrechts (Art. 87e GG), DÖV 1994, S. 577-585

*Schneider, Jürgen,* Die Privatisierung der Deutschen Bundes- und Reichsbahn – Institutioneller Rahmen – Wertkettenorientiertes Synergiekonzept – Analyse der Infrastrukturgesellschaft, Wiesbaden 1996,
zitiert: *Schneider*, Die Privatisierung der Deutschen Bundes- und Reichsbahn

*Schön, Wolfgang,* Der Einfluss öffentlich-rechtlicher Zielsetzungen auf das Statut privatrechtlicher Eigengesellschaften der öffentlichen Hand: – Gesellschaftsrechtliche Analyse – ZGR 1996, S. 429-457

*Schwarze, Jürgen,* Der Netzzugang für Dritte im Wirtschaftsrecht, in: *Schwarze, Jürgen* (Hrsg.), Der Netzzugang für Dritte im Wirtschaftsrecht, S. 11-28, 1. Auflage, Baden-Baden 1999

*Semler, Johannes*, Leitung und Überwachung der Aktiengesellschaft, 2. Auflage, Köln, Berlin, Bonn, München 1996

*Seydel, Eberhard*, Konzernbildungskontrolle bei der Aktiengesellschaft, 1. Auflage, Baden-Baden 1995

*Spoerr, Wolfgang* in: *Trute, Hans-H./ Spoerr, Wolfgang/ Bosch, Wolfgang,* Telekommunikationsgesetz mit FTEG Kommentar, 1. Auflage, Berlin, New York 2001, zitiert: *Spoerr* in: *Trute/Spoerr/Bosch,* TKG

*Sprickmann Kerkerinck, Peter*, Die Essential-Facilities-Doktrin unter besonderer Berücksichtigung des geistigen Eigentums, dargestellt am Beispiel des Eisenbahnsektors, Frankfurt/ Main 2002,
zitiert: *Sprickmann Kerkerinck*, Die Essential-Facilities-Doktrin

*Staebe, Erik*, Zur Novelle des Energiewirtschaftsgesetzes, DVBl. 2004, S. 853-862

*Stüer, Bernhard/ Berka, Frank*, Aktuelle Probleme des Eisenbahnrechts, DVBl. 2004, S. 1326-1333

*Thaeter, Ralf*, Von Mänteln und Vorräten – zur Figur der wirtschaftlichen Neugründung, Der Betrieb 2003, S. 2112-2115

*Theisen, René M.*, Der Konzern – Betriebswirtschaftliche und rechtliche Grundlagen der Konzernunternehmung – 2. Auflage, Stuttgart 2000, zitiert: *Theisen*, Der Konzern

*Timm, Wolfram,* Die Aktiengesellschaft als Konzernspitze – Die Zuständigkeitsordnung bei der Konzernbildung und Konzernumbildung – Köln, Berlin, Bonn, München 1980, zitiert: *Timm*, Die Aktiengesellschaft als Konzernspitze

–, Das Recht der faktischen Unternehmensverbindungen im Umbruch, NJW 1992, S. 2185-2195

*Tränkle, Claudia*, Die „essential facilities“ -Doktrin im europäischen Wirtschaftsrecht, Tübingen 2001

*Ulrich, Stephan*, Verwendung von Vorratsgesellschaften und gebrauchten Gesellschaftsmänteln nach dem BGH-Beschluss vom 7. Juli 2003 = WM 2003, S. 1814, WM 2004, S. 915-921

*Verband Deutscher Verkehrsunternehmen (VDV)*, Statistik 2003, Köln 2004, zitiert: VDV Statistik 2003

*Vollmer, Lothar*, Kartellrechtliche und sondergesetzliche Netzzugangsregelungen, in: *Schwarze, Jürgen* (Hrsg.), Der Netzzugang für Dritte im Wirtschaftsrecht, S. 41-56, 1. Auflage, Baden-Baden 1999, zitiert: *Vollmer* in: *Schwarze*, Der Netzzugang für Dritte im Wirtschaftsrecht

*Weber, Rolf H.*, Wirtschaftsregulierung in wettbewerbspolitischen Ausnahmebereichen – Studien zur staatlichen Wirtschaftsregulierung und zum Einsatz der Regulierungsinstrumente in den Transport-, Kommunikations- und Energiemärkten in der Schweiz und in den Vereinigten Staaten von Amerika, 1. Auflage, Baden-Baden 1986, zitiert: *Weber*, Wirtschaftsregulierung in wettbewerbspolitischen Ausnahmebereichen

*Werner, Jan*, Nach der Regionalisierung – Der Nahverkehr im Wettbewerb, Dortmund 1998, zitiert: *Werner*, Nach der Regionalisierung

*Wiedemann, Herbert,* Gesellschaftsrecht, Band I Grundlagen, München 1980

*Wiesner, Georg* in: *Hoffmann-Becking, Michael* (Hrsg.) Münchener Handbuch des Gesellschaftsrechts, Band 4, Aktiengesellschaft, 2. Auflage, München 1999, zitiert: *Wiesner* in: Münch.HdB.GesR IV

*Windbichler, Christine* in: *Hopt, Klaus J./ Wiedemann, Herbert* (Hrsg.), AktG Großkommentar, 10. Lieferung: §§15-22, Berlin/ New York 1999, zitiert: *Windbichler* in: Großkomm AktG

*Windhorst, Kay* in: *Sachs, Michael* (Hrsg.), Grundgesetz Kommentar, 3. Auflage, München 2003, zitiert: *Windhorst* in: *Sachs*, Grundgesetz

*Wöhe, Günter*, Einführung in die Allgemeine Betriebswirtschaftslehre, 21. Auflage, München 2002, zitiert: *Wöhe*, Allgemeine Betriebswirtschaftslehre

*Zöllner, Wolfgang*, Kölner Kommentar zum Aktiengesetz, Band 5/1, 2. Auflage, Köln/ Berlin/ Bonn/ München 1994, zitiert: *Zöllner* in: KK-AktG

## Aus unserem Verlagsprogramm:

Alice Fee Gerlach
**Geltungsdauer von Planfeststellungsbeschlüssen**
Hamburg 2005 / 282 Seiten / ISBN 3-8300-2153-4

Michael Ronellenfitsch, Ralf Schweinsberg (Hrsg.)
**Aktuelle Probleme des Eisenbahnrechts X**
*Vorträge im Rahmen der Tagung am 1.-3. September 2004 in Tübingen*
Hamburg 2005 / 260 Seiten / ISBN 3-8300-2117-8

Dirk Gaupp
**Der Netzzugang im Eisenbahnwesen**
*Eine Untersuchung der rechtlichen Rahmenbedingungen des Zugangs zum Schienennetz für dritte Anbieter von Eisenbahnverkehrsleistungen in der Bundesrepublik Deutschland und der Schweizerischen Eidgenossenschaft unter Berücksichtigung der rechtlichen Grundlagen der Liberalisierung des Eisenbahnverkehrs in der Europäischen Union*
Hamburg 2004 / 404 Seiten / ISBN 3-8300-1310-8

Antje Kanngießer
**Mediation zur Konfliktlösung bei Planfeststellungsverfahren**
*Grenzen und Perspektiven*
Hamburg 2004 / 336 Seiten / ISBN 3-8300-1218-7

Sylvia Pradel
**Entstehung und Entwicklung des Bundesfernstraßenrechts**
Hamburg 2003 / 264 Seiten / ISBN 3-8300-0956-9

Stephan Wolff
**Der Kontrahierungszwang im deutschen Telekommunikationsrecht**
Hamburg 2002 / 312 Seiten / ISBN 3-8300-0566-0

Alexander Wolfgang Schmid
**Eisenbahnplanungsrecht in den Niederlanden**
*Mit rechtsvergleichenden Bezügen zum deutschen Fachplanungsrecht*
Hamburg 2001 / 348 Seiten / ISBN 3-8300-0468-0

Johannes Arnd Barnitzke
**Planung und Realisierung europäischer Verkehrswege in Portugal**
Hamburg 2001 / 330 Seiten / ISBN 3-8300-0305-6

VERLAG DR. KOVAČ
FACHVERLAG FÜR WISSENSCHAFTLICHE LITERATUR
Postfach 570142 · 22770 Hamburg · www.verlagdrkovac.de · info@verlagdrkovac.de